Mosaik
bei GOLDMANN

Buch

Im Körper der Frau spielen sich während des monatlichen Zyklus hormonell bedingte Veränderungen ab, die von herkömmlichen Diäten nicht berücksichtigt werden. Judith Wills hat eine Zyklusdiät entwickelt, die auf diese Besonderheiten eingeht, denn natürlicherweise ist Abnehmen nicht an jedem Tag im Monat gleich einfach und wirkungsvoll. Ihr erfolgreiches Programm ist auf die individuellen Bedürfnisse der Frau abgestimmt und kombiniert richtige Ernährung und Fitnesstraining. Die Autorin stellt Rezepte und Körperübungen vor, beantwortet die häufigsten Fragen zu diesem Thema und vermittelt so ein neues, positives Körperbewußtsein.

Autorin

Judith Wills ist eine der erfolgreichsten Autorinnen im Bereich der gesunden Ernährung und der Fitness in Großbritannien und weit über dessen Grenzen hinaus. Bereits mehr als drei Millionen ihrer Bücher und Videos wurden auf der ganzen Welt verkauft.

JUDITH WILLS

Die Zyklusdiät

Abnehmen im weiblichen Rhythmus

Aus dem Englischen
von Heike Heino

Mosaik
bei GOLDMANN

Die hier vorgestellten Informationen sind nach bestem Wissen und Gewissen geprüft, dennoch übernehmen der Autor und der Verlag keinerlei Haftung für Schäden irgendeiner Art, die sich direkt oder indirekt aus dem Gebrauch der hier vorgestellten Anwendungen ergeben. Bitte beachten Sie in jedem Fall die Grenzen der Selbstbehandlung und nehmen Sie bei Krankheitssymptomen professionelle Diagnose und Therapie durch ärztliche oder naturheilkundliche Hilfe in Anspruch.

Umwelthinweis:
Alle bedruckten Materialien dieses Taschenbuches
sind chlorfrei und umweltschonend.

Deutsche Erstausgabe April 2000

Originaltitel: The Bodysense Diet
Originalverlag: Vermilion/Random House, London
Umschlaggestaltung: Design Team München
unter Verwendung folgender Fotos:
Umschlag: Superbild/Box Office
Umschlaginnenseiten: Premium/Lorentis
Redaktion: Renate Weinberger
Druck: Graphischer Großbetrieb Pößneck
Verlagsnummer: 16230
Kö · Herstellung: Max Widmaier
DTP/Layout: Martin Strohkendl
Made in Germany
ISBN 3-442-16230-0

1 3 5 7 9 10 8 6 4 2

Inhalt

Einleitung

Heutzutage hört man das Wort vernünftig selten im gleichen Atemzug mit dem Begriff Diät. Diäten für Frauen werden eher für unvernünftig gehalten – man glaubt, sie brächten mehr Schaden als Nutzen.

Diese Sichtweise hat zum Teil durchaus ihre Berechtigung. Über die Jahrzehnte hinweg sind viele schlechte und alberne Diäten veröffentlicht worden. Bei vielen Frauen haben sich Leben und Selbstbewusstsein wahrscheinlich durch Diäten verschlechtert und keineswegs verbessert. Aber zu einer Zeit, in der die Anzahl der bedenklich übergewichtigen Frauen rapide ansteigt, sollte man doch besser ein Diätsystem für Frauen anbieten, das vernünftig ist, als nur zu sagen: Macht einfach keine Diät!

Die *Zyklusdiät* ist vernünftig, sicher, praktisch und einfach zu befolgen. Und macht sogar Spass! Und berücksichtigt, was der Körper einer Frau wirklich braucht.

Ich habe mit vielen Frauen gesprochen, um ihre Meinung über Ernährung und Diät herauszufinden, ihre Sorgen um ihren Körper, ihre Einstellung gegenüber Sport, ihre Probleme und ihre falschen Vorstellungen über das Abnehmen. Und nachdem ich mir das alles angehört hatte, habe ich die *Zyklusdiät* geschrieben.

Ich habe diesem Buch den Untertitel *Abnehmen im weiblichen Rhythmus* gegeben, weil das genau zutrifft. Das Buch vermittelt Ihnen, wie Sie in Einklang mit Ihrem Körper leben und seine Signale verstehen lernen. Und so können Sie Ihrem Körper jederzeit das geben, was er benötigt. Wenn der Konflikt gelöst ist, der fast alle Diäten begleitet, werden Sie ganz natürlich an Gewicht verlieren.

Mit der *Zyklusdiät* lernen Sie, die Kräfte Ihres eigenen Körpers zu nutzen statt sie zu bekämpfen.

Mit der *Zyklusdiät* lernen Sie, gut zu Ihrem Körper zu sein – während Sie abnehmen und auch danach, wenn Sie Ihr Gewicht halten und nicht wieder zunehmen.

AuSSerdem lernen Sie, nicht zuviel von sich selbst zu verlangen, sondern sich Ziele zu setzen, die erreichbar sind.

Hören Sie auf Ihren Körper!
Lernen Sie, stolz auf ihn zu sein!
Und gelangen Sie so zu Ihrer wahren Figur – auf ganz natürliche Weise.

1

Schauen Sie Ihren Körper in Ruhe an

Sie möchten eine gute Figur haben? Aber was genau ist eine gute Figur – für *Sie*?

Das erste Ziel der *Zyklusdiät* ist es, mit Ihnen gemeinsam herauszufinden, was Sie mit Ihrem Körper erreichen können. Dazu gehört, Ihnen nahe zu legen, daß Sie keine Wunder erwarten dürfen. Denn es ist eine traurige Tatsache, daß nur wenige Frauen eine realistische Einstellung zu ihrem eigenen Körper haben. Lesen Sie nur einmal, was diese Frauen zu sagen haben:

»Bis zum 25. Lebensjahr habe ich nur 57 Kilogramm gewogen. Aber danach habe ich fast 6,5 Kilogramm zugenommen, und ich verbringe meine ganze Zeit damit, um wieder auf 57 Kilogramm zu kommen. Ich weiß, dass das mein richtiges Gewicht ist, denn damit sehe ich am besten aus.«

– *Anne*, 35

»Ich habe die rundliche Birnenform von meiner Mutter geerbt – meine Taille hat nur 60 Zentimeter Umfang, aber meine Hüften haben 97,5 Zentimeter. Ich versuche alles mögliche (Cremes, Massagen, Geräte, Übungen), um meinen Hüftumfang auf mein Idealmaß von 90 Zentimeter zu bringen. Letztendlich muss irgend etwas funktionieren.«

– *Maria*, 25

»Ich wiege 54 Kilogramm und bin 1,64 Meter groß. Jeder sagt, dass ich toll aussehe, aber wenn ich in den Spiegel gucke, entdecke ich nur Wülste und Wölbungen. In den Geschäften sehe ich ständig Kleider, in denen ich besser aussähe, wenn ich nur 51 Kilogramm wiegen würde.«

– *Pamela*, 29

Diese drei Frauen – gute Bekannte von mir – haben in Wirklichkeit kein Gewichts- oder Figurproblem – das existiert nur in ihren Köpfen.

Die realistische Einschätzung Ihres Körpers ist der erste Schritt auf dem Weg zu einer Figur und Statur, die Sie für immer halten können. Hören Sie auf, sich dem natürlichen Zustand Ihres Körpers zu widersetzen. Stoppen Sie den Kampf für etwas, was Ihr Körper auf natürliche, angenehme Weise nicht sein kann.

Ihr natürliches Gewicht

Lassen Sie uns also als erstes Ihr ungefähres natürliches Körpergewicht betrachten.

Viel wurde bereits darüber geschrieben, wie töricht der Wunsch nach extremem Dünnsein ist. Feministinnen betrachten das Dünnsein sogar fast schon als politically incorrect, was vereinfacht heißt: Es gehört sich nicht! Und dennoch ist Dünnsein für viele Frauen immer noch ein Ideal. Dazu habe ich eine ganz klare Meinung: Das ist es auf keinen Fall! Lassen wir mal die dauernd angeführten Argumente weg und wenden uns den viel vernünftigeren Gründen zu, die gegen Magerkeit sprechen.

Ihre Gesundheit

Es ist in der Tat nicht unbedingt gesund, dünn zu sein, auch wenn Sie das bisher glaubten. Zweifellos ist extreme Magerkeit genauso ungesund und bringt ebenso viele Krankheiten und Probleme mit sich wie extreme Fettleibigkeit. Beispielsweise kann extreme Magerkeit eine verfrühte Menopause und vermehrte Menopausen-Symptome fördern, unregelmäßige Perioden oder das Ausbleiben der Periode verursachen. Außerdem kann sie das Osteoporose-Risiko im späteren Leben erhöhen, denn der Körper von dünnen Frauen enthält weniger Knochenmasse als der von dickeren. Hinzu kommt, dass dünne Frauen weniger natürliches Östrogen (das weibliche Hormon), das als körpereigener Schutz gegen Kalziumverlust fungiert, aufweisen.

Das Risiko, Infektionskrankheiten zu bekommen, liegt bei dünnen Menschen höher als bei dicken. Und wenn jemand rappeldürr daherkommt, weil er wie ein Spatz isst, kann es durchaus sein, dass er unter Mangelernährung leidet, was zu massiven Gesundheitsproblemen führen kann.

Für Frauen gestaltet es sich ohnehin schwierig, alle notwendigen Nährstoffe in ausreichendem Maß mit der Nahrung aufzunehmen, wenn sie Nahrungsmittel nicht in vernünftiger Menge zu sich nehmen. Und viele Frauen essen erheblich weniger als eine »vernünftige Menge«, um dünn zu bleiben.

Es ist beispielsweise schon nicht leicht für eine Frau, den empfohlenen Bedarf an Eisen (tägliche Menge = 13 Milligramm) aus einer normalen Ernährung von etwa 1950 Kalorien zu decken. Reduziert man die Nahrungsmenge auf 800 oder 1000 Kalorien und verzichtet auf rotes Fleisch, wie es viele Frauen tun, und ist dies kein befristeter, wohl geplanter Schritt, wird mit ziemlicher Sicherheit zu wenig Eisen konsumiert. Die Folge: Anämie – die noch zusätzlich gefördert wird, wenn starke Monatsblutungen das Ganze begleiten.

Man kann sogar unter einem Mangel an Fett leiden. Das wird alle die schockieren, die seit Jahren mit fast religiösem Eifer versuchen, jegliches Fett aus ihrer Ernährung zu verbannen. Fett ist eine wichtige Quelle für die fettlöslichen Vitamine A, D und E, und der menschliche Körper braucht zur Aufnahme dieser Vitamine eine gewisse Menge an Fett. Der Körper benötigt außerdem essentielle Fettsäuren. Das sind spezielle Fette, die in bestimmten pflanzlichen Nahrungsmitteln und in Fischen enthalten sind.

Die Weltgesundheitsorganisation (WHO) empfiehlt für Frauen, daß mindestens 15 Prozent ihrer insgesamt aufgenommenen Energiemenge aus Fett besteht. Das entspricht etwa 32 Gramm Fett pro Tag bei einer durchschnittlichen Kalorienmenge.

Die Ausnahme: Ein Wort über die Frauen, die dünn bleiben, obwohl sie viel essen. Das kommt nicht gerade häufig vor. Beim näheren Hinsehen essen diese Menschen oftmals gar nicht so viel, wie es aussieht, da sie entweder kalorienärmere Nahrung oder kleinere Portionen zu sich nehmen. Es ist aber richtig, dass einige Frauen von Natur aus dünn sind. Diese Frauen haben entweder eine sehr hohe Stoffwechselrate oder verbrennen eine Menge Kalorien durch Aktivität. Meine Kommentare über Gesundheit und Dünnsein treffen in diesen Fällen vielleicht nicht zu.

Die Regel: Für die meisten Frauen gilt: Ab den späten Zwanzigern, in den Dreißigern, Vierzigern und darüber hinaus ist es nicht ratsam, eine dünne Figur erhalten zu wollen. Dieser Rat gilt ganz besonders, wenn man zur Figurerhaltung von einer sehr mageren Diät leben muss.

Ihr Wohlbefinden

Ich kenne eine oder zwei gertenschlanke Frauen, die toll aussehen, ganz gleich, was sie anhaben. Sie sind schick, gepflegt und tragen seit vielen Jahren Größe 36 oder kleiner.

Aber beneide ich sie darum? Nein, tue ich nicht. Weil ich genau weiß, wie wenig Vergnügen sie am Essen haben, um dieses Gewicht zu halten. Wieviel Angst es ihnen macht, wenn die Waage ein Pfund mehr anzeigt. Dass sie jedes Mal, wenn jemand sagt: »Wie schön muss es sein, wenn man nicht auf sein Gewicht achten muss«, laut schreien möchten, denn in Wirklichkeit achten sie jede wache Minute des Tages akribisch auf ihr Gewicht. Und mit den Jahren müssen sie immer weniger und weniger essen, um dieses Gewicht zu halten.

Da fehlt jede Lebensfreude, das ist nichts, wonach man streben sollte – das ist fast schlimmer als eine Gefängnisstrafe.

Ich kenne auch einige Frauen, die ständig auf Diät sind, es aber niemals schaffen, die letzten paar Pfunde abzunehmen, um auf das Gewicht zu kommen, das sie als ihr »richtiges« betrachten – wie Anne und Pamela. Oder sie schaffen es für ein paar Tage oder Wochen, können es aber nie über längere Zeit halten.

Die Ursache: Diese Frauen haben bereits ihr richtiges Gewicht! Der Körper dieser Frauen ist nicht dafür gemacht, dünn zu sein.

Dünn sein ist ein Problem: Für alle diese Frauen – für Millionen von Frauen – ist es das. Jene, die es erreicht haben, zahlen dafür einen sehr hohen Preis. Jene, die es nicht erreichen können, durchleben Jahre der Unzufriedenheit mit sich selbst, mit ihrem Körper und mit ihrem Leben. Welch eine Zeitverschwendung!

Lösen Sie das Problem: Dieses Kapitel wird Ihnen dabei helfen, herauszufinden, wie schlank Sie eigentlich sein dürfen oder sollen. Sobald Sie das wissen, denken Sie nicht ein einziges Mal mehr daran, Ihr Gewicht unter das Maß zu bringen, das für Sie richtig ist.

Sagen Sie sich immer wieder (beginnen Sie jetzt gleich damit): »Ich will nicht dünn sein.« Und wenn das fest in Ihrem Kopf drin ist, können wir weitermachen ...

Falls Sie sich inzwischen fragen, ob dies tatsächlich ein Diätbuch ist, kann ich guten Gewissens versichern: Ja, ist es! Denn ich möchte auch nicht, dass Sie unnötige Pfunde mit sich herumschleppen.

Genauso, wie Sie ein natürliches Gewicht haben, das nicht unterschritten werden sollte, haben Sie auch ein ungefähres Gewicht, das nicht überschritten werden sollte, aus Gründen der Gesundheit, Ihres Wohlbefindens oder was auch immer. Ich glaube nicht an das Märchen von den glücklichen dicken Menschen. Ich weiß genau, Menschen sind nicht dafür geschaffen, fett oder wabbelig oder schwerfällig durchs Leben zu gehen.

Hat man auf dem Weg von der schlanken Jugend zum mittleren Alter eine Kleidergröße oder ein paar Kilogramm zugelegt, spielt das nur eine harmlose Rolle. Eine zu große Gewichtszunahme jedoch bringt so viele Gesundheitsprobleme mit sich, dass es einfach masochistisch wäre, dick zu bleiben, wenn es nicht sein muss.

Jüngste Studien haben gezeigt, dass bereits ein Gewicht von 11 Kilogramm über dem Gewicht, das man als Achtzehnjährige hatte, zu einem erhöhten Risiko für Herzerkrankungen führen kann. Und bei 20 Kilogramm über diesem Gewicht steigt das Gesundheitsrisiko um das Siebenfache.

Gesundheitsprobleme bei Fettleibigkeit: Dazu gehören Herzerkrankungen und Schlaganfall, Arthritis, Diabetes im mittleren Alter, Bluthochdruck, Muskelschmerzen, Krampfadern, Kurzatmigkeit, Unfruchtbarkeit, Unbeweglichkeit, Gallensteine und einige Krebsarten. Brust-, Eierstock- und Gebärmutterkrebs kommen ebenfalls häufiger bei fettleibigen Frauen vor.

Sind Sie erst zwanzig Jahre alt und dick, kommen diese Probleme wahrscheinlich noch nicht zum Tragen. Im Lauf der Jahre aber steigt das Risiko – insbesondere da sehr viele Menschen, die schon in jungen Jahren übergewichtig sind, dazu neigen, im Lauf des Lebens immer mehr zuzunehmen. Mit anderen Worten: Ein Gewichtsproblem von 13 Kilogramm mit zwanzig wird wahrscheinlich zu einem Übergewicht von 39 Kilogramm im Alter von vierzig.

Mehr Körperfett als Männer: Frauen verfügen von Natur aus im Durchschnitt über 18–25 Prozent Körperfett, Männer dagegen über 10–15 Prozent. Frauen haben von Natur aus mehr Kurven als Männer, sie haben eine schmalere Taille, breitere Hüften und mehr Fett an den Oberarmen, am Gesäß und an den Oberschenkeln (und dann sind da natürlich noch die Brüste). Deswegen ist es für die meisten Frauen albern, nach einer kurvenlosen Figur zu streben. Trotz der Kurven können das Gewebe straff, die Muskeln fest und die ganze Person fit sein.

Was wir hier erreichen wollen: Das ist nicht mehr und nicht weniger als eine vernünftige, realistische Balance für Sie. Ein Gewicht, das innerhalb der Grenzen von durchschnittlich oder normal liegt, das genügend Spielraum gibt, damit Sie sich nicht über eine paar Kilogramm mehr oder weniger Sorgen machen müssen. Wir möchten, dass Sie sich gut fühlen – mit einem Gewicht, das Sie mühelos natürlich halten können. Lassen Sie es uns herausfinden ...

Haben Sie Übergewicht?

Es gibt verschiedene Möglichkeiten, um die Antwort auf diese Frage zu finden. Erstaunlicherweise ist die Waage im Badezimmer nicht unbedingt der beste Ratgeber oder zumindest nicht, wenn man sie allein zu Rate zieht. Und falls man sich nur ein bisschen zu dick fühlt, hilft sie so gut wie gar nicht. Und die seit den sechziger Jahren benutzten Tabellen, die der Körpergröße ein bestimmtes Gewicht zuordnen, gelten inzwischen als ziemlich überholt.

Folgen Sie besser den nun beschriebenen Schritten, bis Sie zu einem Punkt kommen, an dem Sie einen sicheren Schluß ziehen können.

Schritt 1

Berechnen Sie Ihren Body-Mass-Index

Heutzutage legt der Body-Mass-Index (BMI) fest, ob jemand übergewichtig ist oder nicht. In Kombination mit einer guten Portion gesundem Menschenverstand erweist er sich als nützliches Messinstrument.

Um Ihren persönlichen BMI zu berechnen, teilen Sie Ihr Gewicht in Kilogramm durch Ihre Körpergröße in Metern zum Quadrat. Klingt kompliziert, ist es aber nicht.

Beispiel: Sie wiegen 66 Kilogramm und sind 1,72 Meter groß.
Sie rechnen das Körpermaß zum Quadrat, also: 1,72 x 1,72 = 2,9584 und runden auf die zweite Stelle nach dem Komma ab, also auf 2,96. Ihr BMI ist demnach 66 geteilt durch 2,96, was gerundet 22,3 ergibt.

Die internationale BMI-Klassifikation: Daran können Sie ablesen, wo sie mit Ihrem persönlichen Gewicht stehen. Die Klassifikation sieht folgendermaßen aus:

Unter 20:	Untergewicht
20–25:	Normalgewicht
25–30:	mäßiges Übergewicht
30–40:	Übergewicht
Über 40:	massives Übergewicht

Übergewicht: Falls Ihr BMI über 30 liegt, kann ich Ihnen ganz klar sagen: »Sie müssen abnehmen.« Sie können direkt zu Abschnitt »Ihre natürliche Figur« auf Seite 23 weiterblättern und dann dem Plan der *Zyklusdiät* im restlichen Buch folgen.

Untergewicht: Falls Ihr BMI unter 20 liegt, müssen Sie ganz bestimmt nicht abnehmen. Wollen Sie das trotzdem tun, empfehle ich Ihnen, Ihren Hausarzt zu Rate zu ziehen, der Ihnen Therapeuten oder Selbsthilfegruppen nennen kann, die sich mit Problemen zum Thema Körperbewusstsein beschäftigen.

Differenzieren Sie: Wenn Ihr BMI zwischen 20 und 30 liegt, sieht die Sachlage nicht so klar aus, deshalb muss man dieses Ergebnis mit Bedacht und differenziert interpretieren. Lesen Sie daher den folgenden Text aufmerksam.

Normalgewicht: Für fast alle Frauen bedeutet ein BMI zwischen 20 und 25, dass sie nicht abzunehmen brauchen, gewiss nicht aus gesundheitlichen Gründen und wahrscheinlich nicht aus figürlichen Gründen. Falls Sie aber doch abnehmen möchten, kann es sein, dass Ihr Körper ein wenig gestrafft werden muss – was wie Fett aussieht, ist vielleicht nur schlecht trainierte Muskelmasse. In diesem Fall können Sie direkt zu Abschnitt »Ihre natürliche Figur« auf Seite 23 weiterblättern.

In manchen Fällen sollten Frauen mit einem BMI unter 25 trotzdem aus gesundheitlichen Gründen etwas abnehmen. Dies betrifft alle, die bei dem nachfolgenden Test herausfinden, dass bei ihnen eine große Taillen-Hüften-Differenz (THD) vorliegt.

Dieses Ergebnis bedeutet: Ein überproportional großer Teil des Fetts hat sich in der Körpermitte angelagert, während Hüfte und/oder Gliedmaßen schlank sind.

Wenn Sie also einen BMI zwischen 20 und 25 haben, sollten Sie den THD-Test in Schritt 2 machen.

Falls Ihr THD-Ergebnis niedrig ausfällt und Ihr BMI bei 25 oder darunter liegt, brauchen Sie nicht abzunehmen. Sie benötigen vielleicht ein wenig Straffung, müssen aber nicht dünner werden. O.k.?

Mäßiges Übergewicht: Nun bleiben noch alle übrig, die einen BMI zwischen 25 und 30 haben – und dazu zählt wahrscheinlich die Mehrheit. Dieser BMI-Bereich muss am genauesten untersucht werden.

Je näher Ihr BMI an 25 liegt, desto weniger wahrscheinlich ist es, dass Sie aus gesundheitlichen Gründen abnehmen müssen. Je näher sich Ihr BMI an der 30 befindet, desto wahrscheinlicher ist es, dass Sie abnehmen müssen.

Alle, deren BMI zwischen 25 und 30 liegt, sollten bitte den THD-Test in Schritt 2 machen. Beide Ergebnisse zusammengenommen sagen Ihnen dann, ob Sie dünner werden müssen. Denn die Gewichtsverteilung ist, vor allem bei nicht stark Übergewichtigen, ebenso wichtig wie das Gewicht selbst.

Lassen Sie uns also nun zur Taillen-Hüften-Differenz kommen.

Schritt 2

Berechnen Sie Ihre Taillen-Hüften-Differenz

Bei der Taillen-Hüften-Differenz (THD) geht es darum, in welchem Verhältnis das Fett auf Hüfte und Taille verteilt ist. Es wird also die Fettverteilung gemessen. Das Ergebnis – der Quotient zwischen Taillen- und Hüftumfang – ergibt einen ausgezeichneten Indikator für das mögliche Gesundheitsrisiko, das Ihr überzähliges Gewicht für Sie bedeutet.

Körperfett, das sich in der Taille und rund um den Magenbereich angelagert hat, steht in viel engerer Beziehung zu Herzerkrankungen und anderen Gesundheitsproblemen als Fett, das man an anderen Körperstellen mit sich herumträgt. Frauen mit einer birnenförmigen Figur, die breite Hüften und dicke Oberschenkel, aber eine relativ schlanke Taille haben, tragen beispielsweise ein geringeres Risiko als ein dickbäuchiger Mensch mit relativ dünnen Hüften und Beinen.

Die Eieruhr-Figur mit einer guten Fettverteilung auf Schultern, Brust, Hinterteil und Beinen bei schlanker Taille bedeutet gesundes, weibliches Aussehen.

Eine Frau mit Eieruhr-Figur kann genauso viel oder mehr wiegen wie eine Frau, die wenig Körperfett hat – bis auf die Körpermitte. Die Frau mit Eieruhr-Figur wird eine niedrige THD haben, die dickbäuchige Frau eine hohe THD. Mit dem Bauchfett lagern sich vielleicht auch zukünftige Probleme an. Und deswegen ist der THD-Test in Fällen, in denen der BMI nicht ganz klar zeigt, ob man zu dick oder zu dünn ist, besonders wichtig.

THD berechnen: Um Ihre THD zu berechnen, brauchen Sie nur Ihre Taille an ihrem schmalsten Punkt und Ihre Hüften an ihrem breitesten Punkt zu messen. Teilen Sie dann den Taillenumfang in

Zentimetern durch den Hüftumfang in Zentimetern. Gerundet wird immer auf die zweite Stelle nach dem Komma. Dazu einige Beispiele:

- Ihre Taille hat einen Umfang von 77,5 Zentimetern, die Hüfte 100 Zentimeter. Ihre THD beträgt 0,77.
- Ihre Taille hat einen Umfang von 70 Zentimetern, die Hüfte 85 Zentimeter. Ihre THD beträgt 0,82.
- Ihre Taille hat einen Umfang von 77,5 Zentimetern, die Hüfte 95 Zentimeter. Ihre THD beträgt 0,82.

THD-Bewertung: Die durchschnittliche THD für Frauen liegt bei 0,80. Alles darunter ist eine niedrige THD, alles darüber eine hohe THD. Je dichter die THD an 1,0 herankommt, desto breiter ist die Taille im Verhältnis zu den Hüften und desto größer ist das Gesundheitsrisiko. Und um so wahrscheinlicher ist es, dass die Betroffenen übergewichtig und nicht fit sind. Frauen mit einer hohen THD müssen also eher mit Gesundheitsproblemen (vor allem koronaren Herzerkrankungen) rechnen als Frauen mit einem niedrigen THD.

Lassen Sie uns nun einen Blick auf Ihre THD im Zusammenhang mit dem in Schritt 1 ermittelten BMI werfen.

BMI 25 oder darunter – THD hoch: Wahrscheinlich sind Sie von Natur aus mager (siehe »Der Ektomorph«, Seite 25), haben aber über die Jahre in der Körpermitte zugelegt, während Arme und Beine schlank geblieben sind. Ganz gleich, was die Waage sagt, Sie müssen etwas gegen diesen Bauch tun. Sie sind zwar nicht fett, haben aber eine apfelförmige Figur. Und der Apfeltyp birgt Risiken in sich.

Früher betrachtete man die THD als Test für Männer, die ja »traditionell« unter einer dicken, fetten Körpermitte – dem wohlbekannten Schmerbauch – mit schmalen Hüften und dünnen Beinen leiden. Inzwischen gibt es immer mehr apfelförmige Frauen, und die sind somit den gleichen Gesundheitsproblemen ausgesetzt wie die Männer. Beispielsweise steigt die Zahl der Herzerkrankungen bei diesen Frauen in allen Altersstufen an.

BMI zwischen 25 und 30 – THD hoch: Sie neigen mehr zu Gesundheitsproblemen als eine leicht übergewichtige Person vom Birnentyp. Es wäre gut, in der Körpermitte abzunehmen und einige gymnastische Übungen zu machen. Falls Sie das nicht tun, wird Ihre Taille mit zunehmendem Alter immer breiter.

BMI zwischen 25 und 30 – THD niedrig: Sie haben vielleicht ein Problem mit Fettpölsterchen an den Hüften und Oberschenkeln. Sie sind ein natürlicher Birnentyp. Ihre überzähligen Kilos bedeuten ein erheblich kleineres Gesundheitsrisiko für Sie, als wenn sie in Ihrer Körpermitte angelagert wären. Lesen Sie den Abschnitt »Ihre natürliche Figur« (Seite 23), und beantworten Sie die restlichen Fragen in diesem Abschnitt, um herauszufinden, ob Sie abnehmen sollten.

Als Faustregel gilt: Je näher Ihr BMI an 30 liegt, auch wenn Ihre THD niedrig ist, desto besser wäre es wahrscheinlich für Sie, etwas abzunehmen.

Schritt 3

Einige ganz einfache Fragen

Wer jetzt noch nicht sicher weiß, ob er übergewichtig ist, sollte die folgenden Fragen lesen und die Antworten aufschreiben:

1. Wie alt sind Sie?

Ich gehe davon aus, dass Sie erwachsen sind (dieses Buch ist nicht für Kinder und junge Mädchen gedacht). Für Sie ist es völlig in Ordnung, falls Sie zwischen Ihrer Zeit als junge Erwachsene und dem mittleren Alter so um die 6 bis 7 Kilogramm zugenommen haben (natürlich nur, wenn Sie nicht schon als junger Mensch zu dick waren).

Das ist gut: Bei einer Größe von 1,62 Metern haben Sie mit 25 Jahren 58 Kilogramm gewogen (BMI 22,1). Nun sind Sie 55 Jahre alt und wiegen 64 Kilogramm (BMI 24,4). Das ist ein vernünftiges Gewicht für dieses Alter, insbesondere, wenn die Gewichtszunahme ganz langsam erfolgte und Sie immer noch Sport treiben.

Das ist nicht so gut: Wenn Sie bei einer Größe von 1,62 Metern mit 20 Jahren 58 Kilogramm gewogen haben (BMI 22,1) und nun 30 Jahre alt sind und 75 Kilogramm wiegen (BMI 28,6), haben Sie ziemlich viel Gewicht in recht kurzer Zeit zugenommen. Und sehr wahrscheinlich werden Sie mit vierzig Jahren weitere 12 Kilogramm mit sich herumtragen. Das heißt, Sie kommen auf einen BMI von über 33, wenn Sie nicht bald etwas dagegen unternehmen.

Mit anderen Worten: Versuchen Sie, Ihr jetziges Gewicht zu Ihrem jetzigen Alter und zu dem Gewicht, das Sie als junge Erwachsene auf die Waage brachten, in ein besseres Verhältnis zu bringen.

2. *Was für eine Statur haben Ihre Blutsverwandten?*

Zwar sind in einer Familie durchaus unterschiedliche Figuren vertreten, aber ein Blick auf Eltern und Geschwister kann Hinweise darauf geben, ob Ihr natürliches Gewicht geringer ist als das, was Sie momentan haben. Haben alle Familienmitglieder eine schlanke Figur, oder wenigstens die meisten? Oder sind sie alle stattlich und wohlgenährt? Dies ist keine Frage, die Ihnen einen Freibrief gibt, denn in einigen Familien sind alle zu dick, aber nur, weil sie alle zu viel essen und zu wenig Sport treiben. Aber wenn Sie die einzige Dicke in einer »schlanken Familie« sind, kann man davon ausgehen, dass Sie von der genetischen Veranlagung her eher zu den Dünnen zählen. Eine ehrliche Einschätzung Ihrer Essgewohnheiten im Vergleich zu denen anderer blutsverwandter Familienmitglieder kann diese Annahme bestätigen oder verwerfen.

3. Fühlen Sie sich gesund und fit?

Sofern Sie sich allgemein gesund und fit fühlen und viel Sport treiben, brauchen Sie sich bei einer durchschnittlichen bis niedrigen THD und einem BMI über 25 wahrscheinlich keine Gedanken zu machen.

Fühlen Sie sich aber schwerfällig, atemlos und allgemein schlecht, kann die Umstellung Ihrer Lebensweise – mehr Sport und eine gesunde Ernährung – wenigstens zum Teil die Antwort auf diese Frage sein.

4. Essen Sie vernünftig?

Klingt nach einer simplen Frage, aber wenn Sie sich bei einem BMI zwischen 25 und 30 bereits gesund ernähren, zählen Sie vielleicht einfach zu den von Natur aus etwas kräftiger gebauten Frauen. Gesund ernähren bedeutet: Auf Ihrem Speiseplan stehen viele frische Früchte, Gemüse, »schlanke« Proteine, Ballaststoffe und wenig gesättigte Fette oder Fast food.

Beurteilen Sie Ihre Antworten

Sehen Sie sich nun Ihre Antworten auf diese vier Fragen an. Wenn Sie beispielsweise 50 Jahre alt sind, aus einer kräftig gebauten Familie stammen, sich fit und gesund fühlen, regelmäßig Sport treiben und sich gesund ernähren, kann ein BMI zwischen 25 und 30 in Ordnung sein. Das trifft vor allem zu, wenn Ihre THD niedrig oder durchschnittlich ist und Ihr BMI mehr bei 25 als bei 30 liegt.

Falls Sie aber beispielsweise 30 Jahre alt sind, schlanke Verwandte haben, sich nicht so besonders fit und gesund fühlen, wenig Sport treiben, wissen, dass Sie zuviel Schokolade (oder was auch immer) essen und eine hohe THD haben, dann sollten Sie wenigstens ein bisschen abnehmen, insbesondere, wenn Ihr BMI mehr bei 30 als bei 25 liegt.

Seien Sie ehrlich zu sich selbst – es ist schließlich Ihr Körper!

Ihre natürliche Figur

Sie haben Ihr Gewicht beleuchtet, und sicherlich wissen Sie jetzt, ob Sie abnehmen sollten oder nicht.

Manchmal fällt es nicht leicht, Gewicht und Statur von der Figur zu trennen. In der Tat sorgen sich viele Frauen mehr um ihre Figur als um ihr Gewicht. Jede von uns kennt die Situation: Es findet sich nicht ein einziges überflüssiges Gramm Fett am Körper, dennoch fühlt man sich unzufrieden – mit seinen kurzen Beinen oder den dicken Fesseln oder der breiten Taille oder dem kleinen Busen oder oder ... Es scheint, als ob jede Frau irgend etwas an ihrem eigenen Körper nicht mag.

Auch ich habe jahrelang mit mir gehadert. Ich hasste meinen Taillenumfang, weil er 67,5 Zentimeter und nicht die von mir gewünschten 60 Zentimeter betrug. Und die (in meinen Augen) viel zu mageren Waden konnte ich schon gleich gar nicht leiden. Weder meinen hübschen Busen noch meine langen Beine wusste ich zu schätzen. Ich meckerte nur über meine Mängel und wollte so aussehen wie die anscheinend perfekten Models in den Frauenzeitschriften.

Ich will neue Gene!

Hätte ich auch nur zwei Minuten über die Statur meiner Mutter und meines Vaters nachgedacht, wäre mir sofort klar geworden, dass eine schmale Taille und die Waden einer Ballettänzerin einfach nicht in unseren Familiengenen angelegt sind.

Unsere grundlegende Körperstatur wird schon vor unserer Geburt festgelegt. Dabei spielt nicht nur die Statur unserer Eltern eine Rolle. Es kommt vor allem darauf an, welche Merkmale der Statur wir von jedem Elternteil mitbekommen haben, das heißt in das befruchtete Ei übernommen wurden, aus dem wir entstanden sind.

Andere Faktoren beeinflussen unser Aussehen ebenfalls, zum Beispiel, wie gut man als Fetus während der Schwangerschaft und dann als Baby ernährt wurde, wieviel Sport man als Kind trieb. Mit in diese Riege gehört auch der Gesundheitszustand während der Entwicklungsjahre.

An unserer genetischen Vorbestimmung, also breite Hüften, großer Busen, kurze Oberschenkel, lange Finger oder was auch immer es ist, das uns von den anderen unterscheidet, können wir nichts ändern.

Durch die entsprechende Diät und gezielte Übungen könnte ich natürlich meine Taille so schlank wie möglich trimmen. Aber wegen meiner Grundstruktur werde ich niemals einen Taillenumfang von 60 Zentimetern erreichen. Wie konnte ich nur Jahre damit verbringen, mich fast schon schuldig zu fühlen, weil ich das nicht erreichen konnte?

Dank der richtigen Übungen habe ich ein paar Muskeln in meinen Waden aufgebaut. Den muskulösen Waden einer Tänzerin werden sie aber niemals gleichen, was immer ich auch tue. Das ist aber auch gar nicht wichtig. Und selbst wenn es wichtig wäre, was hätte es für einen Sinn, sich über etwas zu grämen, das außerhalb meiner Beeinflussung liegt?

Durch kosmetische Operationen, Implantate, Fettabsaugung usw. lässt sich heutzutage durchaus Unmögliches möglich machen. Man kann einen Körper auf die Art und Weise heranbilden, der auf natürlichem Wege unerreichbar wäre. Aber wo liegt die Befriedigung, eine Figur zu haben, die eigentlich gar nicht die eigene ist? Merkwürdigerweise lassen viele Frauen, die eigentlich schon fast perfekt aussehen, ihren Körper durch unnatürliche Mittel perfektionieren. Aber niemand, absolut niemand auf der Welt ist perfekt.

Glauben Sie mir bitte, keiner von uns kann sich einen perfekten Körper verschaffen. Sie können einen Körper haben, der fit, großartig, individuell und ganz Ihr eigener ist und auf den Sie sehr stolz sein können – nur eine Perfektion gibt es nicht. Hören Sie also auf, sich Sorgen über Dinge zu machen, die Sie nicht ändern können. Lassen Sie uns lieber einen Blick darauf werfen, was Sie ändern können.

Ihr Körpertyp

Bei der Grundstruktur der Figur kann man drei klassische Typen unterscheiden:

Der Ektomorph: Der Ektomorph ist der schlankste der Körpertypen. Dieser Typ hat oft Schwierigkeiten bei der Muskelbildung oder Fettanlagerung. Die Gliedmaßen sind meist lang, die Taille dick im Verhältnis zu Busen und Hüften. Hand- und Fußgelenke, die Finger und Zehen sind lang und dünn, die Ellbogen und Knie knochig. Die Brust ist meist schmal und der Hals lang. In späteren Lebensjahren fällt die Gewichtszunahme leichter, insbesondere um die Körpermitte. Im Sport glänzt der Ektomorph am meisten in Langstrecken-Sportarten, beim Weitsprung, Hochsprung und Basketball.

Der Mesomorph: Dieser Typ hat einen stämmigen, muskulösen Körperbau mit einem hohen Muskelanteil im Vergleich zum Körperfett. Die Schultern sind eckig und kräftig, der Körper sieht stark, fest und wohlproportioniert aus. Der Mesomorph verfügt über viel Energie und Kraft, hat meist gut entwickelte Beine und ein ebensolches Gesäß, einen breiten Nacken und einen flachen Bauch. Frauen dieses Typs sind, was körperliche Aktivitäten betrifft, gute Allrounder. Sie erweisen sich als sehr leistungsfähig bei Sprints, in der Gymnastik und in vielen Sportarten.

Der Endomorph: Dieser Typ ist gut gerundet, auch wenn er kein Übergewicht hat. Eine Frau dieses Typs hat gut gepolsterte Schultern, weiche, mollige Arme und Beine mit wenig ausgebildeten Muskeln. Auch bei einer schlanken Frau sind Brust und Hüften rund. In jungen Jahren ist die Taille häufig schmal. Im Lauf des Älterwerdens nimmt sie sehr leicht zu und das vor allem, weil sie nicht besonders sportlich ist. Sie bevorzugt unorganisierte Sportarten wie Tanzen.

Die Zuordnung: Die meisten von uns passen nicht genau in nur eine dieser drei Kategorien, sondern sind eine Kombination daraus. Meist dominiert ein Typ, der andere ist nur beigemischt. Selten vereinigt ein Mensch alle drei Typen gleichmäßig in sich. So kann fast jeder den eigenen dominanten Typ bestimmen. Hat man das getan, ist es mehr als vernünftig, sich dieser natürlichen Figur anzupassen und damit zu arbeiten. Eine Veränderung gegen den Grundtyp funktioniert ja doch nicht!

Tipp für den überwiegend endomorphen Typ: Sie sollten lernen, Ihre Rundungen zu mögen. Das hindert Sie auf keinen Fall an einer sportlichen Betätigung, die Ihnen Spass macht und die hilft, etwas mehr Muskeln auszubilden, um durch eine leicht erhöhte natürliche Stoffwechselrate Ihre Pfunde im Zaum zu halten. Preise werden Sie für Ihre sportlichen Leistungen wohl nicht gewinnen, aber die Bewegung wird Ihnen gut tun, und darum geht es ja.

Tipp für den überwiegend mesomorphen Typ: Falls Sie ein muskulöser Mesomorph sind, hat es keinen Sinn, nach der Figur eines Models zu streben, das ein klassischer Ektomorph mit ein bisschen Endomorph ist. Essen Sie einfach vernünftig, treiben Sie viel Sport, um Ihre Energien abzuarbeiten. Und seien Sie dankbar dafür, dass Mesomorphe starke Knochen, kräftige Muskeln und von allen drei Typen die größte natürliche Fähigkeit besitzen, fit zu bleiben.

Tipp für den überwiegend ektomorphen Typ: Sie verschwenden nur Ihre Kraft, wenn Sie sich in einen Mesomorphen verwandeln wollen. Machen Sie aber dennoch möglichst viele Kraft- und Fitnessübungen, um ein paar Muskeln aufzubauen. Solange Sie jung sind, können Sie viel essen, ohne zuzunehmen. Wenn Sie älter werden, sollten Sie jedoch auf Ihre Körpermitte achten.

Goldene Regel: Arbeite mit dem Material, das du hast!

Schlaff oder fett?

Sofern Sie ein Endomorph sind, sehen Sie wahrscheinlich weicher aus als ein Mesomorph oder Ektomorph. Doch jeder Mensch kann unter einer gewissen Erschlaffung leiden, weil seine Muskeln unterfordert und daher ohne Spannkraft sind. Die Folge davon: Man sieht nicht nur dick aus, obwohl man gar kein Übergewicht hat, sondern auch die gesamte natürliche Körperstatur verändert sich zum Schlechten.

Ihr persönlicher Muskeltest

Finden Sie nun erst einmal heraus, ob Ihre Muskeln schlaff sind. Falls Sie das bejahen müssen, gibt es hier auch gleich ein paar Tipps dazu.

Stellen Sie sich nackt oder in Unterwäsche vor einen großen Spiegel, in dem Sie sich in voller Länge sehen können.

Oberarme: Nehmen Sie die Arme seitlich hoch. Wackelt das Fleisch unter den Oberarmen, wenn Sie die Arme schütteln? Oder können Sie sogar eine Fleischfalte erkennen, die vom Oberarm herabhängt? Wenn Sie eine der beiden Fragen bejahen müssen, haben Ihre Oberarme dringend Übungen zur Straffung und Kräftigung nötig.

Bauch: Stehen Sie gerade, und sehen Sie sich Ihren Bauch von vorne an. Gibt es Anzeichen von schlaffem Fleisch am Unterbauch, da, wo es seitlich in die Hüften übergeht? Betrachten Sie sich nun von der Seite. Ziehen Sie den Bauch so weit wie möglich mit allen zur Verfügung stehenden Muskeln ein und neigen Sie Ihr Becken, um die Haltung zu verbessern. Steht Ihr Bauch trotzdem noch weit vor? Falls ja, können Sie mit den richtigen Straffungsübungen eine viel bessere Figur in Ihrer Körpermitte erreichen.

Oberschenkel: Lassen Sie die Füße fest auf dem Boden stehen, und schütteln Sie die Beine von einer Seite zur anderen. Wabbelt das Fleisch an der Innenseite Ihrer Oberschenkel? Straffungsübungen können das Fleisch festigen und die Form Ihrer Oberschenkel deutlich verbessern.

Beine: Sind Ihre Beine ziemlich formlos, obwohl sie nicht dick sind? Auch als Ektomorph können Sie mit Aerobic und Straffungsübungen Form und Festigkeit für Ihre Beine erreichen.

Po: Ist Ihr Gesäß flach und hängt nach unten? Mit den richtigen Übungen können Sie es fest und rund machen.

Schultern: Stellen Sie sich seitwärts vor den Spiegel, und überprüfen Sie, ob Ihre Schultern den Buchstaben »C« formen, so dass Sie dicker aussehen, als Sie eigentlich sind. Wenn das der Fall ist, können Sie Ihre Haltung mit den richtigen Übungen korrigieren.

Was Sie tun können: Haben Sie auch nur eine dieser Fragen mit Ja beantwortet, können Sie Ihre Figur und Ihre körperliche Fitness mit dem Trainingsprogramm in Kapitel 7 verbessern. Das Ergebnis kann extrem auffallend oder nicht so bedeutend sein. Das hängt von der Art Ihrer Probleme ab. Bei einem schlaffen Bauch, der mit den richtigen Übungen trainiert wird, sieht man die Verbesserung schneller und deutlicher als bei schlaffen Oberschenkeln. Aber man kann jedes Figurproblem, das auf unzureichender Muskelstraffheit und/oder schlechter Körperhaltung beruht, verbessern.

Schlechte Haltung, schlechte Muskeln

Es lohnt sich, noch genauer auf Ihre Haltung (oder Körperausrichtung) einzugehen, da sie Ihre Figur mehr beeinflusst, als Sie vermuten.

Nur sehr wenige Menschen tragen ihren Körper so, wie er von Natur aus getragen werden sollte. Die meisten stehen falsch, sitzen falsch. Und im Lauf der Jahre passen sich die Muskeln zwangsläufig dem falschen »Bewegungskonzept« an. Denn irgendwo müssen sich zusätzliche Muskeln bilden, damit der Muskelapparat die stärkere Belastung, die durch eine unausgeglichene Haltung hervorgerufen wird, bewerkstelligen kann. Gleichzeitig werden an anderer Stelle Muskeln überdehnt.

Ein ganz einfaches Beispiel sind die Menschen, die nicht mit aufgerichtetem Rückgrat stehen, sondern mehr oder weniger krumm wie ein Fragezeichen. Das Hochhalten des Kopfes strapaziert dann ihre Nackenmuskeln. Mit den Jahren werden diese Muskeln immer kräftiger, die Muskeln um die Schulterblätter verlängern sich und werden schwach. Außerdem führt das »Krummstehen« zu verkürzten, verspannten Muskeln im Brustkorb. Der Kopf sollte auf der Wirbelsäule ausbalanciert sein (wie das beim richtigen Stehen der Fall ist) und nicht durch Muskeln aufrecht gehalten werden.

Die Figur wird also auch von einer schlechten Körperhaltung beeinträchtigt. Und es kann fast jeden Teil des Körpers treffen: Brustkorb, Nacken, Schultern, oberen Rücken, unteren Rücken, Gesäß, Bauch, Oberschenkel, Knie, Waden, Füße. Eine dauerhaft schlechte Haltung verursacht eine schlechte Figur.

Aber die gute Nachricht ist, dass man sich auch die schlechtesten Angewohnheiten bei der Körperhaltung wieder abgewöhnen kann, allerdings nicht über Nacht. Wenn Sie Ihre unterforderten Muskeln trainieren und die überlasteten Muskeln dehnen sowie Ihre Körperhaltung jeden Tag immer wieder bewusst neu ausrichten, dann können Sie Ihren Körper wieder in die Haltung versetzen, für die er gemacht ist.

In Kapitel 6 und 7 finden Sie alle Hilfen, die Sie für Ihre Figur benötigen. Mit nur zwei Stunden pro Woche können Sie sich selbst innerhalb der Grenzen Ihres Körpers wieder in Form bringen.

Aber denken Sie daran: Ihr Figur wird immer Ihre Figur sein. Und es dauert eine Weile, bis Verbesserungen zu sehen sind.

Wie bereits am Anfang dieses Kapitels gesagt, geht es bei der *Zyklusdiät* vor allem darum, realistisch zu sein. Sie müssen mit dem arbeiten, was Sie selbst zu bieten haben. Wir – Sie und ich – müssen das Beste für Sie erreichen. Der Körper anderer Leute ist deren Problem. Wir kümmern uns jetzt weiterhin nur um Sie!

2

Hören Sie auf die Signale Ihres Körpers

Warum verschwenden wir so viel Zeit und Energie damit, unseren Körper zu bekämpfen, ihm zu trotzen und die Signale zu ignorieren, mit denen er uns zu verstehen gibt, was er wirklich braucht?

Melanie ist 32 Jahre alt und verbringt ihr Leben damit, drei Kilogramm zu- und wieder abzunehmen. Immer im Wechsel überfüttert sie dabei ihren Körper mit Kohlenhydrat-Orgien aus Keksen oder lässt ihn mit einer Apfelsinen-Diät verhungern.

Melanie sagt: »Ich mache viermal pro Jahr eine strikte Diät, um abzunehmen. Am liebsten esse ich dann nur Zitrusfrüchte, sonst nichts – und es funktioniert immer. Eigentlich möchte ich sechs Kilogramm abnehmen, aber ich schaffe es nie, diese Diät länger als zehn Tage durchzuhalten. Danach fresse ich wieder. Während der Diät habe ich meistens Kopfschmerzen – aber das kommt bestimmt von der Entschlackung.«

Karen, 29, sagt: »Ich halte mich meistens an ein gutes Ernährungs- und Fitnessprogramm, aber jeden Monat wieder hasse ich mich dafür, dass ich es in der letzten Woche vor meiner Periode nicht durchhalte. Ich wiege mich jeden Tag, aber während der Monat voranschreitet, verliere ich immer weniger an Gewicht, egal, wie wenig ich esse. In der Woche vor meiner Periode nehme ich dann etwa zwei Kilogramm zu – mehr, als ich im ganzen Monat abgenommen habe. Also muss ich nächsten Monat wieder von vorne anfangen. Ich hasse es. Ich hasse mich selbst. Manchmal wünschte ich mir, ich wäre ein Mann.«

Melanie und Karen zählen nicht zu den Ausnahmen, vielmehr sind es typische Frauen mit typischen Einstellungen gegenüber ihren Kämpfen mit ihren Körpern.

Sie – wir alle – müssen lernen, die Signale unseres Körpers zu verstehen und gut zu unserem Körper zu sein. Kopfschmerzen während einer Diät sind keine Symptome für eine wundervolle Entschlackung, sondern ein Alarmzeichen Ihres Körpers. Er will Ihnen damit mitteilen, dass Sie ihm nicht genügend Kohlenhydrate und wahrscheinlich auch nicht genügend Flüssigkeit geben.

Bei fast allen Frauen tritt eine Flüssigkeitsansammlung vor der Periode auf. Das ist eine normale Erscheinung, die mit entsprechender Pflege und Sachkenntnis behandelt und minimiert werden sollte.

Fressattacken sind kein Zeichen von Schwäche oder Versagen. Ihr Körper signalisiert damit nur deutlich, dass er dringend Nahrung braucht, weil er unter massiven Mangelerscheinungen leidet.

Hören Sie auf die Signale: Der weibliche Körper funktioniert wie eine kraftvolle Fabrik. Nahrung wird in Energie umgesetzt, Hormone werden produziert, einen Großteil Ihres Lebens bereitet Ihr Körper sich auf das Kinderkriegen vor. Er belohnt Sie, wenn Sie ihm helfen, kräftig und gesund zu sein. Er beschwert sich, wenn Sie ihn schlecht behandeln.

Aber nur wenige Menschen machen sich die Mühe zu verstehen, was in ihrem Körper vorgeht, und noch weniger sind bereit, die Anzeichen von Leid oder Dankbarkeit zu verstehen, die er aussendet.

In diesem Kapitel werden Sie lernen, Ihren Verstand und Ihren Körper auf die gleiche Wellenlänge zu bringen. Sie möchten, dass Ihr Körper gut aussieht und dass er sich gut fühlt. Um das zu erreichen, müssen Sie gut zu Ihrem Körper sein. Und Sie müssen realistisch sein, nicht nur hinsichtlich Ihres Idealgewichts und

Ihrer Top-Figur, wie in Kapitel 1 beschrieben, sondern auch was den Weg dorthin betrifft. Hören Sie auf Ihren Körper, und lassen Sie sich von ihm helfen.

Verstehen Sie die Signale: Dann und nur dann werden Sie in der Lage sein, auf natürliche Weise abzunehmen, und zwar für immer.

Führen Sie ein Körpertagebuch

Als erstes bitte ich Sie, dass Sie an jedem Tag des folgenden Monats ein Körpertagebuch führen. Sie können bereits heute damit beginnen, gleichzeitig weiter in diesem Buch lesen und dem Plan der *Zyklusdiät* folgen. Nach einem Monat sehen Sie sich das Tagebuch dann noch mal von vorn bis hinten genau an, und Sie werden Ihren natürlichen Körperrhythmus ablesen können. Und Sie entdecken, wie sich die *Zyklusdiät* vollkommen im Einklang mit Ihrem Körper befindet.

Das Schreiben des Tagebuchs dauert nur einige Minuten pro Tag, und ich glaube, es wird Ihnen Spass machen. Sie beginnen damit, sich selbst und Ihrem Körper Aufmerksamkeit zu schenken. Sie werden lernen, auf Zeichen zu achten und auf diese entsprechend zu reagieren.

Schreiben Sie Ihr Tagebuch am Abend. Am besten benutzen Sie einen Kalender oder ein Heft, in dem Sie für jeden Tag eine Seite zur Verfügung haben.

So starten Sie

Hier ein Beispiel für die Gliederung der Tagesseite und wie die Eintragungen am ersten Tag aussehen könnten:

Datum: Montag, 2. Mai
Tagesverlauf: Normaler Arbeitstag; sehr beschäftigt, wie immer.
Körper: Fühlte sich gut; voller Energie, aber gehetzt.

Psyche: Fühlte sich auch gut; positiv wachsam; nichts scheint mir die gute Stimmung verderben zu können.

Essen: Übliches Frühstück; belegtes Brot zu Mittag; Fertiggericht am Abend; kein Hungergefühl den ganzen Tag über; habe eigentlich gar nicht ans Essen gedacht.

Sport: Nichts getan, außer zur und von der Arbeit zu eilen. Habe auch nicht daran gedacht.

Zyklus:* 5. Tag

* *Diese Angabe ist nur notwendig, wenn Sie einen Menstruationszyklus haben. Der 1. Zyklustag ist der dritte Tag nach Beginn Ihrer Periode, und dann wird einfach weitergezählt, bis Sie wieder am dritten Tag nach Beginn der Periode mit dem 1. Tag beginnen. Abhängig von der Länge Ihres Zyklus' können Sie also zwischen 20 und 40 oder mehr Tage zählen. Der durchschnittliche Zyklus dauert 28 Tage, aber das variiert sehr stark von Frau zu Frau. Wenn Sie keine Periode haben, brauchen Sie keine Zykluseinträge zu machen.*

Drei Wochen später

Hier ein weiteres Beispiel aus dem Tagebuch der gleichen Frau, und zwar drei Wochen später:

Datum: Montag, 23. Mai

Tagesverlauf: Normaler Arbeitstag; recht ruhig.

Körper: Fühlte sich fett und lethargisch; Schwierigkeiten, nach dem Mittag wach zu bleiben.

Psyche: War ungeduldig und konnte keine Entscheidungen treffen; habe den Tag mit einer Liste der Dinge beendet, die ich hätte tun sollen, aber nicht getan habe, was mich noch ärgerlicher machte.

Essen: Frühstück ausgelassen, weil ich mich so dick fühlte; Riegel Schokolade am Vormittag; Heißhunger auf Kohlenhydrate zu Mittag: habe ein großes, mit Honig gefülltes Croissant geges-

sen; abends zu müde zum Kochen; grauenhaftes Mahl aus dem Imbiss.
Sport: Natürlich nichts getan; habe mich nicht danach gefühlt.
*Zyklus**:* 26. Tag

* *Siehe Anmerkung beim Beispiel »Der erste Tag«.*

Führen Sie Ihr Tagebuch so genau wie möglich

Während Ihr Tagebuch Form annimmt, werden Sie feststellen, dass alle möglichen Faktoren einen Einfluss darauf haben, wie gut Sie essen, wie viele Kalorien Sie zu sich nehmen, zu welchen Aktivitäten Sie sich aufraffen. Hier noch ein paar Tipps, was Sie in den einzelnen Rubriken aufschreiben sollten:

Tagesverlauf: Schreiben Sie auf, wo Sie waren und was Sie getan haben; Arbeitstag oder Freizeit, ein normaler Tag oder ein besonderer Tag? Haben Sie nur gesessen, oder sind Sie umhergesaust?
Körper: Schreiben Sie auf, wie Sie sich körperlich fühlten. Fit? Stark? Lethargisch? Schwach? Voller Energie? Schlechten Eindruck von Ihrem Körper? Guten Eindruck von Ihrem Körper? Irgendwelche Zipperlein oder Schmerzen oder Empfindlichkeiten? Ausgeruht? Entspannt? Angespannt? Erschöpft?
Psyche: Sind Sie mit einem guten oder schlechten Gefühl aufgewacht? Glücklich oder traurig? Ängstlich oder ruhig? Ermüdet oder freudig gespannt? Wie sind Sie mit Krisen oder Überraschungen fertig geworden?
Essen: Beschreiben Sie kurz, was Sie gegessen haben, warum und wie Sie sich dabei gefühlt haben. War es ein Tag mit gesunder Ernährung? Haben Sie etwas anderes gegessen, als Sie eigentlich wollten? Haben Sie zu viel/zu wenig gegessen? Haben Sie viel ans Essen gedacht oder gar nicht? Waren Sie hungrig, satt oder heißhungrig? Hatten Sie Verlangen nach einem bestimmten Nahrungsmittel? Hat Ihr heutiges Essverhalten dazu geführt, dass Sie sich selbst gut oder schlecht finden?

Sport: Haben Sie sich heute irgendwie körperlich betätigt, und wenn, dann wie? Wie haben Sie sich dabei gefühlt? Wie gut haben Sie es gemacht? Wie sehr haben Sie sich angestrengt?

Erstellen Sie eine Stimmungskurve

Nachdem Sie etwa einen Monat lang Tagebuch geführt haben, werden Sie sehen, dass Ihr Körper, Ihr Essverhalten, Ihre sportlichen Aktivitäten und Ihre Psyche stark von Woche zu Woche und sogar von Tag zu Tag variieren.

Zeichnen Sie eine einfache Kurve, um sich das Muster für diesen Monat vor Augen zu führen. Entscheiden Sie jeden Abend, nachdem Sie das Tagebuch geschrieben haben, wie Sie sich an diesem Tag gefühlt haben. Berücksichtigen Sie alles, was Sie aufgeschrieben haben, und vergeben Sie eine Wertung zwischen »schrecklich« und »hervorragend«.

Die erste Tagebucheintragung, die Sie gerade in dem Beispiel gelesen haben, würde die Schreiberin wohl als »gut« einstufen – es war ihr 5. Zyklustag. Dem 26. Zyklustag (im Beispiel »Drei Wochen später«) gäbe sie sicher die Wertung »schlecht«.

Die Zyklusphasen

Bei vielen Frauen ergibt sich ein Muster, das mit den Phasen ihres Menstruationszyklus übereinstimmt. Man kann den Zyklus grob in drei Phasen unterteilen:

Phase eins – Hochphase: Sie beginnt für die meisten Frauen am zweiten oder dritten Tag der Menstruation und kann als die Hochphase bezeichnet werden. In dieser Phase steigt die Menge des Hormons Östrogen im weiblichen Körper langsam an, während sich der Körper auf den Eisprung vorbereitet. Für viele Frauen ist dies die Phase, in der sie ihr Essverhalten am leichtesten kontrollieren und die sie am besten nutzen können, um Körperfett abzubauen, da sie sich wahrscheinlich trotz einer kalorienreduzierten Diät wohl fühlen.

Die Stimmung ist gut und das Temperament kühl. Der Körper »läuft ruhig«, und während dieser Phase erfolgt der Eisprung, der etwa 14 Tage vor dem Beginn der nächsten Periode liegt. Während der zwei Tage um den Eisprung erreicht diese Phase bei fast allen Frauen ihren Höhepunkt. Studien haben gezeigt, dass man zu dieser Zeit am wenigsten Hunger hat, der Körper sich auf dem Gipfel seiner Kraft befindet und der höchste Östrogengehalt im Körper vorhanden ist. Um den Zeitpunkt des Eisprungs herum fühlen Sie sich wahrscheinlich auch kreativ und Ihr sexuelles Verlangen kann ansteigen.

Phase zwei – neutrale Phase: Sie beginnt direkt nach dem Eisprung etwa am 15. Tag (davon ausgehend, dass der 1. Zyklustag der dritte Tag der Periode ist). Das Ei ist in den Eileiter gelangt und befindet sich auf dem Weg in die Gebärmutter. Die Östrogenwerte Ihres Körpers beginnen schnell zu fallen, die Werte eines anderen weiblichen Hormons, des Progesterons, beginnen zu steigen, und die Gebärmutterwände verdicken sich zur Vorbereitung einer Schwangerschaft. Der Appetit wird während dieser Phase langsam stärker, und die Körpertemperatur sowie die Stoffwechselrate können ansteigen.

Die Stimmung ist oft neutral oder schwankend, aber Energie und Motivationslevel sind hoch. Das sexuelle Verlangen kann noch weiter ansteigen.

Phase drei – Tiefphase: Sie beginnt bis zu einer Woche vor der nächsten Periode, bei Frauen mit einem regelmäßigen 28-Tage-Zyklus also um den 20. Tag oder später. Wenn der Körper feststellt, dass das Ei nicht befruchtet wurde, nimmt die Progesteronproduktion stark ab und die Verdickungen der Gebärmutterwände werden als menstruelles Blut abgebaut. Während der ersten Tage der Phase drei vor Beginn der eigentlichen Periode macht sich wahrscheinlich Ihr Hunger am stärksten bemerkbar, Ihr Appetit ist am schwersten zu zügeln. Es kann sein, dass Ihnen heißer als sonst ist, dass der Brustumfang zunimmt und dass Sie infolge der

Flüssigkeitsansammlung vorübergehend zunehmen, vor allem am Bauch. Am Ende dieser Phase, wenn die Periode beginnt, nehmen diese prämenstruellen Symptome rapide ab. Am oder um den zweiten Tag der Periode beginnt wieder Phase eins.

Die meisten Frauen können diese Tiefphase mit den in diesem Buch vorgestellten Selbsthilfemaßnahmen bewältigen. Appetit kann kontrolliert, die Flüssigkeitsansammlung und Gewichtszunahme kann minimiert werden, und die Laune läßt sich verbessern. Mit den richtigen Mitteln kann Phase drei – die Tiefphase – auf ihre Art genauso angenehm sein, wie jede andere Zeit während des Zyklus.

Hinweis: Ihre persönliche Zyklusdiät können Sie mit Hilfe des Zykluskalenders ermitteln (siehe Vorlage zum Fotokopieren im Anhang des Buches, S.276).

Fragen und Antworten zu den Zyklusphasen

In der *Zyklusdiät* geht es vor allem darum, wie Sie die beschriebenen Phasen nutzen können, um abzunehmen, fit zu werden und das gute Ergebnis auf natürliche Weise zu erhalten. In diesem Zusammenhang tauchen Fragen auf, deren Antworten Sie hier finden:

»Ich bekomme meine Periode nur unregelmäßig – manchmal schon nach drei Wochen, manchmal erst nach sechs Wochen. Kann ich das Drei-Phasen-System trotzdem nutzen?«

Ja. Spüren Sie mit Hilfe Ihres Körpertagebuchs Veränderungen auf, hören Sie auf Ihre Körpersignale, und wählen Sie die jeweils passende Diät-Phase und die geeigneten Übungen aus, die Ihrem Gefühl nach am besten für den Tag passen. Auch wenn Sie unregelmäßige Monatsblutungen haben, werden Sie trotzdem unterschiedliche Phasen bemerken. In diesem Buch finden Sie für jede Phase einen Speiseplan. Sie müssen nur noch entscheiden, in welcher Phase Sie sich jeweils befinden und wie lange die Phase dauert. Haben Sie beispielsweise einen längeren Zyklus als normal, können Sie vielleicht drei Wochen lang dem Speiseplan für Phase eins folgen. Haben Sie einen kürzeren Zyklus, halten Sie vielleicht nur eine Woche oder zehn Tage durch.

»Ich nehme die Pille. Treffen die drei Phasen für mich trotzdem zu?«

Durch Einnahme der Pille werden die Begleiterscheinungen der drei Phasen gemildert. Viele Frauen finden, dass die Symptome des Prämenstruellen Syndroms (PMS) weniger stark und die Perioden leichter sind. Dadurch fallen die Unterschiede zwischen den Phasen nicht so auf. Trotzdem lassen sich Unterschiede feststellen, auch wenn man die Pille nimmt. Führen Sie Ihr Tagebuch einen Monat lang, und stellen Sie fest, welche Phasenmerkmale bei Ihnen zu erkennen sind. Falls Sie zu den Frauen gehören, die wegen der Pille kaum einen Unterschied zwischen den drei Phasen bemerken, sollten Sie für den größten Teil der Zeit den Speiseplan für Phase zwei befolgen und an Tagen, an denen Sie sich stark und positiv fühlen, zum Plan für Phase eins überwechseln.

»Aufgrund einer Hysterektomie habe ich keine Perioden mehr. Kann ich die Zyklusdiät *trotzdem machen?«*

Die Speise- und Trainingspläne der *Zyklusdiät* sind besonders gesund und können auch von Ihnen befolgt werden. Ich schlage vor, dass Sie den größten Teil der Zeit den Speiseplan für Phase zwei befolgen und an Tagen, an denen Sie sich stark und positiv fühlen, zu Phase eins wechseln. Den Speiseplan für Phase drei können Sie als Alternative für besondere Gelegenheiten wie Feiertage, auswärts Essen, Einladungen und Ähnliches nutzen, da er Ihnen gestattet, mehr zu essen.

»Ich bin schwanger. Sollte ich die Zyklusdiät *trotzdem befolgen?«*

Spezielle Hinweise für die *Zyklusdiät* während der Schwangerschaft finden Sie in Kapitel 8. Lesen Sie das Kapitel bitte, bevor Sie mit den Speise- oder Trainingsplänen der *Zyklusdiät* beginnen.

»Ich bin mitten in meiner Menopause. Kann ich die Zyklusdiät *trotzdem machen?«*

Ja, können Sie. Führen Sie das Körpertagebuch, hören Sie auf Ihre Körpersignale, und wählen Sie den jeweils passenden Speise- und Trainingsplan für die Phase aus, in der Sie sich anscheinend nach den Beschreibungen auf Seite 36ff. befinden. Weitere Hinweise zur Menopause finden Sie in Kapitel 8.

»Ich bin 60, und meine Periode hat bereits vor Jahren aufgehört. Ist es sinnvoll für mich, der Zyklusdiät *zu folgen?«*

Die Diät ist in allen Lebensphasen eine sehr gesunde Ernährungsweise, und Sie können ihr folgen, um Gewicht zu verlieren. Sie sollten den größten Teil der Zeit den Speiseplan für Phase zwei befolgen. An Tagen, an denen Sie das Gefühl haben, etwas weniger essen zu können, wechseln Sie zu Phase eins über. Haben Sie, wie viele Frauen, sich und Ihrem Körper über Jahre hinweg keine Beachtung geschenkt, wird das Körpertagebuch für Sie sehr nützlich sein. Es versetzt Sie in die Lage, sich wieder auf Ihren Körper einzustellen und seine Höhen und Tiefen zu erkennen. Auch wenn man keine Perioden hat, unterliegt der Körper Schwankungen. Diese Veränderungen wahrzunehmen, ist sehr wichtig, vor allem wenn man abnehmen will.

Jede Frau, mit oder ohne Periode, erlebt Hochphasen wie Phase eins, Tiefphasen wie Phase drei und neutrale Phasen wie Phase zwei. Lernen Sie, diese Phasen zu unterscheiden, um eine lebenslange Gewichts- und Fitnesskontrolle zu erreichen.

Dem Körper Gutes tun

Jetzt wissen Sie, warum es wenig Sinn macht, das zu tun, was Millionen von Frauen seit vielen Jahrzehnten tun: Sie zwingen ihren Körper, einer täglich gleichen oder sich wöchentlich wiederholenden Diät zu folgen, die keine Rücksicht auf die sich ändernden Verhältnisse ihres Körpers nimmt.

Doch nicht allein der Menstruationszyklus beeinflusst Ihren Körper. Alles in Ihrem Leben spielt zusammen und entscheidet, wie Sie sich an einem bestimmten Tag fühlen. Der dominante Faktor kann der Menstruationszyklus sein, aber Sie müssen auch berücksichtigen, was sonst noch in Ihrem Leben passiert – und deswegen ist das Körpertagebuch so nützlich.

Wie Freude wirkt: Stellen Sie sich vor, Sie haben einen tollen, neuen Job ergattert. An dem Tag, an dem Sie die Zusage erhalten, befinden Sie sich in Phase eins Ihres Zyklus. Das in Kombination mit der guten Nachricht beschert Ihnen und Ihrem Körper ein tolles Hochgefühl. Wie aber sieht es aus, wenn Sie diese Nachricht an einem Tag in Phase drei erhalten, an dem Sie schon mit schlechtem Gefühl aufgewacht sind? Die Neuigkeit wird Ihre Tiefphase wahrscheinlich in ein Gefühl wie Phase zwei oder sogar eins verwandeln. Es sind eben nicht nur unsere Hormone, die bestimmen, wie wir uns fühlen – auch unsere Emotionen und Erlebnisse spielen eine ausschlaggebende Rolle. Deswegen finden Sie vielleicht in Ihrem Körpertagebuch Mini-Fluktuationen innerhalb der Phasen.

Wie die Liebe wirkt: Noch ein Beispiel. Sie lernen jemanden kennen und verlieben sich. In den ersten Wochen oder Monaten können Sie dann fast ständig in einer Art Phase eins sein – Ihr normales Hormonmuster wird völlig von dem Adrenalin, den Endorphinen und zusätzlichen Hormonen überlagert, die so eine Verliebtheit produzieren kann. Seien Sie dann nett zu Ihrem Körper, und nutzen Sie diese verlängerte Phase eins, um Ihr Gewicht zu kontrollieren und ein Fitnessprogramm durchzuziehen.

Im ganz normalen Leben: Natürlich besteht das Leben nicht aus einer ständigen Abfolge von neuen Jobs, neuen Lieben oder, am anderen Ende der Skala, Tragödien und größeren Rückschlägen. Den meisten von uns passieren solche Dinge manchmal, aber der größte Teil des Lebens ist erheblich profaner, das heißt: Das Leben verläuft in mehr oder weniger gleichmäßigen Bahnen. Aber gerade dann sollten Sie den natürlichen Phasen Ihres Körpers die größte Aufmerksamkeit widmen:

- Lernen Sie, die Signale Ihres Körpers zu verstehen. (Die wichtigsten Zeichen stehen mit Ihrer Periode in Verbindung.)
- Beachten Sie auch, was sonst noch in Ihrem Leben passiert, da auch dies einen Einfluß darauf hat, wie Sie sich fühlen.

Nutzen über Nutzen: Mit etwas Übung lernen Sie, Ihre persönlichen Phasen zu erkennen. Dieses Wissen können Sie dann in vielen Lebensbereichen zu Ihrem Vorteil nutzen, nicht nur zum Abnehmen, Gewicht halten und fit werden. Wenn Sie beispielsweise wissen, dass die Zeit um den Eisprung mit großer Energie und Kreativität einhergeht, können Sie zu diesem Zeitpunkt ein Treffen mit einem neuen Kunden arrangieren und mit ihm Ihre Ideen besprechen. Oder Sie schreiben die Kurzgeschichte für den Wettbewerb, an dem Sie teilnehmen wollen. Wenn Sie wissen, dass Phase drei bei Ihnen das Verlangen nach einem Hausputz auslöst, verschieben Sie die entsprechenden Arbeiten bis dahin. Den Rest des Monats nutzen Sie besser für wichtigere Dinge.

Die folgenden Kapitel werden Ihnen zeigen, wie Sie mit sich selbst in Harmonie leben, wie Sie Ihre eigenen Ressourcen so anzapfen, dass Sie Ihre Hochphasen verlängern und ausnutzen können. Und natürlich geht es auch um das Verkürzen und Bewältigen Ihrer Tiefphasen. Sie sollen letztendlich in der Lage sein, die natürliche Energie Ihres Körpers sinnvoll umzusetzen und das Beste dabei herauszuholen.

Sie lernen, auf Ihren Körper zu hören. Und Sie werden nicht mehr von ihm verlangen, dass er sich die ganze Zeit ohne Beschwerden gleich benimmt. Und Sie werden auf die einzig vernünftige Weise abnehmen – indem Sie die Tage nutzen, an denen Sie gut an Gewicht verlieren können, und die Tage auslassen, an denen das nicht möglich ist.

Das tägliche Wiegen dürfen Sie vergessen. Eine der Regeln der *Zyklusdiät* verlangt sogar, sich nicht öfter als einmal pro Monat zu wiegen. Denn nur so bekommen Sie ein realistisches Bild davon, wieviel Gewicht Sie tatsächlich verloren haben.

Denken Sie immer daran: Sie wollen nicht kämpfen, Sie wollen in Einklang mit Ihrem Körper leben. Nur dann können Sie wirklich gewinnen.

»Füttern« Sie Ihren Körper richtig

Sie kennen bestimmt das Sprichwort: »Du bist, was du isst.« Ob Sie nun abnehmen oder Ihr Gewicht nur halten möchten, Ihr Körper wird besser arbeiten und sogar leichter abnehmen, wenn Sie ihm die Nährstoffe geben, die er braucht, und zwar zu dem Zeitpunkt, an dem er sie braucht.

Essen Sie genug!

Die wichtigste Regel beim gesunden Abnehmen lautet: Nehmen Sie genügend Nahrung zu sich! Fast alle Frauen, die abnehmen wollen, setzen sich erst einmal auf Hungerration. Sie essen nur noch Mini-Portionen, lassen Mahlzeiten aus oder ersetzen richtige Mahlzeiten durch Diät-Drinks, Energie-Riegel oder Diät-Suppen.

Oder sie versuchen eine verrückte oder einseitige Modediät nach der anderen – wie beispielsweise Melanies Zitrusfrüchtediät vom Anfang dieses Kapitels. Keine dieser Diäten enthält genügend Nährstoffe.

Jede Diät scheitert garantiert, wenn man zu wenig isst. Kaum ein Mensch (Frauen noch weniger als Männer) hält es aus, ständig hungrig zu leben. Das gelingt vielleicht einige Tage oder sogar zwei Wochen, aber nicht länger. Dann tritt unweigerlich eine Art Phase drei auf – und man frisst ohne Ende!

Deshalb enthält die *Zyklusdiät* die Regel: Wenn Ihr Körper nach Nahrung verlangt, füttern Sie ihn! Das ist von entscheidender Bedeutung für Ihren Erfolg, vor allem während der Phase drei, in der es völlig normal ist, dass Sie mehr essen möchten.

Was Sie mit den Kalorien tun können

Natürlich müssen Sie die Aufnahme an Kalorien in den nächsten Monaten reduzieren, um an Gewicht zu verlieren. Sie können auch den Verbrauch an Kalorien erhöhen, indem Sie Aktivitäten starten, bei denen Sie mehr Kalorien verbrauchen und so ein Defizit schaffen. Aber das alleine ist ein sehr langsamer Weg, um schlank zu werden.

Studien haben gezeigt, dass Frauen, die ihre Kalorienzufuhr nur leicht einschränken und gute, vollwertige Nahrung zu sich nehmen, den größten Erfolg bei langfristigem Gewichtsverlust aufweisen.

Sollten Sie sich also weigern, Ihren Körper hungern zu lassen, dann tun Sie ihm damit nicht nur etwas Gutes, sondern Sie machen sich das Leben und die Diät sehr viel leichter.

Sie werden nicht in kurzer Zeit große Mengen an Gewicht verlieren. Das macht aber gar nichts, da sich das ohnehin als schlecht für Ihren Körper erwiesen hat.

Mit der *Zyklusdiät* nehmen Sie im Lauf eines jeden Monats so viel ab, wie es für Sie gut ist. Sie schlagen während der Phase eins die höchste Gangart bei Ihrer Schlankheitskampagne ein, da Sie in diesen Tagen am wenigsten Hunger verspüren und mit etwas weniger Kalorien auskommen können als in den anderen Phasen. Und die *Zyklusdiät* wird Sie dazu verführen, sich während des ganzen Monats sportlich zu betätigen, wodurch einige zusätzliche Kalorien verbrennen.

Die Kombination von leicht reduzierter Kalorienzufuhr und vermehrter Verbrennung der Kalorien durch Training bringt sehr vielen Frauen einen monatlichen Gewichtsverlust von zwei bis drei Kilogramm – ganz natürlich und ohne Qualen!

Signalisiert Ihr Körper Hunger?

Um Ihren Körper mit genügend Kalorien und Nährstoffen zu versorgen, müssen Sie lernen, Ihren Hunger mit der richtigen Menge Nahrung zu stillen – aber nicht mehr! Diese Lektion fällt fast jedem sehr schwer, weil fast alle Menschen aus allen möglichen Gründen essen, nur nicht aufgrund des natürlichen Hungers. Jeder kennt die schlechten Gewohnheiten: Man lädt sich zu große Portionen auf den Teller (und isst sie auf); man isst, weil gerade etwas da ist, weil jemand uns dazu überredet hat usw. usw.

Diese unsinnigen Essgewohnheiten lassen sich nur vertreiben, indem man – wieder – lernt, die wahren Hungersignale des eigenen Körpers zu erkennen. Dann essen Sie nur, wenn Sie hungrig sind, und Sie hören auf (oder fangen gar nicht erst an), wenn Sie nicht hungrig sind.

Echter Hunger: Zu den echten Hungermerkmalen gehören ein Gefühl von Leichtheit im Unterbauch, Magenknurren, erhöhte Sensibilität gegenüber Geruch und Anblick von Eßbarem. Sie denken ans Essen, obwohl weit und breit nichts zu sehen ist, was Sie daran erinnern könnte.

Sie können Hunger auch danach einschätzen, wann Sie zuletzt etwas gegessen haben. Wenn das bereits mehrere Stunden her ist und Sie eines oder mehrere der oben genannten Symptome empfinden, ist Ihr Hunger wahrscheinlich berechtigt, also essen Sie etwas.

Falsche Hungergefühle: Es gibt eine ganze Reihe von Situationen, die Gefühle aufkommen lassen, die sehr leicht mit Hunger verwechselt werden:

- Langeweile: Nur um irgend etwas zu tun, isst man.
- Gewohnheit: Sie knabbern und trinken immer alles Mögliche beim Fernsehen. Sie denken gar nicht darüber nach, ob Sie tatsächlich Hunger haben, Sie tun es einfach.
- Trost: Sie kommen mit einer schwierigen Situation nicht zurecht. Essen scheint Ihnen ein guter Trost zu sein. Vielleicht lenkt

das Essen Sie auch ab, wenn Sie einen schwierigen Brief schreiben müssen. Oder es hilft Ihnen über etwas hinweg, zum Beispiel, wenn Sie Ihren Partner verlassen haben und an der Richtigkeit Ihres Tuns zweifeln.

- Fressanfälle: Sie gieren nach einem bestimmten Nahrungsmittel, oft nach Schokolade oder anderen Süßigkeiten oder Brot, und geben diesem starken Verlangen nach.

Ihre persönlichen Hungergefühle: Sehen Sie Ihr Körpertagebuch durch, und suchen Sie die Nahrungsmittel, die Sie aus anderen Gründen als Hunger gegessen haben. Versuchen Sie, sich jederzeit bewußt zu sein, warum Sie was essen. Über Fressanfälle, die Sie vielleicht auch haben, erfahren Sie im dritten Kapitel noch einiges mehr. Ich möchte Sie aber schon jetzt trösten. Diese »Anfälle« vergehen, wenn Sie vernünftig und richtig essen, also der *Zyklusdiät* folgen, vor allem wenn sie überwiegend in Phase drei auftreten.

Wie Sie Ihren Appetit kontrollieren können

Dass Sie sich einfach bewusst werden müssen, wann Sie aus anderen Gründen als echtem Hunger essen, ist also eine wichtige Sache. Daneben können Sie aber noch mehr zur Kontrolle Ihres Appetits unternehmen. Das Ziel dabei: Ein Kaloriendefizit erzeugen, aber dennoch genug essen. Hier einige meiner liebsten Methoden:

- Geben Sie mehr als sonst von den ballaststoffreichen, kalorienarmen Nahrungsmitteln auf Ihren Teller und etwas weniger von den anderen. Vergrößern Sie beispielsweise Ihre Portion an Gemüse, Reis, Nudeln oder Kartoffeln, und verkleinern Sie die Menge aller fetten Nahrungsmittel.
- Falls Sie am Ende der Mahlzeit noch echten Hunger verspüren, nehmen Sie einen kleinen Nachschlag.
- Nachdem Sie Ihren Teller leer gegessen haben, machen Sie ein paar Minuten Pause. Trinken Sie am besten ein Glas Wasser. Haben Sie wirklich noch Hunger? Wahrscheinlich nicht.

- Essen Sie langsam. Menschen, die langsam essen, werden von weniger Nahrung satt als Menschen, die schnell essen.
- Lassen Sie Ihren Hunger nicht so groß werden. Sie essen sonst garantiert zuviel, wenn Sie dann endlich eine Mahlzeit zu sich nehmen.

Füttern Sie Ihren Körper zur rechten Zeit

Fast alle Frauen werden zu bestimmten Tageszeiten hungrig. Viele Frauen ignorieren jedoch diese Zeiten des natürlichen Hungrigseins, weil sie glauben, so schneller schlank zu werden, oder weil sie die Zeiten nicht für angemessen halten. Und dann wundern sie sich über ihre Probleme, die sie mit ihrem Gewicht und ihrem Appetit haben! Um Ihrem Körper Gutes zu tun, müssen Sie ihn dann füttern, wenn er es braucht.

Morgens kurz nach dem Aufstehen hat fast jede Frau Hunger. Kein Wunder, der Körper »fastet« ja seit zwölf oder mehr Stunden. Nur die wenigstens Frauen nehmen sich aber die Zeit, diesen Hunger zu stillen. Demzufolge entwickelt sich am Vormittag ein Heißhunger, den nicht wenige Menschen mit völlig unpassenden, ungesunden Nahrungsmitteln wie Keksen und Kuchen dämpfen.

Andere Leute stehen morgens früh auf und nehmen ein Frühstück ein, dem dann ein frühes Mittagessen und ein Abendessen am frühen Abend folgt. Gut? Nein, denn kurz vor dem Schlafengehen überfällt sie ein Heißhunger, und sie stopfen alles in sich hinein, was die Küche hergibt.

Und dann gibt es noch die Menschen, die immer zur gleichen Zeit Mittag (um 13.00 Uhr) und Abendbrot (zwischen 19.00 und 20.00 Uhr) essen und sich wundern, dass sie zwischen 16.00 und 17.00 Uhr am Nachmittag riesigen Hunger kriegen. Den stillen sie dann mit Keksen, Chips oder Nüssen, während sie einen Nachmittagsimbiss für ihre Kinder machen oder ihr eigenes Abendessen vorbereiten.

Alle diese Situationen können jegliche Bemühungen ums Abnehmen ruinieren. Und das ist kein Wunder.

Eine Tatsache ist, dass für die meisten Menschen drei Mahlzeiten pro Tag nicht ausreichend sind. Und wenn Sie abnehmen wollen, reichen sie schon gleich gar nicht aus.

Die nächste Tatsache ist, dass Sie in allen oben beschriebenen Situationen mit der *Zyklusdiät* Abhilfe schaffen können. Denn ihr Speiseplan verwöhnt Ihren Körper mit drei Mahlzeiten pro Tag plus zwei Zwischenmahlzeiten. Und Sie werden dabei nur mit Nahrungsmitteln versorgt, die den echten Hunger für längere Zeit im Zaum halten. Im nächsten Kapitel sage ich Ihnen, wie Sie auch zum Ende der Phase zwei und während der ganzen Phase drei Ihren Appetit unter Kontrolle halten können.

Sie werden mehr essen als bei einer herkömmlichen Diät, aber im Endeffekt werden Sie mehr Erfolg haben. Sie werden genauso schnell abnehmen, weil Sie nicht länger zu viel von den falschen Nahrungsmitteln zu sich nehmen.

Trainieren Sie Ihren Körper

Fühlen Sie sich niedergeschlagen? Sind Sie erschöpft? Sind Sie völlig verspannt, vor allem im Nacken und in den Schultern? Achten Sie einmal auf Ihren Atem. Halten Sie in diesem Augenblick eher den Atem an? Oder atmen Sie gerade ganz natürlich? Finden Sie es schwierig, wirklich schwierig, Ihr Gewicht zu halten, obwohl Sie eigentlich nicht mehr essen als früher? Leiden Sie unter prämenstruellen Krämpfen, Verstopfung, Flüssigkeitsansammlung oder Schlaflosigkeit?

Haben Sie eine oder mehrere dieser Fragen mit Ja beantwortet (viele werden das tun), dann verlangt Ihr Körper nach sportlicher Aktivität. Ja, jetzt, in diesem Moment, in dem Sie das hier lesen.

Ihr Körper gibt Ihnen wieder einmal Zeichen, die Sie einfach ignorieren. Ihr Körper ist eine Trainingsmaschine. Er ist gemacht, um sich zu bewegen, zu beugen, zu strecken, um etwas zu heben, um zu gehen, zu laufen, zu klettern und Energie zu verbrennen. Bewegung ist eines der besten natürlichen Heilmittel, das Sie Ihrem Körper bieten können. Ohne Bewegung benimmt sich Ihr

Körper wie ein rostiges altes Auto, das dringend eine Wartung und Öl benötigt. Ohne Bewegung wird der Mensch krank und geht schleppend – und wird übergewichtig.

Wenn wir Sport treiben, arbeiten Körper und Geist besser. Bewegung ist fast ein Wundermittel, vor allem für Frauen.

Kapitel 6 und 7 hilft Ihnen, Ihr persönliches Trainingsprogramm zu erarbeiten. Für das Programm müssen Sie gerade mal zwei Stunden in der Woche veranschlagen. Überschlagen Sie diese Kapitel nicht! Tun Sie Ihrem Körper Gutes!

Reagieren Sie auf die Bedürfnisse Ihres Körpers

Essen Sie für Ihren Körper, trainieren Sie für Ihren Körper – und schenken Sie ihm auf jede mögliche Weise Beachtung.

Halten Sie in Ihrem Körpertagebuch täglich fest, wie sich Ihr Körper fühlt und was Sie tun können, um alles in Ordnung zu bringen, das in Ordnung gebracht werden muß. Überlegen Sie bitte, was Sie tun können, um sich zu entspannen, Ihre Belastung zu verringern, Ihre Erschöpfung zu lindern, Zeiten der Ruhe und des Friedens zu schaffen. Ihr Körper funktioniert wie ein riesiges Kraftwerk, sofern Sie es ihm gestatten.

Nahrung, Schlaf, Aktivität, Entspannung, Muße und Stimulation – das alles sind Kraftquellen, die Sie nutzen können. Also tun Sie es, und lassen Sie sich überraschen, was Sie dafür zurückbekommen.

3

Nahrungsmittel und Ihr Körper

Im vorangegangenen Kapitel haben Sie erfahren, dass Sie Ihren Körper mit guten Nahrungsmitteln zur rechten Zeit und in der richtigen Menge versorgen müssen, um natürlich abzunehmen. Dieses Kapitel liefert Ihnen nun die notwendigen Details. Ich informiere Sie – neben vielem anderen – über:

- Nahrungsmittel, die das Abnehmen erschweren und deswegen möglichst wenig verzehrt oder ganz vermieden werden sollten, vor allem zu bestimmten Zeiten.
- Nahrungsmittel, die das Abnehmen erleichtern, indem sie Fressanfälle und Heißhunger mildern.
- Zwischenmahlzeiten, die wirklich gesund sind.
- Den Grund, warum eine sehr fettarme Diät Ihnen wahrscheinlich keinen langfristigen Erfolg bei der Gewichtsabnahme bringen wird.

Man ist, was man isst

Damit Sie den Zusammenhang zwischen Nahrungsmitteln und Ihrer Schlankheitskampagne besser verstehen, füge ich hier einen kurzen Abriss über gute Nahrung und gesunde Ernährung ein. Dabei handelt es sich um Empfehlungen der Weltgesundheitsorganisation (WHO), die für alle Menschen gelten, ganz gleich, ob einer abnehmen möchte oder nicht.

Die Nahrungsmittel, die wir zu uns nehmen, enthalten Nährstoffe: Proteine (Eiweiße), Fette, Kohlenhydrate, Ballaststoffe, Vitamine und Mineralstoffe. Außerdem enthalten sie Wasser.

Von guter und ausgewogener Ernährung spricht man, wenn alle diese Stoffe in der richtigen Menge mit der Nahrung aufgenommen werden.

Kaum ein Nahrungsmittel enthält nur einen der oben genannten Stoffe, die meisten bestehen aus einer Mischung. Käse wird beispielsweise meistens als proteinhaltiges Nahrungsmittel eingestuft. Allerdings enthalten die meisten Käsesorten viel mehr Fett als Proteine. Kartoffeln gelten gemeinhin als kohlenhydrathaltige Nahrungsmittel, enthalten aber auch Proteine und ein kleines bisschen Fett. Und so ließen sich noch weitere Beispiele nennen.

Unsere heutige Ernährung enthält im allgemeinen mehr Proteine als notwendig, nicht genügend Kohlenhydrate der richtigen Sorte, zu viel Fett der falschen Sorte, wahrscheinlich nicht genügend Wasser, zu wenig Ballaststoffe. Viele Menschen nehmen außerdem nicht genügend von den verschiedenen Vitaminen und Mineralstoffen zu sich.

Wie Sie eine ausgewogene Ernährung erreichen

- Den Fettanteil in der Ernährung senken, indem man weniger proteinhaltige Nahrungsmittel mit hohem Fettgehalt ißt, also zum Beispiel Cheddar-Käse, Stilton-Käse, Streichkäse, Vollmilch und fettes Fleisch. Ersetzen sollte man diese Nahrungsmittel größtenteils durch proteinhaltige Nahrungsmittel mit geringem Fettgehalt, zum Beispiel Hülsenfrüchte (getrocknete Bohnen, Erbsen und Linsen), Fisch, Geflügel und Gemüseproteine (Tofu).
- Um das Kaloriendefizit auszugleichen, das durch die Aufnahme von weniger Fett und etwas weniger Proteinen entsteht, sollte man mehr kohlenhydrathaltige Nahrungsmittel essen, zum Beispiel Brot, Kartoffeln, Nudeln, Reis, Getreide und Hülsenfrüchte. Hülsenfrüchte sind die einzigen Nahrungsmittel, die eine fast

perfekt ausgewogene Mischung aus Proteinen, Kohlenhydraten und Fett bieten.

- Wenn man weniger Fett isst, sollte man vor allem auf gesättigte Fette verzichten, die in großen Mengen in vollfetten Milchprodukten und Fleisch vorkommen.
- Wenn man Kohlenhydrate isst, sollte man mehr komplexe Kohlenhydrate (Vollkorn, Hülsenfrüchte, Früchte und Gemüse), anstelle einfacher Kohlenhydrate (Zucker, Süßigkeiten, hochveredelte Backwaren) essen.
- Man sollte viel frisches Obst und Gemüse essen.
- Und gegen den Durst sollte man mehr Wasser als alles andere trinken.

Beachtet man diese Richtlinien, ernährt man sich auf eine Weise, die von der Weltgesundheitsorganisation als gesund angesehen wird. Und die Speisepläne der *Zyklusdiät* sorgen dafür, dass Sie sich auf diese Weise ernähren.

Ausgewogene Ernährung beim Abnehmen

Für Menschen, die auf ihr Gewicht achten müssen oder sogar abnehmen möchten, ist es mit dieser gesunden Ernährung noch nicht getan. Es gibt da noch ein paar Details.

Die obigen Richtlinien bieten viel Spielraum, um das Leben für jene Leute leichter und glücklicher zu machen, die ihr Gewicht halten oder abnehmen möchten. Und das trifft vor allem auf Frauen zu. Ich habe daher geringe Verfeinerungen an einer normalen, gesunden Ernährung vorgenommen.

Nahrungsmittel, Abnehmen und die Zyklusdiät

Tatsache ist, dass einige Nahrungsmittel das Abnehmen (oder den Erhalt der Schlankheit) besser unterstützen als andere. Und für Frauen sind bestimmte Arten von Nahrungsmitteln in bestimmten Phasen mehr oder weniger wichtig.

Problem Heißhunger: Neun von zehn Frauen, die mir erzählt haben, dass sie es nicht schaffen, Gewicht zu verlieren oder das neue Gewicht zu halten, geben an, dass sie ihren Heißhunger nicht im Zaum halten können. Lesen Sie, was diese Frauen sagten:

»Ich halte das Gefühl nicht aus, dass ich niemals genug im Magen habe, um befriedigt zu sein.«

»Wenn ich versuche, abzunehmen, leide ich den ganzen Abend unter quälendem Hunger.«

»Es ist ja sehr schön, wenn man sich vornimmt, zwischen den Mahlzeiten nichts zu essen, aber wenn man sterbenshungrig ist, isst man früher oder später doch etwas.«

»Mir geht es gut, bis ich auch nur in die Nähe von etwas Essbarem komme. Dann kann ich meine Hand nicht davon abhalten, sich auszustrecken, etwas zu nehmen und es in meinen Mund zu stecken. Und sobald ich das getan habe, kann ich nicht mehr aufhören.«

»Der Geruch oder der Anblick von etwas Essbarem, das ich mag, das aber verboten ist, ist einfach zu viel für mich.«

Abhilfe bei Heißhunger: Wenn es also eine Form der Ernährung geben würde, durch die dieser Heißhunger und das Verlangen vermieden werden könnten, wären die Frauen glücklich und in der Lage, ihre Diät so lange durchzuhalten, wie es sein muß.

Genau das bietet der Ernährungsplan der *Zyklusdiät* in Kapitel 4 – eine Form der Ernährung, die nicht nur im Hinblick auf die Gesundheit jeder Kritik standhält, sondern außerdem noch gut zu Ihrem Körper ist.

Und so funktioniert das: Sie nehmen Nahrungsmittel und Kombinationen von Nahrungsmitteln zu sich, die Ihren Appetit kurzfristig und auch für länger befriedigen, vor allem in den Zyklusphasen, in denen Sie es am meisten benötigen.

Falsche Nahrungsmittel gegen Heißhunger

Appetit und Heißhunger sind sehr eng mit dem Blutzuckerspiegel Ihres Körpers verbunden. Je hungriger Sie sind und/oder je länger die letzte Mahlzeit zurückliegt, desto niedriger wird normalerweise der Blutzuckerspiegel (verfügbare Energie) in Ihrem Blut. Ein niedriger Blutzuckerspiegel kann zu Mattigkeit, Schwäche, Schwindelgefühl sowie Übelkeit führen und häufig auch das dringende Bedürfnis, etwas zu essen, auslösen.

Dieses Etwas, das die meisten Menschen dann essen, ist etwas, das schnell über den Mund vom Blutstrom absorbiert werden kann, also einfache Kohlenhydrate wie beispielsweise Zucker.

Aber damit greift man in diesem Moment genau zur falschen Nahrungsmittelsorte. Man erreicht damit nicht sein Ziel: Die Produktion von Insulin im Körper wird angeregt, aber etwas mehr als nötig davon ausgeschüttet, und das lässt den Blutzuckerspiegel ins Bodenlose fallen. Und siehe da – Sie haben noch mehr Heißhunger, werden wahrscheinlich wieder die falschen Nahrungsmittel wählen und diesen Teufelskreis erneut in Gang setzen.

Sie müssen versuchen, den Blutzuckerspiegel den ganzen Tag über möglichst konstant zu halten, um so den Heißhunger und das Verlangen zu vermeiden, die so typisch bei einer Diät sind.

»Ja, aber«, höre ich viele von Ihnen jetzt sagen, »ich esse keinen Zucker. Ich weiß Bescheid über den Blutzuckerspiegel und esse ein Stück Brot oder eine getrocknete Frucht.«

Und genau da irren sich so viele von uns. Denn Brot und viele Arten von getrockneten Früchten haben genau den gleichen Effekt auf den Blutzuckerspiegel wie ein Löffel Zucker! Lassen Sie mich das genauer erklären.

Auf die richtigen Kohlenhydrate kommt es an

Erinnern Sie sich an die Empfehlung in den oben erwähnten Richtlinien zur gesunden Ernährung? Man soll mehr komplexe Kohlenhydrate und weniger einfache Kohlenhydrate essen. Dieser vernünftige Ratschlag basiert auf der Tatsache, dass komplexe Kohlenhydrate – die stärkehaltigen Nahrungsmittel wie Reis, Nudeln, Kartoffeln, Brot, Getreide und Hülsenfrüchte – mehr Ballaststoffe und Nährstoffe wie Vitamine und Mineralien enthalten als die einfachen Kohlenhydrate (vor allem die in zuckerbasierten Produkten wie Süßigkeiten und Keksen).

Man sollte Kohlenhydrate außerdem noch danach unterscheiden, wie schnell sie nach dem Verzehr vom Blut aufgenommen werden und wie schnell sie den Blutzuckerspiegel ansteigen lassen.

Wie bereits erklärt, hat Zucker einen schnellen Anstieg des Blutzuckerspiegels zur Folge. Daher kann man davon ausgehen, dass er nach dem Verzehr schnell vom Blut aufgenommen wird.

Aber das stimmt nicht immer. Viele der komplexen Kohlenhydrate – und auch viele Früchte und Gemüsesorten – werden ebenfalls schnell absorbiert und lassen den Blutzuckerspiegel schnell ansteigen. Karotten, Reis, die meisten Brotsorten einschließlich Brot aus Vollkornmehl, viele Frühstücksflocken einschließlich Müsli und Kleie, gebackene Kartoffeln und Bananen – alle diese Nahrungsmittel enthalten Kohlenhydrate, die schnell vom Blut aufgenommen werden. Sie zeigen den gleichen Effekt wie Zucker: Der Heißhunger kommt schnell zurück!

Zu den Kohlenhydraten, die sehr langsam vom Blut aufgenommen werden und somit den Heißhunger für lange Zeit im Zaum halten, gehören Äpfel, Pampelmusen, Joghurt und Fruktose (Fruchtzucker).

Zwischen diesen beiden Extremen liegen viele Nahrungsmittel, die weder besonders schnell noch besonders langsam absorbiert werden: die »moderaten« Nahrungsmittel wie Nudeln und Hafer.

Nun verstehen Sie sicherlich immer besser, warum es so wichtig ist, den Blutzuckerspiegel mit der richtigen Kohlenhydrat-Mischung konstant zu halten, damit Ihren Appetit zu befriedigen und den Heißhunger zu kontrollieren, insbesondere in Ihren »hungrigen Zeiten« (wie beispielsweise direkt vor der Periode).

Was es mit dem Glykämischen Index auf sich hat

Es gibt noch andere Faktoren, die einen Einfluss darauf haben, wie schnell oder langsam ein Kohlenhydrat absorbiert wird. Sowohl Fette als auch Proteine geben ihre Energie nur langsam in das Blut ab. Nimmt man also ein schnell absorbiertes Kohlenhydrat zusammen mit etwas Fett oder Proteinen zu sich, wird auch dieses Kohlenhydrat langsamer absorbiert.

Die Geschwindigkeit, mit der die Energie eines Nahrungsmittels vom Körper aufgenommen wird, hat nicht nur zur Steuerung des Blutzuckerspiegels für Abnehmwillige, sondern auch für Sportler, Diabetiker usw. eine wichtige Bedeutung. Um diesen Vorgang zu verdeutlichen, haben Wissenschaftler den Glykämischen Index (GI) erstellt, in dem jedem Nahrungsmittel eine entsprechende Zahl zugeordnet wird. Glukose (wird sehr schnell absorbiert) ist im Glykämischen Index der Zahl 100 zugeordnet. Je näher ein Nahrungsmittel an der Marke von 100 liegt, desto höher ist der GI. Weißer Reis hat beispielsweise einen GI von 82 (hoch), Hafer hat 49 (mittel) und Pampelmusen haben 26 (niedrig).

Das bedeutet aber nicht, dass alle Nahrungsmittel mit einem hohen GI schlecht sind und gemieden werden sollten. Sie liefern schnelle Energie, und das ist manchmal eine gute Sache (beispielsweise für Athleten während eines Wettkampfes). Für alle, die abnehmen möchten, besteht das Geheimnis darin: Man gestaltet Mahlzeiten und Zwischenmahlzeiten so ausgewogen, dass genügend mittel- und langsam-absorbierte Nahrungsmittel dabei sind. Damit erreicht man sowohl kurzfristige Befriedigung als auch langfristigen Nährwert und einen Ausgleich für die geringere Kalorienmenge. Und genau das ist die Basis der *Zyklusdiät*. Der Ernährungsplan im nächsten Kapitel weist diese Ausgewogenheit auf. Sie müssen sich in der Praxis wenig Gedanken um den Glykämischen Index machen. Da der GI aber doch eine interessante Sache ist, folgen jetzt die GIs einiger häufig verwendeter Nahrungsmittel:

Glykämischer Index häufig verwendeter Nahrungsmittel

Hoher glykämischer Index

Schnelles Absorbieren – sofortige Energie.

Baguette
Bananen
Brot aus Vollkornmehl
Cornflakes
Croissants
Datteln, getrocknet
Glukose
Honig
Joghurt, gesüßt
Karotten, gekocht
Kartoffeln, gebacken
Kartoffelpüree
Kleieflocken
Kräcker
Muffins
Müsli
Orangenlimonade
Pasta (normale)
Pastinake
Pommes frites
Popcorn
Puffreis
Reis, weiß
Reiscrispies
Reiskuchen
Rosinen
Toastbrot
Wassermelone
Weetabix
Weißbrot
Weizenschrot
Zucker

Mittlerer glykämischer Index

Moderates Absorbieren – mittelfristige Energie.

All-Bran
Äpfel
Apfel-Dattel-Riegel
Apfelsinen
Birnen
Brei (traditionelles Porridge)
Brot aus Hafer und Kleie
Datteln, frische
Diabetiker-Kekse
Feigen
Hafer
Hafermehl-Kekse

Karotten, roh	Reis, braun
Kartoffeln, gekochte	Rote Beete
Kekse	Süßkartoffeln
Kiwis	Vollkorn-Roggenbrot (Sauerteig)
Mais	Weintrauben
Mango	Yam (stärkereiche Wurzelknollen)
Pasta aus Vollkorn	
Pita-Brot	

Niedriger glykämischer Index

Langsames Absorbieren – langfristige Energie.

Apfelsinensaft	Lauch
Aprikosen, getrocknet	Limabohnen
Avocado	Linsen
Baked Beans	Milch
Blattgemüse	Naturjoghurt, ungesüßt
Blumenkohl	Pampelmusen
Brokkoli	Paprika
Buchweizen	Pilze
Bulgur	Sojabohnen
Erbsen	Spinat
Gerste	Sprossen
Grüne Bohnen	Tomaten
Kichererbsen	Zucchini
Kidneybohnen	Zuckererbsenschoten
Kirschen	Zwiebeln

Ein etwas anderer Blick auf Protein und Fett

Sowohl Fett als auch Proteine wirken wie langsam absorbierte kohlenhydrathaltige Nahrungsmittel, da sie nur langsam in das Blut aufgenommen werden und deswegen auch die Absorption von Nahrungsmitteln mit einem hohen Glykämischen Index verzögern. Wenn Sie also beispielsweise eine Scheibe Weißbrot mit etwas Sonnenblumen-Margarine essen, verwandelt sich dies in eine Zwischenmahlzeit, die mit mittlerer Geschwindigkeit absorbiert wird.

Fett ist also sehr hilfreich in der *Zyklusdiät*. Die richtigen Fette in geringen Mengen eingesetzt, werden Ihnen dabei helfen, sich länger gesättigt zu fühlen. Ich sagte »die richtigen Fette«, denn obwohl alle Fette die Absorption verzögern, sollten Sie Ihrer Gesundheit zuliebe die Aufnahme von gesättigten Fetten stark einschränken. Benutzen Sie wann immer möglich einfach ungesättigte Fette wie Olivenöl und Erdnußöl oder mehrfach ungesättigte Fette wie Maisöl.

Fette sind natürlich nicht nur in Öl und Butter enthalten. Nüsse und Samenkörner stellen ebenfalls gute Lieferanten für einfach und mehrfach ungesättigte Fette dar. Öliger Fisch wie Lachs und Makrele sind eine der Hauptquellen für mehrfach ungesättigte Fette vom Typ »Omega-3«, die einen wichtigen Schutz gegen Herzerkrankungen und Herzinfarkt bieten.

Die *Zyklusdiät* nutzt diese gesunden Fette voll aus, damit Sie Ihre Diät durchhalten können und diese angenehmer wird und – ganz wichtig – Sie gesund bleiben.

Alle Fette und Öle, ob gesättigt oder ungesättigt, sind sehr kalorienhaltig. Die Kunst, Fett in der Ernährung einzusetzen, besteht also darin, gerade genug zu sich zu nehmen, um die Vorzüge zu genießen, aber nicht so viel, dass man nicht abnehmen oder sein Gewicht nicht halten kann.

Tipps, wie Sie Ihren Appetit gut kontrollieren können

Zwischenmahlzeiten

Menschen, die abnehmen wollen, sagen häufig: »Ich bin sehr tapfer. Ich esse nur zu den Mahlzeiten und nichts zwischendurch ...«

Nun ja, versteht man unter »zwischendurch essen« den Verzehr von zwei Schokoladenriegeln und einer Tüte Chips, dann wird das Weglassen üppiger Schleckereien mit Sicherheit zu einer Gewichtsabnahme führen.

Wer jedoch grundsätzlich auf Zwischenmahlzeiten verzichtet, macht das Schlimmste, was er tun kann.

Wenn Sie beispielsweise etwa um 13.00 Uhr Ihr Mittagessen einnehmen und Ihr Abendessen erst um 19.30 Uhr oder 20.00 Uhr stattfindet (was bei vielen beschäftigten Frauen der Fall ist), verlangt Ihr Magen Nahrung, lange bevor die Zeit zum Abendessen da ist. Nehmen wir an, Sie haben mittags Hummus mit Pita-Brot, einen Salat, einen Joghurt und einen Apfel gegessen. Dieses Mittagessen bestand also aus Nahrungsmitteln, die langsam absorbiert werden. Diese aber können Ihren Blutzuckerspiegel nur über eine bestimmte Zeit konstant halten. Letztendlich wird er fallen, und Sie werden viel Willenskraft brauchen, um den Griff in die Keksdose zu unterlassen – aber gegen 18.00 Uhr werden Sie mit einiger Sicherheit zuschlagen.

Erinnern Sie sich noch, was ich im zweiten Kapitel gesagt habe? Seien Sie gut zu Ihrem Körper. Geben Sie ihm etwas zu essen, bevor er diesen Zustand erreicht.

Was Sie ihm geben sollten, ist ein Misch-Snack, der wieder die optimale Mischung aus schnell- und langsam-absorbierten Kohlenhydraten mit einer kleinen Menge Fett und einigen Proteinen enthält.

Im nächsten Kapitel erfahren Sie alles über diese Misch-Snacks; im Ernährungsplan der *Zyklusdiät* sind mindestens zwei dieser befriedigenden Snacks pro Tag vorgesehen.

Und zu keiner Zeit müssen Sie länger als ein paar Stunden ohne etwas zu Essen auskommen. Das ist von entscheidender Bedeutung!

Eine andere schwache Zeit für viele Frauen liegt zwischen 11.30 und 12.00 Uhr. Viele Frauen stehen früh auf, organisieren in Windeseile Haushalt und Familie, erledigen ein wenig Hausarbeit und essen im besten Fall ein Müsli oder zwei Scheiben Toast mit Marmelade, bevor sie zur Arbeit hasten. Nach diesem Frühstück gehen viele zwischen 7.30 und 8.30 Uhr aus dem Haus. Sie haben Nahrungsmittel mit hohem glykämischem Index im Magen – werfen Sie einen Blick auf die Liste, und Sie werden feststellen, wie viele Ihrer üblichen Frühstückszutaten einen hohen GI haben. Mittagessen gibt es wahrscheinlich nicht vor 13.00 Uhr. Aber die Nachwirkungen des Toasts machen sich bereits um 11.00 Uhr bemerkbar. Der nach dem Frühstück schnell angestiegene Blutzucker sinkt jetzt rapide, und das gibt Ihnen das Gefühl, dass Sie nun für ein Croissant alles tun würden.

In dieser Situation rettet Sie einer der Misch-Snacks. Und wenn Sie der *Zyklusdiät* folgen, sind Sie um 11.00 Uhr auf keinen Fall so »schrecklich« ausgehungert wie vor der Diät. Denn Ihr Frühstück bestand dann schon aus einer vernünftigen Mischung aus Zutaten mit hohem und niedrigem GI.

Sie begreifen das Ganze immer besser, nicht wahr?! Die *Zyklusdiät* funktioniert tatsächlich!

Frühstück

Das Frühstück habe ich gerade schon erwähnt, aber lassen Sie mich noch einmal betonen, wie außerordentlich wichtig es ist für jemanden, der abnehmen will.

Gehen wir einmal davon aus, Sie beenden Ihr Abendessen so gegen 20.00 Uhr oder etwas später. Da Sie einiges von Ihrem Körperfett abbauen möchten, haben Sie etwas weniger Kalorien zu sich genommen. Ihr Abendessen war also befriedigend, aber keineswegs üppig. Sie gehen ins Bett, stehen am nächsten Morgen auf – und lassen das Frühstück ausfallen. Nun, dann müssen Sie sich nicht wundern, wenn Sie gegen 11.00 Uhr oder früher der Heißhunger auf etwas Süßes überfällt. Sie können Ihrem Körper nicht 12 Stunden lang die Nahrung vorenthalten, ohne dass er heftig protestiert.

Kurz nach dem morgendlichen Aufstehen muss Ihr Körper gefüttert werden, damit sich der Blutzuckerspiegel auf einen vernünftigen Wert einpendeln kann. Das bildet die Basis für den ganzen Tag.

Falls Ihnen morgens ein großes Frühstück nicht schmeckt, schadet das nicht. Sie müssen nur gut zu Ihrem Körper sein und ihm das geben, was er möchte. Wenn er nicht mehr als Frühstücksflocken und Obst mag, ist das in Ordnung, solange Sie als Frühstücksflocken nicht gerade die mit einem hohen GI wählen. Alle Frühstücksvorschläge der *Zyklusdiät* enthalten viele Zutaten, die langsam absorbiert werden und bis zu Ihrer nächsten Mahlzeit oder Zwischenmahlzeit einen Heißhungeranfall verhindern.

Regelmäßige Mahlzeiten

Regelmäßiges Essen, das heißt, möglichst gleichmäßig über den Tag verteilte Mahlzeiten oder Zwischenmahlzeiten sind von entscheidender Bedeutung für den Erfolg Ihres Diätplans.

Neben den ausgewogenen Zutaten für diese Mahlzeiten, die Sie mit ausreichend langanhaltender Energie versorgen, sind Mahlzeiten in regelmäßigen Abständen eine gute Versicherung gegen das Absinken des Blutzuckerspiegels und gegen Hunger. Und Sie werden nicht unter Heißhunger nach Schokolade oder anderen süßen Sachen leiden.

Der Ernährungsplan der *Zyklusdiät* soll jede Form von unkontrollierbarem Heißhunger vermeiden, auch die prämenstruell bedingten Hungergefühle in Phase drei, denen man am schlechtesten widerstehen kann. Und hier kommt der Grund dafür:

Die drei Stufen des Ernährungsplans der Zyklusdiät

Wie Sie bereits in Kapitel 2 gelesen haben, ändern sich Körper und Emotionen bei den meisten Frauen von Tag zu Tag, von Woche zu Woche. Die Ursache hierfür liegt weitgehend in den Hormonen, die den monatlichen weiblichen Zyklus bestimmen.

Da die meisten Diätpläne diese Schwankungen ignorieren, sind sie eigentlich schon von vornherein zum Scheitern verurteilt. Nimmt man auf diese hormonell bedingten Veränderungen keine Rücksicht, treten unweigerlich Probleme wie Heißhunger, Fressanfälle und Hunger auf. Und diese führen zum Ende der Diät. Der Ernährungsplan der *Zyklusdiät* ist deshalb in drei Bereiche unterteilt. Jeder Bereich basiert auf den Prinzipien einer normalen, gesunden Ernährung (nichts Verrücktes oder Ausgeflipptes), aber jede Phase entspricht bestimmten physischen und emotionalen Bedürfnissen der Frauen. Diese drei Pläne folgen Ihrem Körper, sie bekämpfen ihn nicht. Das ist nur vernünftig.

Phase eins

Diese Phase beginnt etwa am zweiten Tag der Menstruation und dauert bis zum Eisprung in der Mitte des Zyklus. In dieser etwa zweiwöchigen Phase sind die meisten Frauen in Hochform und können ihre positive Stimmung, den hohen Energielevel und das geringe Interesse am Essen voll ausnutzen, um ernsthaft abzunehmen.

Da sich der Appetit in dieser Zeit am leichtesten kontrollieren lässt, bietet der Ernährungsplan für Phase eins nur 1250 Kalorien pro Tag, verteilt auf drei Mahlzeiten und zwei kleine Snacks. Dies ist die Mindestmenge an Kalorien, die jede Frau bei einer langfristigen Diät zu sich nehmen sollte. Der Plan für Phase eins beinhaltet viel frisches Obst und knackiges Gemüse sowie sehr leckere Mahlzeiten. Und bei allem sind genügend Zutaten berücksichtigt, die langsam absorbiert werden. Es dürfte Ihnen also nicht sehr schwerfallen, mit dieser Kalorienmenge auszukommen.

Phase zwei

Dies ist die neutrale Phase, die nach Ende der Phase eins für etwa eine Woche anhält. Während dieser Zeit verspüren Sie vor allem zum Ende hin langsam mehr Hunger.

Der Ernährungsplan für Phase zwei ist so konzipiert, dass Sie etwas weniger schnell an Gewicht verlieren als während der Phase eins. Der Plan sieht 1400 Kalorien vor, die auf drei Mahlzeiten und zwei Misch-Snacks verteilt sind. Die Menge der Nahrungsmittel mit mittlerem bis geringem GI nimmt langsam zu, so dass immer noch ein Kaloriendefizit besteht, aber kein Hungergefühl auftritt. Auch der Fett- und Proteingehalt der Mahlzeiten steigt langsam an.

Wie neuere Studien zeigen, eignen sich Proteine besser als Kohlenhydrate und sogar besser als Fette, um den Appetit zu kontrollieren. Während der *Zyklusdiät* ist es daher sehr wichtig, dass Sie regelmäßig Proteine zu sich nehmen, obwohl diese nur etwa 15 % Ihrer gesamten Kalorienzufuhr ausmachen.

Ein Problem gilt es zu berücksichtigen: Viele der proteinhaltigen Nahrungsmittel, wie Fleisch und Milchprodukte, die wir üblicherweise zu uns nehmen, enthalten viel Fett, und zwar vor allem gesättigte Fette. Man muss sich daher ganz bewusst für die Sorten mit wenig Fett entscheiden. Es gibt zudem andere Proteinlieferanten, die entweder wenig Fett oder ungesättigte Fette enthalten.

Proteinhaltige Nahrungsmittel mit sehr wenig Fett: Tofu, Hülsenfrüchte, Weißfisch, Meeresfrüchte, Wild, Fleischersatz aus Pflanzeneiweiß, Magerjoghurt, Milch und Frischkäse.

Proteinhaltige Nahrungsmittel mit ungesättigten Fetten: Öliger Fisch, Nüsse und Samenkörner.

Kurz gesagt: Die Mahlzeiten und Zwischenmahlzeiten der *Zyklusdiät* werden Ihnen helfen, Hungergefühle zu vermeiden und Heißhunger zu zügeln, weil sie eine optimale Mischung aus Proteinen, Fetten und Kohlenhydraten enthalten. Und die Kohlenhydrate wiederum sind eine optimale Mischung aus Kohlenhydraten, die schnell, mittel und langsam absorbiert werden. Und alles ist genau auf die jeweilige Phase abgestimmt.

Phase drei

Dies ist die prämenstruelle Phase, die etwa eine Woche bis zum zweiten oder dritten Tag der Periode andauert. Jetzt sollten Sie besonders gut zu sich selbst sein. Man kann auch die etwas heikle Phase drei genießen, wenn man die richtigen Nahrungsmittel zur rechten Zeit zu sich nimmt und die richtigen Übungen, wie in Kapitel 6 und 7 beschrieben, macht.

Dass Sie während der Phase drei mehr Appetit haben als während der beiden anderen Phasen, ist völlig natürlich. Demzufolge müssen Sie mehr essen, um Heißhunger, Fressanfälle oder Hunger zu vermeiden und Ihren Blutzuckerspiegel den ganzen Tag über stabil zu halten. Daher beinhaltet der Ernährungsplan für Phase drei mindestens 1600 Kalorien pro Tag, wiederum verteilt auf drei Mahlzeiten und zwei Misch-Snacks. Mit dieser Kalorienmenge lässt sich nur noch ein geringer Fettverlust von etwa einem halben Pfund pro Woche erreichen. Und das auch mehr in der Theorie als in der Praxis. Da Frauen während Phase drei zur Gewichtszunahme neigen, zeigt sich dieser Fettverlust erst wieder in Phase eins. Was es mit dieser prämenstruellen Gewichtszunahme auf sich hat, lesen Sie im folgenden Abschnitt.

Während Phase drei sollten Sie Alkohol meiden und möglichst wenig einfache Kohlenhydrate, wie süße Nahrungsmittel und gesüßte Getränke, zu sich nehmen. Und widerstehen Sie unbedingt der Versuchung, sich auf die Waage zu stellen!

Der Ernährungsplan der Phase drei enthält viele Zutaten mit geringem GI; Fett- und Proteingehalt sind etwas höher als in den beiden anderen Phasen.

Antworten auf Ihre Fragen

»Ich habe sehr unregelmäßige Perioden. Kann ich mich trotzdem nach den Ernährungsplänen der Zyklusdiät *richten?«*

Ja, können Sie. Die Pläne eigenen sich für alle Frauen, auch wenn sie keinen regelmäßigen Zyklus oder gar keine Perioden haben. Folgen Sie einfach diesen Richtlinien:

- Den Phase-eins-Ernährungsplan benutzen Sie an Tagen, an denen Sie stark, entspannt, zuversichtlich, physisch in gutem Zustand und nicht besonders hungrig sind.

  Haben Sie Perioden, auch wenn diese unregelmäßig auftreten, beginnen Sie mit dem Ernährungsplan der Phase eins, falls Ihre Periode schon einige Zeit dauert, also meistens am zweiten oder dritten Tag. Folgen Sie Phase eins, so lange Sie können, und wechseln Sie dann zu Phase zwei.
- Den Phase-zwei-Ernährungsplan benutzen Sie an durchschnittlichen Tagen, wenn die Dinge so dahin laufen und Sie sich normal und »neutral« fühlen. Sie können den Phase-zwei-Plan auch benutzen, wenn Sie mehr Sport getrieben haben und etwas mehr Kalorien benötigen.
- Den Phase-drei-Ernährungsplan benutzen Sie an Tagen, an denen Sie sich selbst etwas Gutes tun möchten. Jeder kennt die Tage, an denen man aufwacht und weiß, dass es einem heute besonders schwer fallen wird, in Gang zu kommen. Es gibt auch Tage, an denen man einfach hungriger ist als an anderen Tagen. Dies sind Tage der Phase drei, also folgen Sie dann auch dem Ernährungsplan für Phase drei.

»Ich kann keine großen Unterschiede während meines Zyklus' feststellen. Ist das ungewöhnlich, und kann ich das System der Zyklusdiät *trotzdem nutzen?«*

Etwa 75 Prozent aller Frauen bestätigen, dass sie sich im Lauf des Zyklusmonats unterschiedlich fühlen und dass die Phasen der *Zyklusdiät* weitgehend mit ihren eigenen Erfahrungen übereinstimmen. Aber natürlich ist nicht jeder typisch, und einige Frauen empfinden viel weniger Veränderungen als andere (vor allem wenn sie die Pille nehmen).

- Falls Sie zu den Frauen gehören, die im Lauf des Zyklusmonats wenig oder gar keine Veränderungen in ihren Bedürfnissen, Gefühlen, Fähigkeiten usw. verspüren, dann empfehle ich Ihnen, zur Gewichtsabnahme mit dem Ernährungsplan für Phase zwei zu beginnen. Das sollte zu einem stetigen Gewichtsverlust führen.
- Nehmen Sie mit diesem Ernährungsplan nur sehr schleppend ab, also weniger als 1 bis 1,5 Kilogramm pro Monat, wechseln Sie zum Ernährungsplan der Phase eins, um die Sache etwas zu beschleunigen – falls Sie das möchten.
- Benutzen Sie den Ernährungsplan der Phase drei für Tage, an denen Sie mehr essen möchten, also zum Beispiel, wenn Sie ausgehen, Freunde bewirten oder einfach das Bedürfnis nach einem kleinen Extra haben.

»Ich leide stark unter Flüssigkeitsansammlung vor meiner Periode. Helfen die Ernährungspläne der Zyklusdiät *dagegen?«*

Das Ansammeln einer gewissen Menge an Flüssigkeit vor der Periode ist natürlich und normal und der Hauptgrund für die Gewichtszunahme, über die so viele Frauen in dieser Zeit klagen. Es wäre nicht klug, die Flüssigkeitsansammlung gänzlich zu unterbinden, und von harntreibenden Mitteln kann ich nur abraten. Aber mit der *Zyklusdiät* können Sie das Problem auf ein Minimum reduzieren.

Eine salzreiche Ernährung, eine Ernährung mit vielen einfachen Kohlenhydraten und große Mahlzeiten fördern die Flüssigkeitsansammlung. Die *Zyklusdiät* vermeidet all dies und wirkt noch dazu positiv, indem sie Nahrungsmittel beinhaltet, die auf natürliche Weise harntreibend wirken, nämlich frische Früchte und bestimmte Gemüse.

»Ich leide vor jeder Periode für ein paar Tage unter Verstopfung. Ich fühle mich dadurch noch fetter und aufgeblasener, und das

tut meiner Stimmung nicht besonders gut. Was kann ich dagegen tun?«

Sie müssen viel Wasser trinken (was übrigens zu keiner erhöhten Flüssigkeitsansammlung führt). Essen Sie viel frisches Obst, vor allem Zitrusfrüchte, außerdem Hülsenfrüchte und viel Gemüse sowie bestimmte getrocknete Früchte. Der Ernährungsplan der *Zyklusdiät* für Phase drei enthält all dies.

Und Sie sollten sich viel bewegen! Regelmäßiges Gehen und Schwimmen sind gut gegen Verstopfung.

»Obwohl ich meine Diät genau befolge, nehme ich vor meiner Periode immer 1,5 bis 2 Kilogramm zu. Das ist sehr entmutigend. Kann man diese Gewichtszunahme irgendwie vermeiden?«

Glücklicherweise handelt es sich bei dieser Gewichtszunahme nicht um Fett, sondern größtenteils um hormonell bedingte Flüssigkeitsansammlungen. Sobald Ihre Periode eingesetzt hat, werden Sie bemerken, dass Sie häufiger zur Toilette gehen: Die angesammelte Flüssigkeit wird über Ihren Urin ausgeschieden.

Verstopfung ist ein weiterer Gewichtszunahmegrund bei vielen Frauen. Wer vor der Periode unter starker Verstopfung leidet, kann allein dadurch 1 bis 1,5 Kilogramm zunehmen. Sehen Sie sich die beiden vorangegangenen Antworten an. Sie werden Ihnen bei der Lösung Ihres Problems helfen.

»Ich bin manchmal vor meiner Periode etwas depressiv. Obwohl ich weiß, was diese Gefühle auslöst, habe ich das Bedürfnis, mich mit Essen zu trösten. Ganz gleich, wie erfolgreich ich mit dem Abnehmen den Monat über war, ich fresse mir jedes verlorene Pfund in diesen wenigen Tagen wieder an. Und nach meiner Periode muss ich noch mal von vorne anfangen. Können Sie mir einen Rat geben?«

Eines der Hauptziele der *Zyklusdiät* ist es, diesen Heißhunger in Phase drei (prämenstruell) zu vermeiden. Ich hoffe also, dass Ihr Verlangen nach Trost-Essen vor der Periode verschwindet, wenn Sie die *Zyklusdiät* befolgen, wie sie in diesem Buch beschrieben ist.

Darüber hinaus kann eine Ernährungsweise nach der *Zyklusdiät* (eine stärkehaltige Ernährung aus vielen Nahrungsmitteln mit geringem GI) auch die Symptome des prämenstruellen Syndroms (PMS) lindern, einschließlich der Depressionen. Hoffen wir also, dass nicht nur das Trost-Essen aufhört, sondern auch Ihre Depressionen verschwinden!

»Ich schlafe sehr schlecht in den Tagen vor meiner Periode. Dadurch bin ich tagsüber müde, überempfindlich und zu schwach, um mich an eine Diät zu halten. Was kann ich tun?«

Ein Glas Magermilch mit einem Schuß fettarmem Malzgetränk kann Ihnen beim Einschlafen helfen. Milch enthält eine Substanz, die beruhigend wirkt. Und/oder versuchen Sie Kräutermittel. Bei mir wirken Passionsblumentabletten gut (gibt es in Bioläden und vielen Apotheken). Halten Sie sich an die Philosophie der *Zyklusdiät*: Seien Sie gut zu Ihrem Körper, und benutzen Sie den Ernährungsplan der Phase drei, nicht eins oder zwei. Dank der zusätzlichen Kalorien und speziellen Gerichte in dieser Phase brauchen Sie gar keine Willenskraft. Fangen Sie erst am zweiten oder dritten Tag Ihrer Periode wieder mit dem Abnehmen an.

»Es gibt so viel Werbung für Nahrungsergänzungsmittel für Frauen, beispielsweise Kalziumtabletten, Nachtkerzenöl, prämenstruelle Kombinationspräparate usw. Muß ich wirklich etwas davon einnehmen?«

Wenn Sie glauben, eines dieser Mittel zu brauchen, sprechen Sie mit Ihrem Arzt darüber. Er kann Ihnen am besten sagen, ob eines dieser Ergänzungsmittel für Sie sinnvoll oder zumindest wert ist, ausprobiert zu werden.

Nachtkerzenöl kann beispielsweise viele PMS-Symptome wie Spannungen in den Brüsten lindern. Und Kalziumtabletten sind sinnvoll für Frauen mit Osteoporose-Risiko, die nicht genügend Kalzium mit ihrer Nahrung aufnehmen.

Aber es ist nicht sinnvoll, sich mit einem Nahrungsergänzungsmittel zu »behandeln«, nur weil es eventuell gut sein könnte. Wer sich gesund ernährt, braucht solche Zusätze in der Regel nicht. Sonderfälle sind beispielsweise starke Raucher, Trinker, Schwangere, Kranke oder stark Gestresste. Wer zu diesen oder ähnlichen Fällen zählt, sollte unbedingt einen Arzt aufsuchen und mit ihm die richtige Behandlung besprechen.

»Gibt es so etwas wie Supernahrungsmittel – also Nahrungsmittel, die fast perfekt sind? Wenn ja, welche sind das?«

Wann immer es um Nahrung und Nährstoffe geht, führt der Weg zu einer gesunden Ernährung ausschließlich über eine insgesamt ausgewogene und abwechslungsreiche Ernährung. Nur einige bestimmte Nahrungsmittel zu sich nehmen, das funktioniert nicht.

Allerdings gibt es tatsächlich einige Nahrungsmittel, die besonders wertvoll sind, zum Beispiel Brokkoli, er enthält viel Ballaststoffe, Vitamin C, Eisen, das Antioxidans Beta-Karotin, Selen, weder Fett noch Zucker und nur wenig Kalorien. Andere gut ausgestattete Nahrungsmittel sind beispielsweise auch Linsen, Sojabohnen, Süßkartoffeln oder rote Paprika.

Die Definition von Supernahrungsmitteln ist eigentlich ganz einfach: Es muss schmecken, und man muss dabei gesund bleiben können. Die Ernährungspläne der *Zyklusdiät* nutzen die besonders wertvollen Nahrungsmittel voll aus, ohne andere auszuschließen.

4

Die *Zyklusdiät*

Bevor Sie sich mit den Ernährungsplänen in diesem Kapitel näher beschäftigen, sollten Sie Kapitel 3 gründlich durchgelesen haben, da dies Ihnen die notwendigen Hintergrundinformationen liefert. Zum besseren Einprägen hier eine kurze Zusammenfassung.

Die Phasen: Diese Diät ist in drei Phasen eingeteilt.

- *Phase eins* ist die Phase, in der Sie am meisten abnehmen können und die Sie an den Tagen nutzen, an denen Sie sich gut fühlen und alles unter Kontrolle haben. Bei fast allen Frauen entspricht diese Phase den zwei Wochen nach Beginn ihrer Periode.
- In *Phase zwei* nehmen Sie weniger ab. Diese Phase ist für normale Tage gedacht. Bei der Mehrzahl der Frauen entspricht diese Phase der Woche, die dem Eisprung in der Zyklusmitte folgt.
- *Phase drei* ist ein Stadium, in dem Sie besonders nett zu sich selbst sein sollten. Jetzt sollten Sie nicht aktiv versuchen, abzunehmen. Trotzdem bekommt Ihr Körper regelmäßig gute Nahrung in den richtigen Mengen und der richtigen Art, um dem PMS, Hunger, Fressanfällen und Heißhunger vorzubeugen. Bei den meisten Frauen beginnt diese Phase ein paar Tage vor der Periode und hält die ersten ein oder zwei Tage der Periode an. Und es ist auch die Phase für Stresszeiten.

Die Philosophie: Die *Zyklusdiät* beruht auf folgenden Prinzipien:

- Regelmäßige Nahrungsaufnahme über den ganzen Tag verteilt, wobei höchstens drei Stunden zwischen Mahlzeiten oder Zwischenmahlzeiten liegen sollen.
- Viele Nahrungsmittel mit mittlerem und geringem Glykämischen Index (GI), um den Blutzuckerspiegel stabil zu halten.
- Hoher Anteil komplexer Kohlenhydrate und geringer Anteil einfacher Kohlenhydrate.
- Viel frisches Obst und Gemüse.
- Wenig gesättigte Fette, aber die Gesamtfettaufnahme bleibt ausgewogen und wird nicht extrem niedrig angesetzt.

Diätbeginn - wie und wann

Diätplan für Phase eins: Gehören Sie zu den Frauen, die Perioden haben, beginnen Sie am dritten Tag Ihrer Periode mit dem Diätplan für Phase eins. Machen Sie mit dieser Phase bis kurz nach dem Eisprung (meistens in der Zyklusmitte) weiter, das heißt, Sie werden etwa zwei Wochen lang in Phase eins sein.

Woher weiß man, dass der Eisprung erfolgt ist? Gewöhnlich erhöht sich beim oder direkt nach dem Eisprung die Körpertemperatur plötzlich. Viele Frauen spüren zur Zyklusmitte auch einen leichten Schmerz im Unterleib an der Stelle des Eisprungs, der entweder ein paar Minuten andauert oder über einige Stunden in Abständen auftritt. Studien haben außerdem gezeigt, dass Frauen an den ein oder zwei Tagen um den Eisprung physisch am stärksten und auf dem Gipfel ihrer kreativen Fähigkeiten sind – achten Sie also auch auf diese Anzeichen.

Diätplan für Phase zwei: Wechseln Sie sofort nach dem Eisprung zu Phase zwei, und bleiben Sie dabei, bis etwa fünf bis sieben Tage vor Beginn Ihrer nächsten Periode.

Diätplan für Phase drei: Lernen Sie, auf die Signale Ihres Körpers zu achten (wie in Kapitel 2 beschrieben), damit Sie merken, wann

Sie wieder mehr essen sollten. Fühlen Sie sich beispielsweise während Phase zwei hungrig oder spüren PMS-Symptome, heißt das: Zeit für den Wechsel zu Phase drei. Bleiben Sie bei Phase drei, bis etwa zum dritten Tag Ihrer Periode, und beginnen Sie dann wieder mit Phase eins.

Wenn Sie keine Perioden haben: Folgen Sie den Richtlinien in Kapitel 2, um die Phasen optimal zu nutzen.

Wenn Sie schwanger sind: Lesen Sie den Abschnitt über Schwangerschaft in Kapitel 8.

Die Ernährungspläne: Für jede Phase gibt es eine ausgearbeitete 7-Tage-Diät, die Sie so oft wiederholen können, wie Sie in dieser Phase bleiben möchten. Ich empfehle Ihnen, zu Anfang den jeweiligen Plan genau zu befolgen, bis Sie sich daran gewöhnt haben, sich nach der *Zyklusdiät* zu ernähren. Für jede Phase finden Sie auf mehreren Seiten zusätzliche Vorschläge für Mittag- und Abendmahlzeiten, so dass Sie Ihren Speiseplan nach eigenem Geschmack variieren können. Für noch mehr Abwechslung sorgt die Nahrungsmitteltabelle am Ende des Buches, mit deren Hilfe Sie Ihre eigenen Mahlzeiten zusammenstellen können. Aber das sollten Sie erst versuchen, nachdem Sie den Menüs in diesem Kapitel mindestens zwei Monate lang gefolgt sind.

Gewichtsverlust

Sie sollten nicht auf eine wöchentliche, sondern besser auf eine monatliche Gewichtsreduktion hinarbeiten. Ihr Körper verliert in den beiden Wochen nach einer Periode am meisten Gewicht und danach wird es naturgemäß weniger. Ich empfehle Ihnen, sich jeden Monat am Ende von Phase eins zu wiegen, also etwa zum Zeitpunkt des Eisprungs. Ich möchte nicht vorhersagen, wieviel Gewicht Sie verlieren werden. Ehrlich gesagt, ich könnte es gar nicht, da die Gewichtsabnahme von zu vielen Faktoren abhängt. Je mehr

Übergewicht Sie beispielsweise haben, desto mehr Gewicht werden Sie wahrscheinlich in einem Monat verlieren. Je länger Sie sich nach Phase eins richten und je kürzer Sie Phase drei halten, desto mehr Gewicht werden Sie in einem Monat abnehmen.

Mit Sicherheit kann ich sagen: Diese Diät wurde nicht für einen schnellen Gewichtsverlust konzipiert. Sie sollten höchstens 4,5 Kilogramm pro Monat verlieren. Die meisten Frauen, vor allem die über 40, dürfen schon mit einem Gewichtsverlust von etwa 2,5 Kilogramm zufrieden sein. Bei einer Abnahme in dieser Größenordnung bleibt Ihr Körper zufrieden und Sie sind weiterhin motiviert. Natürlich werden Sie sich auch sportlich betätigen (siehe Kapitel 6 und 7), was die Gewichtsabnahme ebenfalls unterstützt.

Wiegen: Stellen Sie sich, wie schon gesagt, nicht jede Woche auf die Waage. Wiegen Sie sich nur einmal im Monat. Das Körpergewicht variiert naturgemäß im Lauf eines Zyklusmonats, und die Mehrzahl der Frauen wiegt vor der Periode mehr. Es wäre also ziemlich sinnlos, ausgerechnet zu diesem Zeitpunkt auf die Waage zu steigen und einen Gewichtsverlust zu erwarten. Sie wären dann nur enttäuscht und fühlten sich vielleicht sogar als Versager, und damit steigt die Wahrscheinlichkeit, dass Sie zu viel essen. Wiegen Sie sich in der Zyklusmitte oder direkt nachdem Sie eine Phase eins abgeschlossen haben.

Anweisungen und Tipps für Ihre Diät

Während der gesamten *Zyklusdiät* gibt es in allen Phasen eine tägliche Milchquote von 140 ml Magermilch. Sie können die Milch im Tee oder Kaffee oder auch pur trinken. Falls Sie die Milch nicht mögen, sollten Sie einige Löffel fettarmen Naturjoghurt essen, da Sie das Kalzium, die Proteine und andere Nährstoffe brauchen.

In unbegrenzter Menge: Während aller Phasen der Diät sind folgende Nahrungsmittel in unbegrenzter Menge erlaubt: alle grünen Salate und grüne Blattgemüse (roh, blanchiert oder so kurz wie möglich gegart), Wasser, Mineralwasser, frische Kräuter und Gewürze, Zitronensaft. Empfehlenswert sind bis 8 Gläser Wasser pro Tag.

Gemüse: Für die meisten Gemüsesorten werden in den Speiseplänen keine Mengenangaben gemacht. Wann immer möglich, sollten Sie große Portionen dieser Gemüse zu sich nehmen. Manchmal schlage ich nur einige Gemüse vor, überlasse Ihnen aber die Auswahl je nach Geschmack und Verfügbarkeit. Wählen Sie selbst Ihr Gemüse aus, bevorzugen Sie dunkelgrünes Gemüse und Gemüse mit orangefarbenem oder rotem Fleisch, da diese Vitamin C, Beta-Karotin und Mineralstoffe enthalten.

Die meisten Gemüsesorten haben nur wenig Kalorien, aber es gibt Ausnahmen. Nehmen Sie kleinere Portionen von folgenden kalorienhaltigen Gemüsesorten: Mais, Pastinaken, Erbsen, Dicke Bohnen, Rüben.

Falls nicht anders angegeben, sollten alle Gemüsesorten ohne Fettzusatz und nicht zu lange gegart werden.

Vegetarier: Auch Vegetarier können diese Diät machen. In den Speiseplänen finden Sie für jeden Tag eine vegetarische Mahlzeit, und auch in den Auswahlmenüs sind vegetarische Gerichte aufgeführt. Wo immer es möglich war, habe ich außerdem eine vegetarische Version der Gerichte in Kapitel 5 angegeben (siehe die Tipps an Ende des jeweiligen Rezeptes).

Wichtige Nahrungsmittel

Wie bereits im vorigen Kapitel erwähnt, haben einige der eigentlich gesunden, kohlenhydratreichen Nahrungsmittel einen hohen Glykämischen Index und können deswegen Ihren Appetit nicht lange befriedigen und Ihren Blutzuckerspiegel nicht so stabil halten wie kohlenhydrathaltige Nahrungsmittel mit einem niedrigen GI.

Brot: Sowohl normales Brot aus Vollkornmehl als auch Weißbrot haben einen ziemlich hohen GI. Das liegt wahrscheinlich daran, dass auch im Brot aus Vollkornmehl das Mehl sehr fein gemahlen ist und daher schnell vom Körper aufgenommen wird. Brote mit einem niedrigeren GI, die sich für die *Zyklusdiät* besser eignen, sind dunkles Roggenbrot, Brot aus traditionell steingemahlenem Vollkornmehl und Vollkornbrot. Nehmen Sie so oft wie möglich diese drei Brotsorten, und vermeiden Sie weitgehend Weißbrot oder Brot aus industriell gefertigtem Vollkornmehl. Dunkles Roggenbrot bekommt man heutzutage in vielen Bäckereien und sogar in Supermärkten.

Ist im Speiseplan dunkles Roggenbrot angegeben und können Sie es nicht bekommen, dann nehmen Sie Pita- oder Vollkornbrot.

Frühstücksflocken: Viele Frühstücksflocken haben einen hohen GI und halten nicht den ganzen arbeitsreichen Morgen vor. Folgende Frühstücksflocken mit hohem GI sollten Sie meiden: Cornflakes, Branflakes, Ready Brek, Puffed Wheat, Shredded Wheat und Rice Crispies. Wie Sie im Abschnitt über Frühstück feststellen werden, gibt es viele Alternativen.

Früchte: Frisches Obst ist gut für Sie, und Sie sollten viel davon essen. Allerdings haben einige Früchte einen erheblich höheren Glykämischen Index als andere. Wenn Sie eine Frucht ohne weitere Zutaten als Snack zu sich nehmen, ist es wichtig, darüber Bescheid zu wissen, damit Sie die Früchte mit einem niedrigen GI auswählen können, um Ihren Hunger länger im Zaum zu halten. Manchmal steht im Speiseplan nur »Frucht mit niedrigem GI nach Wunsch«, dann können Sie eine der folgenden Obstsorten auswählen: Äpfel, Aprikosen, Pfirsiche, Nektarinen, Pampelmusen, Pflaumen, Kirschen, Apfelsinen.

Früchte mit einem sehr hohen GI sind Bananen und Wassermelonen. Andere Früchte, wie beispielsweise Weintrauben und frische Datteln, haben einen mittleren GI.

Auch einige getrocknete Früchte haben einen hohen GI und sind als alleiniger Snack zur Hungerbekämpfung nicht geeignet. Dazu gehören Rosinen, Sultaninen und getrocknete Datteln. Alle anderen getrockneten Früchte haben einen mittleren GI.

Nachspeisen

Während der *Zyklusdiät* sollten Sie Süßspeisen vermeiden, die einen hohen Gehalt an Zucker, gesättigten Fetten und Kalorien sowie einen geringen Nährwert aufweisen. Naschkatzen werden feststellen, dass ihr Verlangen nach Süßigkeiten verschwindet, wenn sie sich etwa eine oder zwei Wochen lang nach der *Zyklusdiät* ernährt haben. Doch keine Sorge, das Süße kommt nicht zu kurz, denn auch die vorgeschlagenen Früchte sind süß, und die Diät sieht viele süße, befriedigende Snacks vor.

Das Problem mit der traditionellen Nachspeise ist, dass man sie isst, wenn man eigentlich gar keinen Hunger mehr hat. Wie Sie wissen, ist Ihre Nahrungsaufnahme während der *Zyklusdiät* gleichmäßig über den ganzen Tag verteilt. Sie essen, sobald Ihr Körper Nahrung benötigt, und Sie essen nie mehr, als Sie benötigen. Betrachten Sie die Misch-Snacks als Alternative zur Nachspeise. Und falls es Sie nach einer Mahlzeit wirklich nach etwas Süßem gelüstet, essen Sie eine Frucht.

Misch-Snacks

In Phase zwei und drei werden Sie am Vormittag und Nachmittag aufgefordert, einen Misch-Snack auszuwählen. Diese Misch-Snacks sind eine ideale Mischung aus Nahrungsmitteln, die schnell und langsam absorbiert werden. Sie enthalten außerdem gut dosierte Proteine und wenig Fett.

Misch-Snacks für Phase zwei

Sie können Ihre Misch-Snacks aus der folgenden Liste wählen:

- 50 g (zwei gehäufte Esslöffel) Frischkäse (8% Fett) – nach Geschmack mit etwas Senf oder Currypulver oder Tomatenmark vermischt – als Dip für rohes Gemüse, beispielsweise Paprika, Lauchzwiebeln, Blumenkohl, dazu 1 Scheibe Knäckebrot.
- 1 Apfel-Frucht-Riegel ohne Zuckerzusatz, 1 Pflaume.
- 1 Scheibe Melone nach Wahl (aber keine Wassermelone), 1 Diätjoghurt; 1 Scheibe Knäckebrot mit sehr wenig fettarmer Margarine.
- 15 g fettreduzierter Edamer. 1 Scheibe Roggenknäckebrot, 1 Kiwi.
- 50 g (zwei gehäufte Esslöffel) Hüttenkäse, 1 Scheibe Knäckebrot, 1 Apfel.
- 6 Mandeln, 1 Pflaume, 1 Kiwi.
- 1 würziger Haferkuchen mit wenig Salz, 1 kleiner Apfel.
- Fruchtsalat aus 1 frischen oder getrockneten Feige, 100 g Melone mit orangefarbenem Fruchtfleisch, 1/2 Pampelmuse mit etwas Fruktose und Apfelsinensaft und 1 Teelöffel Frischkäse (8 % Fett).
- Fruchtsalat aus 1 Apfel, 50 g kernlosen Weintrauben und 1 Teelöffel Sesamkörner in etwas Apfelsaft mit 1 Teelöffel Frischkäse (8 % Fett).
- 2 Scheiben Roggenknäckebrot, eine Scheibe mit 1 Teelöffel Diät-Marmelade (mit Fruktose hergestellt = Diabetiker-Marmelade), die andere mit einer Scheibe (25 g) magerem Schinken.

Misch-Snacks für Phase drei

Sie können Ihre Misch-Snacks aus der folgenden Liste wählen:

- 50 g (2 gehäufte Eßlöffel) fettarmer Käse-Dip (Rezept siehe Seite 108) mit einer Auswahl roher Gemüse und 1 Mini-Pita.
- 1 Frühstücks-Muffin (Rezept siehe Seite 109), 1 kleiner Apfel, 75 ml Magermilch.

- 1/2 Portion Nudel-Thunfisch-Salat (Rezept siehe Seite 138).
- 1/2 Portion Käse-Ananas-Nudel-Salat (Rezept siehe Seite 140).
- 1/2 Portion Gemischter Bohnensalat mit Früchten (Rezept siehe Seite 141).
- 100 g Baked Beans (zucker- und salzreduziert) auf 1 mittelgroßen Scheibe dunklem Roggenbrot, 1 Pflaume oder 1 Aprikose.
- 50 g (2 Esslöffel) Hummus, 1 Mini-Pita, 1 Apfelsine.
- 25 g Frühstücksflocken (All-Bran) mit 1 kleinen, gewürfelten Banane, 75 ml Magermilch, 1 Teelöffel Sesamkörner.
- 50 g Limabohnenpaste, dafür abgetropfte Limabohnen aus der Dose und etwas Frischkäse mit (8 % Fett) vermischen und würzen, 1 mittelgroße Scheibe dunkles Roggenbrot, 1 Apfel.
- 1/2 Portion Linsensuppe (Rezept siehe Seite 105), 2 Scheiben Roggenknäckebrot.
- 2 würzige Haferkuchen, 1 kleine Banane; 1 Pflaume oder 50 g Kirschen.

Frühstück

Wählen Sie während aller Phasen der Diät jeden Morgen einen der folgenden Frühstücksvorschläge aus. Wechseln Sie dabei so häufig wie möglich. Also nicht jeden Morgen das Gleiche essen!

Frühstücksflocken

Wählen Sie eine der folgenden Zutaten:

- 1 mittelgroße Schüssel mit Hafergrütze (kein Instantprodukt!), die Grütze mit Wasser und 50 ml Magermilch anrühren.
- 40 g Frühstücksflocken (All-Bran).
- 25 g Grape Nuts oder Weizenpoppies.
- 25 g Müsli ohne Zuckerzusatz.

Fügen Sie der gewählten Frühstückszutat 1 Esslöffel Sonnenblumenkerne oder Sesamkörner hinzu, außerdem 1 Portion frische Früchte Ihrer Wahl oder 5 Dörrpflaumen oder 5 getrocknete Aprikosen. Haben Sie eine der drei letzten Zutaten gewählt, rühren Sie das Ganze mit 1 kleinen Becher fettarmem Bio-Naturjoghurt oder 1 Diätjoghurt oder 140 ml Magermilch an.

Baked Beans

200 g Baked Beans (zucker- und salzreduziert) in der Tomatensauce erhitzen und auf 1 mittelgroße (50 g) Scheibe getoastetes, dunkles Roggenbrot mit sehr wenig fettarmer Margarine geben. Danach 1 Portion frisches Obst nach Wahl.

Fruchtsalat

- 1 Portion Frucht-Nusskompott (Rezept siehe Seite 144) und 125 ml Magermilch oder 2 Esslöffel fettarmer Bio-Naturjoghurt.
- 1 Portion Kühler Fruchtsalat (Rezept siehe Seite 146) und 100 g Frischkäse (8 % Fett), 15 g All-Bran; 1/2 Scheibe dunkles Roggenbrot mit sehr wenig fettarmem Brotaufstrich.

Frühstücks-Muffin

1 Frühstücks-Muffin (Rezept siehe Seite 109), dazu 1 kleingeschnittenen Apfel oder 2 kleingeschnittene frische Aprikosen, eingerührt in 2 Esslöffel fettarmen Bio-Naturjoghurt. Danach 1 kleine Scheibe dunkles Roggenbrot mit 2 Teelöffeln reinem Fruchtaufstrich oder statt dessen 125 g geriebenen, mit etwas Fruktose gesüßten Apfel.

Phase eins

Der Sieben-Tage-Plan

- Diese sieben Tage können Sie so oft wiederholen wie nötig, solange Sie in Phase eins bleiben möchten. Haben Sie sich an das Programm gewöhnt, können Sie Mittags- und Abendmahlzeiten auch aus den Auswahlmenüs auf Seite 88 bis 91 zusammenstellen.
- Lesen Sie auf jeden Fall die Anweisungen, die zu Beginn dieses Kapitels stehen, bevor Sie mit diesem Diätplan beginnen. Vergessen Sie nicht, Ihre tägliche Milchquote von 140 ml auszunutzen, und machen Sie Gebrauch von den verschiedenen Nahrungsmitteln, die Sie unbegrenzt zu sich nehmen dürfen. Nicht vergessen, die bis zu acht Gläser Wasser pro Tag zu trinken.

Erster Tag

Frühstück: Wählen Sie ein Frühstück von Seite 81 bis 82.

Zwischenmahlzeit/vormittags: Wählen Sie eine Frucht mit niedrigem Glykämischem Index aus der Liste auf Seite 59.

Mittagessen: Rührei mit Pilzen.
Zwei Eier mit 2 Esslöffeln Magermilch verrühren und würzen. 50 g Pilze in Scheiben schneiden. Etwas Fett in einer kleinen Pfanne erhitzen. Die Eimasse und Pilze in die Pfanne geben. Bei mittlerer Hitze stocken lassen. Einen großen gemischten Salat mit ölfreiem French Dressing anrichten. Mit einer Scheibe (40 g) dunklem Roggenbrot servieren.

Nachtisch: Diät-Frischkäse und ein kleines Glas Apfelsinensaft.

Zwischenmahlzeit/nachmittags: Wie vormittags.

Abendessen – 1. Vorschlag: 1 Portion Huhn-Nudel-Peperonata (Rezept siehe Seite 110).

Abendessen – 2. Vorschlag: 100 g Hähnchenbrustfilet ohne Haut.

Das Hähnchenfleisch würzen, in Folie oder in der Mikrowelle garen. 1 rote Paprika kleinschneiden und in 1 Teelöffel Olivenöl anbraten, bis die Paprika weich ist. Dazu 100 g neue Kartoffeln und Dicke Bohnen oder Erbsen reichen.

Für Vegetarier: Essen Sie zum Gemüse statt des Hähnchens 150 g gewürfelten Tofu mit 1 Teelöffel leichter Sojasauce.

Zweiter Tag

Frühstück: Wählen Sie ein Frühstück von Seite 81 bis 82.

Zwischenmahlzeit/vormittags: Wie erster Tag.

Mittagessen: 50 g Hummus, dazu ein großes Pita-Brot aus Vollkornmehl und ein großer gemischter Salat.

Den Salat mit ölfreiem French Dressing oder 1 gestrichenen Esslöffel 70 % fettfreier Mayonnaise anmachen.

Nachtisch: 1 Diätjoghurt.

Zwischenmahlzeit/nachmittags: Wie erster Tag.

Abendessen – 1. Vorschlag: 1 Portion Gebratener Lachs mit Reis und sahniger Brokkolisauce (Rezept siehe Seite 118).

Abendessen – 2. Vorschlag: 1 mittelgroßes Lachsfilet oder -steak, Reis und Gemüse.

Den Lachs braten, dünsten oder in der Mikrowelle garen. Sie können den Lachs mit etwas französischem Senf bestreichen, wenn Sie das mögen. 6 Esslöffel braunen Reis garen. Als Gemüsebeilage Zuckererbsen oder Grüne Bohnen oder Brokkoli dünsten.

Für Vegetarier: Aus gekochten braunen Linsen und etwas gewürztem Kartoffelpüree einen 110 g schweren Bratling formen und in einer Pfanne mit wenig Fett braten.

Dritter Tag

Frühstück: Wählen Sie ein Frühstück von Seite 81 bis 82.

Zwischenmahlzeit/vormittags: Wie erster Tag.

Mittagessen: 1 Portion Salat aus Junggemüse und Hähnchenfleisch (Rezept siehe Seite 137).

Nachtisch: 1 mittelgroße Banane.

Für Vegetarier: Geben Sie statt des Hähnchenfleisches 200 g gemischte, gekochte Bohnen in den Salat.

Zwischenmahlzeit/nachmittags: Wie erster Tag.

Abendessen: Couscous mit geschmortem Gemüse.

50 g (Trockengewicht) Couscous entsprechend den Anweisungen auf der Packung in Gemüsebrühe (nicht in Wasser) zubereiten. Warm stellen.

Wählen Sie aus folgenden Gemüsesorten nach Belieben einige aus: neue Kartoffeln, Karotten, Steckrüben, Kürbis, Pastinake, Süßkartoffeln, Aubergine, Zucchini, rote Paprika.

Das Gemüse in mittelgroße Stücke schneiden, mit etwas Olivenöl bestreichen und 45 bis 50 Minuten schmoren lassen, dabei einmal umdrehen. Zusammen mit dem Couscous servieren und mit 2 Esslöffeln Parmesan bestreuen.

Vierter Tag

Frühstück: Wählen Sie ein Frühstück von Seite 81 bis 82.

Zwischenmahlzeit/vormittags: Wie erster Tag.

Mittagessen: Gemischter Avocadosalat.

1/2 reife Avocado und 1 große Tomate in Scheiben schneiden und mischen. 2 gehackte Lauchzwiebeln, gemischte Salatblätter, 25 g gehackte Nüsse dazugeben und mit ölfreiem French Dressing anmachen. Dazu 2 Scheiben Roggenknäckebrot.

Nachtisch: 1 Apfel.

Zwischenmahlzeit/nachmittags: Wie erster Tag.

Abendessen: 1 Portion Lamm-Linsen-Kasserolle (Rezept siehe Seite 129).

Als Beilage 2 Esslöffel gekochten, braunen Reis oder Bulgur.

Für Vegetarier: Ändern Sie das Gericht entsprechend den Anweisungen im Rezept auf Seite 129 ab.

Fünfter Tag

Frühstück: Wählen Sie ein Frühstück von Seite 81 bis 82.

Zwischenmahlzeit/vormittags: Wie erster Tag.

Mittagessen: 1 Portion Nudel-Thunfisch-Salat (Rezept siehe Seite 138).

Für Vegetarier: Nehmen Sie statt Thunfisch 50 g Bohnen und Mais.

Zwischenmahlzeit/nachmittags: Wie erster Tag.

Abendessen: Garnelenomelett.

2 Eier Größe 3 mit 1 Esslöffel Wasser verschlagen und leicht würzen. In einer Antihaft-Pfanne etwas Öl erhitzen. Die Eimasse hineingeben und ein Omelett braten. In der letzten Minute 50 g Garnelen hinzugeben. Vor dem Herausnehmen das Omelett falten. Mit 100 g gedünsteten, neuen Kartoffeln, einer bissfest gegarten Portion Erbsen und Brokkoli oder einem anderen grünen Gemüse Ihrer Wahl servieren.

Für Vegetarier: Mischen Sie 1 Esslöffel Frischkäse (8 % Fett) und 50 g kleingeschnittene Pilze und füllen Sie das Omelett damit.

Sechster Tag

Frühstück: Wählen Sie ein Frühstück von Seite 81 bis 82.

Zwischenmahlzeit/vormittags: Wie erster Tag.

Mittagessen: 1 Portion Linsensuppe (Rezept siehe Seite 105), dazu 1 mittelgroße Scheibe dunkles Roggenbrot.

Zwischenmahlzeit/nachmittags: Wie erster Tag.

Abendessen – 1. Vorschlag: 1 Portion Tagliatelle mit Gemüsesauce (Rezept siehe Seite 111).

Abendessen – 2. Vorschlag: Tagliatelle mit Tomatensauce.

75 g Tagliatelle (Trockengewicht) kochen. 5 Esslöffel italienische Fertig-Tomatensauce und 75 g gehackte Pilze darübergeben und mit 1 Esslöffel Parmesan bestreuen.

Siebter Tag

Frühstück: Wählen Sie ein Frühstück von Seite 81 bis 82.

Zwischenmahlzeit/vormittags: Wie erster Tag.

Mittagessen: 50 g halbfetter Hartkäse (beispielsweise Cheddar oder Edamer), 1 mittlere Banane, 1 Apfel, Sellerie, 1 Stück eingelegte Gurke und 3 Scheiben Roggenknäckebrot.

Zwischenmahlzeit/nachmittags: Wie erster Tag.

Abendessen: 1 Portion Puten-Nuss-Topf (Rezept siehe Seite 125).

Für Vegetarier: Ersetzen Sie das Putenfleisch durch Quorn- oder Tofu-Würfel.

Auswahl-Mittagessen für Phase eins

Wiederholen Sie den Wochenplan, um in Phase eins zu bleiben, oder stellen Sie sich Ihren Plan aus der folgenden Auswahl von Mittags- und Abendmahlzeiten zusammen. Wechseln Sie die Gerichte möglichst häufig.

- Jedes Mittagessen aus dem Sieben-Tage-Plan für Phase eins.
- 1 Portion Kartoffel-Brokkoli-Suppe (Rezept siehe Seite 107) mit einer Scheibe (50 g) dunklem Roggenbrot, 1 Diätjoghurt, 1 Apfel.
- 100 g Hüttenkäse, 3 Scheiben Roggenknäckebrot mit sehr wenig fettarmer Margarine, 1 Apfelsine, 1 Muffin (Rezept siehe Seite 109).
- 1 Scheibe (100 g) Gemüsesülze, serviert mit großem gemischtem Salat und einer Scheibe (50 g) dunklem Roggenbrot, 1 Banane.
- 550 ml frische Linsen-Gemüse-Suppe (aus dem Kühlregal, in

manchen großen Bioläden erhältlich), 1 mittelgroße Scheibe dunkles Roggenbrot, 1 Pflaume oder 1 frische Aprikose.

- 1/2 mittelgroße Avocado, 3 Scheiben Roggenknäckebrot, 1 großer gemischter Salat mit ölfreiem French Dressing angemacht, 1 mittelgroße Banane.
- Salat aus 6 Esslöffeln gekochtem Couscous (Resteverwertung) gemischt mit 50 g gekochten Kichererbsen, einer Auswahl kleingeschnittener Gemüse oder Salate Ihrer Wahl (beispielsweise Sellerie, Tomaten, Paprika) und 25 g getrockneten Aprikosen; das Ganze mit ölfreiem French Dressing anmachen; 1 Scheibe (50 g) dunkles Roggenbrot, 1 Apfel.
- 1 Scheibe (50 g) dunkles Roggenbrot, belegt mit 50 g magerem Hähnchenfleisch, Tomatenscheiben, Zwiebel- und Paprikaringen und 1/2 kleinen, in Scheiben geschnittenen Avocado. Das Ganze mit etwas ölfreiem French Dressing beträufeln oder 1 gestrichenen Esslöffel 70 % fettfreier Mayonnaise darübergeben. 1 Pfirsich oder 1 Nektarine oder 1 Orange.
- 1 Dose (200 g) Baked Beans mit 1 Scheibe (50 g) dunklem Roggenbrot, 1 Apfelsine.
- 200 g in Scheiben geschnittene Pilze in 1 Teelöffel Olivenöl anbraten. Auf 1 Scheibe (50 g) dunkles Roggenbrot geben und mit 2 Esslöffel Parmesan bestreuen. 1 Diätjoghurt, 1 Pflaume oder 1 Kiwi.
- 3 Scheiben Roggenknäckebrot mit je 1 Esslöffel fettarmem Rahmkäse (beispielsweise »Philadelphia Light«), dazu eine Auswahl kleingeschnittener Salatgemüse, 1 Apfel-Dattel-Riegel, 1 Apfelsine.

Auswahl-Abendessen für Phase eins

- Jedes Abendessen aus dem Sieben-Tage-Plan für Phase eins.
- 1/2 Paket gemischte, tiefgekühlte Meeresfrüchte (meistens Garnelen, Muscheln und Tintenfische) auftauen und in 150 ml italienischer Tomatensauce garen. 75 g Nudeln (Trockenge-

wicht) Ihrer Wahl kochen. Mit großem gemischtem Salat servieren.

- 1 Portion Gebratener Lachs mit Reis und sahniger Brokkolisauce (Rezept siehe Seite 118), dazu 1 Portion Zuckererbsen oder Erbsen oder Grüne Bohnen.
- 1 Portion Lachs-Spinat-Pastete (Rezept siehe Seite 119), dazu grüner Salat.
- 1 Portion Gegrillter Kabeljau mit Tomaten-Paprika-Salsa (Rezept siehe Seite 120), dazu 6 Esslöffel zubereiteten Couscous oder 200 g gekochte Kartoffeln, 1 Portion Mais oder Erbsen oder Brokkoli.
- 1 Portion Kurzgebratener Fisch in Tomatensauce (Rezept siehe Seite 121), dazu je 1 Portion Brokkoli und Erbsen, 150 g gekochte Kartoffeln oder 1 gebackene Kartoffel (geviertelt und knusprig gebacken).
- 1 Portion Thunfischbratlinge (Rezept siehe Seite 122), dazu 1 Portion Spinat oder anderes grünes Gemüse, 1 Portion Erbsen und Karotten, 1 Apfel.
- 1 Portion Chilli-Hähnchen (Rezept siehe Seite 127), als Beilage 40 g (Trockengewicht) Eiernudeln, nach Anleitung gekocht, und grüner Salat.
- 1 Portion Hähnchen Toskana (Rezept siehe Seite 128), als Beilage 40 g (Trockengewicht) Nudeln nach Wahl, nach Anleitung gekocht, und 1 Portion Zuckererbsen oder Brokkoli.
- 1 große Süßkartoffel einstechen und backen, bis sie weich ist. Dann halbieren und mit einer Mischung aus 2 Esslöffeln Parmesan und 2 Esslöffeln gewürztem Frischkäse (8 % Fett) bestreichen. Mit großem gemischtem Salat servieren.
- 1 Portion Schweinefleisch-Paprika-Topf (Rezept siehe Seite 131), dazu 50 g (Trockengewicht) Eiernudeln, nach Anleitung gekocht.
- 1 Portion Pilzrisotto (Rezept siehe Seite 132), als Beilage grüner Salat.
- 1 Portion Ratatouille und Eier in Kräuterkruste gebacken (Rezept siehe Seite 133), dazu 50 g dunkles Roggenbrot.
- 1 Portion Gratin mit Hülsenfrüchten und Gemüse (Rezept siehe

Seite 134), als Beilage 5 Esslöffel gekochten braunen Reis oder Couscous.

- 1 große rote Paprika, gefüllt mit 1 Portion Würzreismischung (Rezept siehe Seite 145), 1 Diät-Frischkäse oder -joghurt.
- 1 kleine Portion Hähnchenbrust, gegrillt und ohne Haut, dazu 1 mittelgroße, gebackene Süßkartoffel und 2 Portionen grüne Gemüse nach Wahl.
- 1 mageres Schweinesteak mit etwas Honig und Sojasauce einreiben und grillen. Mit 1 mittelgroßen, gebackenen Süßkartoffel und 2 Portionen grünem Gemüse nach Wahl servieren.

Phase zwei

Der Sieben-Tage-Plan

- Diese sieben Tage können Sie so oft wiederholen wie nötig, solange Sie in Phase zwei bleiben möchten. Wenn Sie sich an das Programm gewöhnt haben, können Sie sich Mittags- und Abendmahlzeiten auch aus den Auswahlmenüs auf Seite 96 bis 98 zusammenstellen.
- Lesen Sie auf jeden Fall die Anweisungen zu Beginn dieses Kapitels, bevor Sie mit diesem Diätplan beginnen. Vergessen Sie nicht, Ihre tägliche Milchquote von 140 ml auszunutzen, und machen Sie Gebrauch von den verschiedenen Nahrungsmitteln, die Sie unbegrenzt zu sich nehmen dürfen, darunter vor allem die bis zu acht Gläser Wasser pro Tag.

Erster Tag

Frühstück: Wählen Sie ein Frühstück von Seite 81 bis 82.

Zwischenmahlzeit/vormittags: Wählen Sie einen Misch-Snack aus der Liste der »Misch-Snacks für Phase zwei« auf Seite 80.

Mittagessen: 1 Portion Schinken-Ei-Kartoffel-Salat (Rezept siehe Seite 139), dazu 1 mittelgroße Scheibe dunkles Roggenbrot.

Zwischenmahlzeit/nachmittags: Wie vormittags.

Abendessen: 1 Portion Penne mit Thunfisch und Oliven (Rezept siehe Seite 112), dazu gemischten Salat.

Für Vegetarier: Nehmen Sie 100 g Pilze pro Person anstelle des Thunfisches.

Zweiter Tag

Frühstück: Wählen Sie ein Frühstück von Seite 81 bis 82.

Zwischenmahlzeit/vormittags: Wie erster Tag.

Mittagessen – 1. Vorschlag: 1 Portion Nudel-Bohnen-Suppe (Rezept siehe Seite 106), dazu 1 mittelgroße Scheibe dunkles Roggenbrot.
Nachtisch: 1 Banane.

Mittagessen – 2. Vorschlag: 300 ml frische Fertig-Minestrone.

Zwischenmahlzeit/nachmittags: Wie erster Tag.

Abendessen: 1 Portion Chili-Hähnchen (Rezept siehe Seite 127), dazu 25 g (Trockengewicht) Nudeln oder braunen Reis (gekocht), 2 oder 3 Portionen frisches Gemüse, beispielsweise Kohl, Brokkoli oder Spinat.

Für Vegetarier: Nehmen Sie Quorn oder Fleischersatz aus Pflanzeneiweiß anstelle des Hähnchenfleisches und Gemüsebrühe statt Hühnerbrühe.

Dritter Tag

Frühstück: Wählen Sie ein Frühstück von Seite 81 bis 82.

Zwischenmahlzeit/vormittags: Wie erster Tag.

Mittagessen – 1. Vorschlag: Sandwich aus 2 mittelgroßen Scheiben dunklem Roggenbrot mit etwas fettarmer Margarine und 100 g Thunfisch in Wasser (abgetropft), dazu Salat nach Belieben.
Nachtisch: 1 Banane.

Mittagessen – 2 Vorschlag: 5 mittelgroße gegrillte Sardinen mit 1 Pita-Brot aus Vollkornmehl oder 1 große Scheibe Roggenbrot, großer, gemischter Salat als Beilage.
Nachtisch: 1 Banane.

Zwischenmahlzeit/nachmittags: Wie erster Tag.

Abendessen: 1 Portion Pilzrisotto (Rezept siehe Seite 132).
Nachtisch: 1 Diätjoghurt, 1 Pflaume oder 1 Aprikose oder 25 g Kirschen.

Vierter Tag

Frühstück: Wählen Sie ein Frühstück von Seite 81 bis 82.

Zwischenmahlzeit/vormittags: Wie erster Tag.

Mittagessen: 1 Portion Käse-Ananas-Nudel-Salat (Rezept siehe Seite 140).

Zwischenmahlzeit/nachmittags: Wie erster Tag.

Abendessen: 110 g Lachssteak oder -filet in Folie gegart, dazu 110 g

gekochte grüne Linsen und 1 Portion frisches grünes Gemüse.
Nachtisch: 1 Apfel.

Für Vegetarier: Mischen Sie die Linsen mit etwas italienischer Tomatensauce. Mit 200 g gekochtem Couscous oder Bulgur servieren und das Ganze mit 1 Esslöffel geriebenem Käse bestreuen.

Fünfter Tag

Frühstück: Wählen Sie ein Frühstück von Seite 81 bis 82.

Zwischenmahlzeit/vormittags: Wie erster Tag.

Mittagessen: 1 Portion Linsensuppe (Rezept siehe Seite 105), dazu 1 mittelgroße Scheibe dunkles Roggenbrot.
Nachtisch: 1 Apfel.

Zwischenmahlzeit/nachmittags: Wie erster Tag.

Abendessen: 1 Portion Ratatouille und Eier in Kräuterkruste (Rezept siehe Seite 133), dazu 50 g dunkles Roggenbrot mit etwas fettarmer Margarine.
Nachtisch: 1 Apfelsine oder 1 Pfirsich.

Sechster Tag

Frühstück: Wählen Sie ein Frühstück von Seite 81 bis 82.

Zwischenmahlzeit/vormittags: Wie erster Tag.

Mittagessen: 200 g Baked Beans oder Currybohnen auf 50 g getoastetem dunklem Roggenbrot.
Nachtisch: 1 Apfel.

Zwischenmahlzeit/nachmittags: Wie erster Tag.

Abendessen: Kurzgebratenes Fleisch.

100 g sehr mageres, in Streifen geschnittenes Rind- oder Schweinefleisch mit 225 g gemischtem frischem Gemüse nach Wahl und 2 Eßlöffeln Hoisin-Sauce im Wok mit einem Teelöffel Maisöl anbraten. Dazu 50 g (Trockengewicht) Eiernudeln nach Anleitung kochen.

Für Vegetarier: Nehmen Sie 25 g Mandelblättchen oder 100 g Tofu-Würfel anstelle des Fleisches.

Siebter Tag

Frühstück: Wählen Sie ein Frühstück von Seite 81 bis 82.

Zwischenmahlzeit/vormittags: Wie erster Tag.

Mittagessen: Gefülltes Pita-Brot.

100 g zerkleinerten Lachs (aus der Dose oder frisch gegart), 2 Esslöffel Frischkäse (8 % Fett) und 1 gestrichenen Teelöffel französischen Senf verrühren. Lauchzwiebeln, rote Paprika, grünen Salat und Gurke hacken und zusammen mit der Lachs-Käse-Masse in ein Pita-Brot aus Vollkornmehl füllen.

Für Vegetarier: Nehmen Sie 40 g gewürfelten Edamer oder 50 g gewürfelten Feta-Käse anstelle des Lachses.

Zwischenmahlzeit/nachmittags: Wie erster Tag.

Abendessen: 1 Portion Gratin mit Hülsenfrüchten und Gemüse (Rezept siehe Seite 134), dazu 50 g (Trockengewicht) Gerste, Couscous oder Bulgur, je nach Anleitung gekocht oder eingeweicht.

Auswahl-Mittagessen für Phase zwei

Wechseln Sie die Gerichte möglichst häufig.

- Jedes Mittagessen aus dem Sieben-Tage-Plan für Phase zwei.
- Jedes Mittagessen aus dem Sieben-Tage-Plan für Phase eins.
- 1 Ei Größe 3, pochiert oder gekocht, mit 2 gegrillten Tomaten, 1 fettarmes gegrilltes Cocktailwürstchen aus Schweinefleisch, 50 g dunkles Roggenbrot, 1 Apfel.
- 75 g Hummus mit 3 Scheiben Roggenknäckebrot, großer gemischter Salat, 1 Apfelsine oder 1 Pfirsich, 1 Diätjoghurt.
- Salat aus fein geschnittenem Weißkohl, geraspelten Karotten, klein geschnittenen Zwiebeln und 1 Esslöffel Sultaninen, angemacht mit einer Mischung aus je 1 Esslöffel fettarmem Bio-Naturjoghurt und 70 % fettfreier Mayonnaise. Dazu 50 g sehr magerer Schinken oder Hüttenkäse und 50 g dunkles Roggenbrot, 2 Pflaumen oder Aprikosen.
- 6 Esslöffel gekochten Couscous, gemischt mit einer Auswahl zerkleinerter Salatgemüse und 50 g magerem, zerkleinertem Hähnchenfleisch, angemacht mit ölfreiem French Dressing, dazu 2 Scheiben Roggen- oder Sesamknäckebrot, 1 Diätjoghurt, 1 kleine Banane.
- Bohnen-Thunfisch-Salat, 100 g gekochte Limabohnen mit 100 g zerkleinertem Thunfisch in Wasser (abgetropft) mischen. 1 große Tomate, 4 schwarze Oliven und 4 Lauchzwiebeln kleinhacken und zusammen mit etwas French Dressing untermischen. Auf Salatblättern mit einer mittelgroßen Scheibe dunklem Roggenbrot servieren.
- 550 ml frische Zwiebelsuppe (aus dem Kühlregal, in großen Bioläden erhältlich). Die Suppe mit 2 Esslöffeln Parmesan bestreuen und mit 50 g dunklem Roggenbrot servieren.
- 200 g (Kochgewicht) Spiralnudeln mit ölfreiem French Dressing, einer Auswahl klein gehacktem, gemischtem Gemüse, 25 g Sultaninen, 25 g Edamer und 1 Stück Frucht nach Wahl mischen.

- 2 würzige Haferkuchen, 1 kleine Packung Hüttenkäse, Sellerie-Tomatensalat, 1 Frühstücks-Muffin und 1 Apfel.
- 100 g VegeBurger in einem Vollkorn-Brötchen, großer gemischter Salat, 1 Pfirsich, 1 Diätjoghurt.
- 150 g gemischte Bohnen aus der Dose mit 4 Esslöffeln italienischer Tomatensauce und 200 g (Kochgewicht) Spiral- oder Muschelnudeln und kleingeschnittenen Pilze mischen.
- 2 große Pilze mit Hüten, Stengel herausgetrennt, mit 1 Portion Würzreismischung (Rezept siehe Seite 145) füllen, in Folie wickeln, etwas Gemüsebrühe dazugeben und etwa 20 Minuten backen oder bis alles kochend heiß ist. 1 Apfel, 1 Diät-Frischkäse.

Auswahl-Abendessen für Phase zwei

- Jedes Abendessen aus dem Sieben-Tage-Plan für Phase zwei.
- 1 Portion Sesam-Garnelen (Rezept siehe Seite 123) mit 50 g (Trockengewicht) Eiernudeln, nach Anleitung kochen, als Beilage grüner Salat.
- 1 Portion Kurz gebratene Thunfischsteaks mit warmem, pikantem Dressing (Rezept siehe Seite 124), dazu 200 g gekochte Kartoffeln; 2 Portionen frisches Gemüse nach Wahl.
- 1 Portion Würzreismischung (Rezept siehe Seite 145) mit 125 g magerem, garem Hähnchenfleisch vermischen und erhitzen, großer gemischter Salat als Beilage.
- 1 kleine Regenbogenforelle ohne Zugabe von Fett dämpfen, grillen oder in der Mikrowelle garen, dazu 200 g neue Kartoffeln, eine Portion Erbsen, eine Portion Brokkoli.
- 1 Portion Lamm-Linsen-Kasserolle (Rezept siehe Seite 129), dazu 6 Esslöffel Couscous und 1 Portion grünes Gemüse nach Wahl.
- 1 große, gebackene Süßkartoffel, 2 Esslöffel Frischkäse (8 % Fett) mit 1 gestrichenen Teelöffel mildem Currypulver verrühren und auf die Kartoffel geben. 1 dünne Scheibe durchwachse-

nen Speck gut ausbraten, kleinschneiden und über den Käse streuen, großer gemischter Salat mit ölfreiem French Dressing als Beilage.

- 2 Kichererbsen-Bratlinge (aus dem Kühlregal oder tiefgekühlt) in einer Antihaft-Pfanne mit etwas Fett anbraten, dazu 200 g gekochten, braunen Reis, 3 Esslöffel würzige Tomatensauce (aus dem Glas) und 2 Portionen grünes Gemüse.
- 125 g gegrilltes Putensteak. Für die Beilage 1 kleine Süßkartoffel in der Schale kochen, schälen und mit 1 Teelöffel Olivenöl und Gewürzen zu Püree verarbeiten, dazu 2 Portionen Gemüse nach Wahl.
- Ein Omelett aus 2 Eiern mit etwas Fett in einer Antihaft-Pfanne braten und mit 50 g Pilzen füllen, dazu 50 g dunkles Roggenbrot und einen großen gemischten Salat mit ölfreiem French Dressing.
- 1 großes Kabeljaufilet (oder Filet von einem anderen Weißfisch) in Folie oder in der Mikrowelle in Pergamentpapier mit Zitronensaft, Gewürzen, Schnittlauch oder Dill und ganz feinen Karotten- und Zucchinistreifen garen. Vor dem Servieren mit 1 Esslöffel geriebenem Cheddar-Käse bestreuen. Als Beilage 175 g gekochte Kartoffeln, 2 Portionen Gemüse nach Wahl servieren.

Phase drei

Der Sieben-Tage-Plan

- Diese sieben Tage können Sie so oft wiederholen wie nötig, aber für die meisten Frauen sollten sieben Tage gut ausreichen, um eine Phase drei abzudecken. Nach dieser Phase wird in einem normalen Zyklus wieder zu Phase eins gewechselt. Wenn man einem anderen Rhythmus folgt (beispielsweise Frauen, die keine Perioden haben), geht man zur Phase zwei über.
- Lesen Sie auf jeden Fall die Anweisungen zu Beginn dieses Kapitels, bevor Sie mit diesem Diätplan beginnen. Vergessen Sie

nicht, Ihre tägliche Milchquote von 140 ml auszunutzen, und machen Sie Gebrauch von den verschiedenen Nahrungsmitteln, die Sie unbegrenzt zu sich nehmen dürfen. Denken Sie vor allem an die bis zu 8 Gläser Wasser pro Tag.

Erster Tag

Frühstück: Wählen Sie ein Frühstück von Seite 81 bis 82.

Zwischenmahlzeit/vormittags: Wählen Sie einen Misch-Snack aus der Liste der »Misch-Snacks für Phase drei« auf Seite 80f.

Mittagessen – 1. Vorschlag: 225 g zucker- und salzreduzierte Baked Beans in Tomatensauce auf 1 Scheibe (50 g) dunklem Roggentoast mit etwas fettarmer Margarine.

Nachtisch: 1 Mandarine, 1 Apfel.

Mittagessen – 2. Vorschlag: 100 g pürierte Limabohnen, dazu 1 Scheibe (50 g) dunklen Roggentoast.

Nachtisch: 1 Diätjoghurt, 1 Mandarine, 1 Apfel.

Zwischenmahlzeit/nachmittags: Wie vormittags.

Abendessen: 1 Portion Gemüse-Nudel-Gratin (Rezept s. Seite 114).

Nachtisch: 1 Banane.

Zweiter Tag

Frühstück: Wählen Sie ein Frühstück von Seite 81 bis 82.

Zwischenmahlzeit/vormittags: Wie erster Tag.

Mittagessen: 1 gefülltes Pita-Brot aus Vollkornmehl.

Für die Füllung 40 g Edamer würfeln, eine Auswahl Salatgemüse sowie 20 g Nüsse kleinhacken und alles mit 1 gestrichenen Teelöffel 70 % fettfreie Mayonnaise vermischen.

Zwischenmahlzeit/nachmittags: Wie erster Tag.

Abendessen: 1 Portion Bohnenpastete (Rezept siehe Seite 130) mit 1 Portion Mais oder Erbsen und grünem Blattgemüse nach Wahl.
Nachtisch: 1 Apfel, 1 Diät-Frischkäse.

Dritter Tag

Frühstück: Wählen Sie ein Frühstück von Seite 81 bis 82.

Zwischenmahlzeit/vormittags: Wie erster Tag.

Mittagessen: 1 Portion Gemischter Bohnensalat mit Früchten (Rezept siehe Seite 141).
Nachtisch: 1 Apfel.

Zwischenmahlzeit/nachmittags: Wie erster Tag.

Abendessen: 1 Portion Buchweizenpfannkuchen mit Pilzen und Käsesauce (Rezept siehe Seite 135), als Beilage ein großer gemischter Salat mit ölfreiem French Dressing.
Nachtisch: 1 Apfelsine.

Vierter Tag

Frühstück: Wählen Sie ein Frühstück von Seite 81 bis 82.

Zwischenmahlzeit/vormittags: Wie erster Tag.

Mittagessen: 75 g Hummus mit 1 Pita-Brot aus Vollkornmehl, gemischter Salat.

Nachtisch: 1 Pflaume oder 1 Aprikose, 50 g Kirschen.

Zwischenmahlzeit/nachmittags: Wie erster Tag.

Abendessen: 1 Portion Meeresfrüchte-Lasagne (Rezept s. Seite 115), als Beilage großer gemischter Salat mit ölfreiem French Dressing.

Für Vegetarier: 1 Portion Tagliatelle mit einer Sauce aus frischen Gemüsen (Rezept siehe Seite 111) und 1 Banane.

Fünfter Tag

Frühstück: Wählen Sie ein Frühstück von Seite 81 bis 82.

Zwischenmahlzeit/vormittags: Wie erster Tag.

Mittagessen: 1 Portion Salat Provençal (Rezept s. Seite 142).

Nachtisch: 1 Apfel.

Zwischenmahlzeit/nachmittags: Wie erster Tag.

Abendessen: 1 Portion Chinanudeln mit Huhn (Rezept s. Seite 116).

Nachtisch: 1 Diätjoghurt.

Für Vegetarier: Nehmen Sie Tofu statt Hähnchenfleisch.

Sechster Tag

Frühstück: Wählen Sie ein Frühstück von Seite 81 bis 82.

Zwischenmahlzeit/vormittags: Wie erster Tag.

Mittagessen: Salat.

1 kleine Dose Thunfisch in Wasser abtropfen lassen und zerkleinern. 100 g Flageoletbohnen garen. 1 große Tomate kleinschneiden, 1 Schalotte hacken und 1 hartgekochtes Ei in Scheiben schneiden. Alles mischen und mit ölfreiem French Dressing anmachen. Dazu 1 mittelgroße Scheibe dunkles Roggenbrot.

Nachtisch: 1 Apfelsine.

Zwischenmahlzeit/nachmittags: Wie erster Tag.

Abendessen: 1 Portion würzige Kartoffeln und Auberginen (Rezepte siehe Seite 136), dazu 200 g (Kochgewicht) Couscous oder Bulgur und ein großer gemischter Salat (ohne Dressing).

Siebter Tag

Frühstück: Wählen Sie ein Frühstück von Seite 81 bis 82.

Zwischenmahlzeit/vormittags: Wie erster Tag.

Mittagessen: 1 Portion Linsensuppe (Rezept siehe Seite 105), dazu 1 Scheibe (50 g) dunkles Roggenbrot.

Nachtisch: 1 Apfel.

Zwischenmahlzeit/nachmittags: Wie erster Tag.

Abendessen: 1 Portion Fettuccini mit Avocado und Frühstücksspeck (Rezept siehe Seite 117), dazu grünen Salat servieren.

Für Vegetarier: Nehmen Sie 100 g halbfetten Mozzarella statt des Specks (Rezept für 4 Personen).

Auswahl-Mittagessen für Phase drei

Wechseln Sie die Gerichte möglichst häufig.

- Jedes Mittagessen aus dem Sieben-Tage-Plan für Phase drei.
- 1 Portion Nudel-Bohnen-Suppe (Rezept siehe Seite 106), 1 Pita-Brot, 1 kleine Banane.
- 1 Portion Kartoffel-Brokkoli-Suppe (Rezept siehe Seite 107), vor dem Servieren mit 2 Esslöffeln Parmesan bestreuen. 50 g dunkles Roggenbrot mit etwas fettarmer Margarine, 1 Apfel.
- 1 Portion Garnelensalat mit Cashewkernen (Rezept s. Seite 143).
- 1 Portion Salat aus Junggemüse und Hähnchenfleisch (Rezept siehe Seite 137), 3 Scheiben Roggenknäckebrot mit etwas fettarmer Margarine, 1 Frucht nach Wahl.
- 1 Portion Nudel-Thunfisch-Salat (Rezept siehe Seite 138), 1 Portion Frucht nach Wahl.
- 1 Portion Käse-Ananas-Nudel-Salat (Rezept siehe Seite 140), 1 Apfel.
- 100 g Pilze in Scheiben schneiden und in 1 Teelöffel Olivenöl anbraten. Würzen und vor dem Servieren mit 2 Esslöffeln geriebenem Parmesan bestreuen. Dazu 50 g getoastetes, dunkles Roggenbrot, 1 Diätjoghurt, 1 Banane.
- 275 ml frische Gemüsesuppe nach Wahl (aber keine Cremesuppe), beispielsweise Spinat-Muskat- oder Karotten-Tomaten-Suppe, 3 würzige Haferkuchen, 1 kleiner Becher Hüttenkäse, gemischter Salat mit ölfreiem French Dressing, 1 Scheibe Netzmelone oder 3 frische Aprikosen.
- Belegte Brote. Dafür 2 mittelgroße Scheiben dunkles Roggenbrot mit etwas mittelfettem Ziegenkäse bestreichen. Eine Scheibe mit 1 Esslöffel gehackten Nüssen, gehacktem Apfel und Sellerie belegen. Die andere Scheibe mit 1 Teelöffel Pinienkernen, gehackter, getrockneter Aprikose und Gurke belegen. 2 Pflaumen.

Auswahl-Abendessen für Phase drei

- Jedes Abendessen aus dem Sieben-Tage-Plan für Phase drei.
- 1 Portion Hähnchen-Pistazien-Pilaw (Rezept siehe Seite 126).
- 1 Portion Hähnchen Toskana (Rezept siehe Seite 128), dazu 50 g (Trockengewicht) Nudeln nach Wahl, gekocht, und 1 Portion grünes Gemüse nach Wahl.
- 1 Portion Chili-Hähnchen (Rezept siehe Seite 127), dazu 200 g (Kochgewicht) Couscous oder Bulgur und Salat.
- 1 Portion Puten-Nuss-Topf (Rezept siehe Seite 125), dazu 40 g (Trockengewicht) Eiernudeln, nach Anleitung gekocht.
- 1 mittlere Portion Brathähnchen (1/4 eines kleinen Hähnchens) ohne Haut, dazu 1 mittelgroße gebackene Süßkartoffel, 2 Portionen grünes Gemüse, 1 Pfirsich oder 1 Nektarine.
- 1 Portion Ratatouille und Eier in Kräuterkruste (Rezept siehe Seite 133), dazu 50 g dunkles Roggenbrot, 1 Apfel.
- 110 g Lachsfilet oder -steak ohne Zugabe von Fett im Grill oder in der Mikrowelle garen. Für die Sauce 2 Esslöffel Frischkäse (8 % Fett) und 2 Eßlöffel Dijon-Vollkornsenf vermischen. Dazu 175 g (Kochgewicht) braunen Reis, 1 Portion Brokkoli und 1 Portion Erbsen.
- 75 g (Trockengewicht) Bandnudeln, gekocht. Für die Sauce 3 Esslöffel Fertig-Pesto und 1 große, ausgenommene und klein gehackte Tomate vermischen. Grüner Salat als Beilage.
- 1 Portion Lamm-Linsen-Kasserolle (Rezept siehe Seite 129), dazu 1 kleine, gebackene Süßkartoffel und 1 grünes Blattgemüse.

5

Rezepte für die *Zyklusdiät*

Suppen und Snacks

Linsensuppe

Für 4 Personen
290 Kalorien, 6 g Fett pro Portion

1 Esslöffel Olivenöl
1 große Zwiebel, fein gehackt
325 g braune oder grüne Linsen, gewaschen
1 l Gemüse- oder Hühnerbrühe
2 Stangen Sellerie, gehackt
1 große Karotte, gehackt
3 Tomaten aus der Dose, abgetropft und grob gehackt
1 Knoblauchzehe, zerdrückt
etwas Salz
Schwarzer Pfeffer

Das Öl in einer großen Kasserolle bei mittlerer Temperatur erhitzen und die Zwiebeln dazugeben. Unter gelegentlichem Umrühren dünsten, bis die Zwiebeln weich sind. Die Linsen hinzufügen und etwa 1 Minute lang umrühren, dann die restlichen Zutaten in die Kasserolle geben. Die Temperatur so weit herunterdrehen, dass es nur noch köchelt. Den Deckel auf die Kasserolle setzen. Etwa eine Stunde schmoren lassen oder bis die Linsen weich sind. Abschmecken.

Tipps

- Um eine dicke, cremige Konsistenz zu erreichen, können Sie die gesamte Suppe im Mixer pürieren. Dadurch wird sie auch leichter verdaulich. Oder Sie pürieren nur die Hälfte, dann erreichen Sie ebenfalls die cremige Konsistenz, haben aber auch noch etwas zum Kauen.
- Für dieses Rezept sollten Sie braune oder grüne Linsen verwenden, da die roten Linsen weniger geschmacksintensiv sind.
- Statt der Linsen können Sie auch Spalterbsen nehmen. Wenn Sie mögen, können Sie auch etwas mageren, gekochten Schinken dazugeben, der mit etwa 40 Kalorien und 2,5 g Fett pro 25 g zu Buche schlägt. Den Schinken in kleine Stücke schneiden und erst in die fertig gegarte und pürierte Suppe geben.

Nudel-Bohnen-Suppe

Für 4 Personen
195 Kalorien, 6 g Fett pro Portion

1 große Stange Sellerie
1 mittelgroße Zucchini
1 mittelgroße Stange Lauch
75 g Weißkohl
1 mittelgroße Karotte
1 große Zwiebel, 75 g Brokkoli
1 Knoblauchzehe, zerdrückt
1 Esslöffel Olivenöl
200 g gehackte Tomaten aus der Dose
825 ml Hühnerbrühe
100 g (Trockengewicht) kleine Nudeln
200 g Limabohnen aus der Dose, abgetropft
1 Esslöffel Tomatenmark
etwas Salz, Schwarzer Pfeffer
1 Esslöffel gehackte Petersilie
1 Esslöffel geriebener Parmesan

Das gesamte frische Gemüse, außer dem Brokkoli, fein hacken. Den Brokkoli in sehr kleine Röschen teilen. Öl in einer großen Kasserolle erhitzen und alle frischen Gemüse, außer dem Brokkoli, sowie den Knoblauch dazugeben. Etwa 3 Minuten bei mittlerer Hitze rühren. Tomaten, Brühe und Nudeln zugeben, etwa 30 Minuten köcheln lassen und dabei rühren. Limabohnen, Tomatenmark, Gewürze und Brokkoli dazugeben und weitere 10 Minuten köcheln lassen. Abschmecken und mit Petersilie und Parmesan bestreut servieren.

Tipps

- Versuchen Sie, frische Hühnerbrühe aus der Kühlabteilung Ihres Supermarktes zu bekommen, da diese weniger Salz enthält als Brühwürfel oder -pasten. Oder machen Sie die Brühe selbst: Hühnerteile mit Karotten, Zwiebeln und etwas Petersilie etwa 1 Stunde köcheln lassen. Die Flüssigkeit abseihen und einige Minuten lang einkochen lassen. Abkühlen lassen. Bevor Sie die Brühe verwenden, das Fett von der Oberfläche abschöpfen. Nehmen Sie keine Hühnerhaut für dieses Rezept.
- Sie können auch Flageoletbohnen statt der Limabohnen verwenden.

Kartoffel-Brokkoli-Suppe

Für 4 Personen
165 Kalorien, 2,5 g Fett pro Portion

450 g Kartoffeln
325 g Brokkoli
700 ml Hühnerbrühe
275 ml fettarme Milch
1 kleine Zwiebel, fein gehackt
etwas Salz
Schwarzer Pfeffer

Die Kartoffeln schälen und in kleine Stücke schneiden. Alle Blätter und dicken Stiele vom Brokkoli entfernen und in kleine Röschen teilen. Alle Zutaten in eine große Kasserolle geben und 25 Minuten leicht kochen lassen. Die Suppe im Mixer pürieren, bis sie glatt und cremig ist, dann in die Kasserolle zurückgießen, nochmals erhitzen und abschmecken.

Käse-Zwiebel-Dip

Für 4 Personen
70 Kalorien, 5 g Fett pro Portion

50 ml 70 % fettfreie Mayonnaise
50 g Philadelphia Light
100 g Frischkäse (8 % Fett)
2 Lauchzwiebeln, fein gehackt
1 Teelöffel frisch gehackter Schnittlauch
ein Spritzer Tabasco (Chilisauce)

Mayonnaise und Philadelphia in einer kleinen Schüssel verrühren. Langsam den Frischkäse einrühren und dann die Zwiebeln und den Schnittlauch dazugeben. Mit etwas Tabasco würzen.

Tipps

- Mit rohen Gemüsesticks und Roggenknäckebrot oder Pita-Streifen und Salat servieren.
- Statt Tabasco können Sie etwas Tomatenmark nehmen.
- Falls Sie keinen frischen Schnittlauch bekommen können, nehmen Sie eine zusätzliche Lauchzwiebel.

Frühstücks-Muffins

Ergibt 8 Stück
135 Kalorien, 4 g Fett pro Muffin

100 g Haferflocken
50 g Weizenmehl
50 g Buchweizenmehl
1 gehäufter Esslöffel Fruktose
1 gehäufter Teelöffel Backpulver
1/2 Teelöffel Zimt
75 ml Apfelsaft
50 ml Magermilch
1 Ei
1 Esslöffel Maisöl
1 Tafelapfel
50 g Schwarze Johannisbeeren
oder andere Beeren

Den Ofen auf 200 °C, Gas Stufe 3 vorheizen. Boden und Seiten der Muffinformen mit Speiseöl einfetten. Die trockenen Zutaten in eine Schüssel geben und vermischen. Apfelsaft, Milch, Ei und Öl in einer anderen Schüssel mischen. Den Apfel entkernen und in kleine Stücke schneiden. Die Apfelstückchen und die Beeren in die Schüssel mit der flüssigen Mischung geben. Die gemischten trockenen Zutaten unterziehen und den Teig in acht Muffinformen verteilen. Etwa 18 Minuten backen oder bis die Muffins aufgegangen und goldbraun sind.

Tipps

- Diese Muffins eignen sich gut zum Einfrieren.
- Probieren Sie verschiedene Früchte in den Muffins aus: frische Aprikosen oder Pfirsiche, entsteinte Kirschen oder Pflaumen. Die sind alle gut – für die Muffins und für Sie.

Nudelgerichte

Huhn-Nudel-Peperonata

Für 4 Personen
320 Kalorien, 10 g Fett pro Portion

4 normal große Hähnchenbrüste, ohne Haut und Knochen
1 Esslöffel Weizenmehl
1 1/2 Esslöffel Olivenöl
1 große rote Zwiebel, in Scheiben geschnitten
1 Knoblauchzehe, zerdrückt
3 große Paprika verschiedener Farben (insgesamt etwa 400 g), in Stücke oder Streifen geschnitten
400 g gehackte Tomaten mit Kräutern aus der Dose
etwas Salz, Schwarzer Pfeffer
8 schwarze Oliven, entkernt und halbiert
200 g (Trockengewicht) Pappardelle-Nudeln
frisches Basilikum

Das Hähnchenfleisch in mundgerechte Stücke schneiden und in Mehl wenden. 1 Esslöffel Olivenöl in einer großen Bratpfanne erhitzen und die Hähnchenteile anbraten, bis sie goldbraun sind. Aus der Pfanne nehmen und auf einen Teller legen. Das restliche Öl in die Pfanne geben und Zwiebeln, Knoblauch und Paprika bei hoher Temperatur 3 bis 4 Minuten unter Rühren anbraten. Die Tomaten dazugeben, würzen und dann die Hähnchenteile wieder dazugeben. Bei mittlerer Temperatur etwa 20 Minuten köcheln lassen oder bis die Paprika gar sind. In den letzten 1 bis 2 Minuten die Oliven hinzufügen.

Während das Hähnchengericht köchelt, die Nudeln in gesalzenem Wasser bißfest kochen (etwa 10 Minuten) und abgießen. Zum Servieren die Hähnchensauce über die Nudeln geben und mit Basilikumblättern garnieren.

Tipps

- Pappardelle sind etwa 2 cm breite Bandnudeln. Falls Sie diese flachen, italienischen Nudeln nicht bekommen, können Sie ohne weiteres Tagliatelle nehmen. Diese Pastaspezialität ist etwa 6 mm breit.
- Dieses Gericht eignet sich gut zum Einfrieren. Kochen Sie es nicht vollständig gar, wenn Sie es einfrieren möchten.
- Vegetarier können statt des Hähnchenfleisches Quorn-Würfel oder Maronenpilze nehmen. Falls Sie Pilze verwenden, streuen Sie bei Tisch noch etwas geriebenen Parmesan über die Sauce, um den Proteingehalt des Gerichts zu erhöhen.

Tagliatelle mit Gemüsesauce

Für 4 Personen
405 Kalorien, 7 g Fett pro Portion

1 Esslöffel Olivenöl
1 kleine Zwiebel, klein gehackt
1 große Stange Lauch, in dünne Ringe geschnitten
1 kleine Zucchini, in dünne Streifen geschnitten
1 Knoblauchzehe, zerdrückt
25 g sonnengetrocknete Tomaten, klein gehackt
4 große Tomaten, enthäutet und gehackt
200 ml passierte Tomaten (Passata)
1 Esslöffel Tomatenmark
eine Prise Fruktose
ein Spritzer Worcestershire-Sauce
1 Teelöffel gehackter Oregano
etwas Salz
Schwarzer Pfeffer
200 g kleine Pilze
325 g Spinat-Tagliatelle
50 g Frischkäse (8 % Fett)
4 Esslöffel geriebener Parmesan

Das Öl in einer großen Pfanne erhitzen und darin die Zwiebeln und den Lauch etwa 3 Minuten bei mittlerer bis hoher Temperatur anbraten. Zucchini und Knoblauch zugeben und weitere 2 Minuten anbraten. Die sonnengetrockneten Tomaten, die gehackten Tomaten, die Passata, das Tomatenmark, etwas Fruktose, Worcestershire-Sauce und die Gewürze dazugeben und das Ganze etwa 10 Minuten zugedeckt köcheln lassen. Die Pilze hinzugeben und weitere 10 Minuten köcheln lassen oder bis die Sauce dicklich ist (noch etwas Passata hinzugeben, wenn die Sauce nicht flüssig genug ist).

Die Nudeln in gesalzenem Wasser bissfest kochen. Sind Nudeln und Sauce fertig, den Frischkäse in die Sauce rühren und abschmecken. Zum Servieren Sauce über die Nudeln geben und mit Parmesan bestreuen.

Tipps

- Nehmen Sie zur Abwechslung eine Aubergine statt der Pilze. Überbacken Sie die ungeschälte Aubergine (die Schale vorher einstechen) und löffeln Sie dann das Fruchtfleisch heraus.
- Zeit sparen Sie, wenn Sie eine Dose gehackter Tomaten statt der frischen Tomaten und der Passata verwenden.

Penne mit Thunfisch und Oliven

Für 4 Personen
480 Kalorien, 12 g Fett pro Portion

1/2 Esslöffel Olivenöl
1 gestrichener Esslöffel Butter
4 kleine Thunfischsteaks (je 100 g)
1 Zwiebel, fein gehackt
2 Knoblauchzehen, zerdrückt
2 Tomaten, enthäutet und gehackt
etwas Salz, Schwarzer Pfeffer
1 Teelöffel gehackter Thymian

1 Glas (140 ml) trockener Weißwein
3 Esslöffel gehackte glatte Petersilie
12 schwarze Oliven, entkernt und halbiert
275 g (Trockengewicht) Penne-Nudeln

Das Öl und die Butter in einer großen Pfanne erhitzen und die Thunfischsteaks bei großer Hitze anbraten, etwa 1 Minute von jeder Seite. Den Fisch aus der Pfanne nehmen, die Zwiebeln sowie den Knoblauch hineingeben und bei mittlerer Hitze etwa 5 Minuten anbraten oder bis die Zwiebeln weich sind. Die restlichen Zutaten, außer den Nudeln, der Petersilie und den Oliven, dazugeben und etwa 15 Minuten köcheln lassen, bis die Sauce dicklich ist. Den Thunfisch in mundgerechte Stücke teilen und in die Sauce geben. Das Ganze noch 3 bis 4 Minuten köcheln lassen, dann die Petersilie und die Oliven hineinrühren.

Während die Sauce köchelt, die Nudeln in gesalzenem Wasser bissfest kochen und abgießen.

Tipps

- Sie können auch Thunfisch aus der Dose verwenden. Spülen Sie ihn gut ab. Braten Sie ihn nicht an, sondern geben Sie ihn einfach in die fertige Sauce.
- Frische Muscheln statt Thunfisch schmecken in diesem Gericht auch sehr gut. Lassen Sie die Oliven weg, und nehmen Sie eine Tomate mehr. Geben Sie die Muscheln und den Weißwein in die Pfanne, nachdem die Zwiebeln gar sind. Die Pfanne zudecken. Etwa 5 Minuten kochen lassen, bis die Muscheln sich geöffnet haben. (Alle Muscheln aussortieren, die sich nicht geöffnet haben!) Dann weiter wie oben beschrieben.

Gemüse-Nudel-Gratin

Für 4 Personen
430 Kalorien, 13 g Fett pro Portion

1 große Aubergine, in Stücke geschnitten
2 mittelgroße rote Zwiebeln, in Stücke geschnitten
1 rote Paprika, entkernt und in viereckige Stücke geschnitten
4 kleine Zucchini, in Stücke geschnitten
1 Esslöffel Olivenöl
200 g (Trockengewicht) Makkaroni
Käsesauce (Rezept siehe Seite 147)
150 g Brokkoli, 50 g sonnengetrocknete Tomaten, gehackt
25 g Semmelbrösel
1 Teelöffel Provence-Kräuter (Fines Herbes des Provences)
etwas Salz, Schwarzer Pfeffer

Aubergine, Zwiebel, Paprika und Zucchini mit Öl beträufeln und auf ein Backblech legen. Leicht würzen. Bei 200 °C, Gas Stufe 3 etwa 40 Minuten überbacken oder bis das Gemüse gar und goldbraun ist, dabei einmal wenden. Inzwischen den Brokkoli in etwas Wasser andünsten, abgießen und beiseite stellen. Die Nudeln in gesalzenem Wasser bissfest kochen, abgießen und beiseite stellen. Die Käsesauce zubereiten, falls nicht vorrätig.

Das gebackene Gemüse vom Backblech (samt der angesammelten Flüssigkeit), den Brokkoli, die sonnengetrockneten Tomaten und die Nudeln in eine Gratinform füllen. Mit Käsesauce übergießen und Semmelbrösel, Kräuter und Gewürze darüberstreuen. Die Form in den Ofen stellen. Das Gericht überbacken, bis der Käse goldbraun ist (etwa 20 Minuten).

Tipp

- Kaufen Sie nicht die sonnengetrockneten Tomaten in Öl, sondern die in der Vakuumverpackung, da diese erheblich weniger Kalorien enthalten.

Meeresfrüchte-Lasagne

Für 4 Personen
430 Kalorien, 10 g Fett pro Portion

1 Esslöffel Olivenöl
1 Stange Lauch
400 g gehackte Tomaten aus der Dose
1 Esslöffel Tomatenmark
etwas Fischfond
450 g weißes Fischfilet
100 g Pilze, in Scheiben geschnitten
325 g ausgelöste Garnelen
1 Teelöffel frisches, gehacktes oder getrocknetes Basilikum
8 Lasagne-Blätter, die ohne Vorkochen verwendet werden können
75 g halbfetter Mozzarella, gerieben
etwas Salz, Schwarzer Pfeffer

Den Ofen auf 180 °C, Gas Stufe 2 vorheizen. Das Öl in einer großen Pfanne erhitzen und den Lauch etwa 3 Minuten bei mittlerer Hitze anbraten. Tomaten, Tomatenmark und etwas von dem Fischfond hinzugeben. 15 Minuten köcheln lassen. Den Fisch in Stücke teilen und mit den Pilzen und Garnelen in die Pfanne geben. Weitere 5 Minuten köcheln lassen. Das Basilikum hinzufügen, umrühren und Pfanne von der Kochstelle nehmen.

Ein Drittel der Fischmischung in einer viereckigen Lasagne-Form verteilen und mit 4 Lasagne-Blättern bedecken. Das zweite Drittel Fischmischung darauf verteilen und mit den restlichen 4 Lasagne-Blättern abdecken. Das letzte Drittel Fischmischung darauf verteilen und mit Käse bestreuen. 30 Minuten überbacken oder bis der Käse goldbraun ist.

Tipps

- Wenn Sie frische Lasagne-Blätter nehmen, die ohne Vorkochen verwendet werden können, muss die Saucenmischung ziemlich flüssig sein, da die Nudeln die Flüssigkeit während des Backens aufnehmen. Die Sauce sollte also die Konsistenz einer dicken Suppe haben. Ist das nicht der Fall, gießen Sie etwas Fischfond hinzu, bevor Sie die Mischung in die Form geben.
- Um das Gericht preisgünstiger zu machen, können Sie die Garnelen weglassen und etwas mehr weißen Fisch nehmen. Auch andere Meeresfrüchte, zum Beispiel Muscheln oder Krebsfleisch, eignen sich für dieses Gericht.

Chinanudeln mit Huhn

Für 4 Personen
465 Kalorien, 8 g Fett pro Portion

300 g Spiral-Eiernudeln
1 Karotte
1 große Stange Sellerie
1 grüne Paprika, entkernt
50 g Zuckererbsen oder Grüne Bohnen
6 Lauchzwiebeln
100 g Pilze
1 Esslöffel Erdnuß- oder Sesamöl
325 g mageres Hähnchenfleisch, klein geschnitten
1–2 Esslöffel Sojasauce
275 ml Hühnerbrühe
1 gestrichener Teelöffel Maismehl
2 Scheiben Ananas, klein geschnitten

Die Nudeln 4 Minuten oder nach Packungsanweisung kochen, abgießen und abgedeckt beiseite stellen.

Das gesamte Gemüse und die Pilze in dünne, gleichmäßige Stücke schneiden. Das Öl in einem Wok oder einer großen Antihaft-Pfanne erhitzen, Gemüse, Pilze und Hähnchenfleisch hineingeben und etwa 3 Minuten anbraten. Sojasauce nach Geschmack und etwas Hühnerbrühe dazugeben, weitere 3 Minuten garen. Wenn das Gemüse gar, aber noch bissfest ist, die restliche Hühnerbrühe mit dem Maismehl verrühren und mit den Ananasstücken in den Wok oder Pfanne geben. Rühren, bis die Sauce angedickt ist. Die Nudeln in die Sauce geben, umrühren, um alles durchzuwärmen, und servieren.

Tipp

- Sie können für dieses Gericht viele verschiedene Gemüsesorten verwenden und ein Gemüse oder alle angegebenen ersetzen, zum Beispiel durch Brokkoli, Erbsen, Lauch, Zucchini.

Fettuccini mit Avocado und Frühstücksspeck

Für 4 Personen
475 Kalorien, 16 g Fett pro Portion

325 g (Trockengewicht) Fettuccini
4 dünne, sehr magere und salzarme Scheiben Frühstücksspeck, in kleine Stücke geschnitten
4 große Schalotten, fein gehackt
2 mittelgroße, reife Avocados
1 Esslöffel Zitronensaft
150 ml Frischkäse (8 % Fett)
etwas Salz, Schwarzer Pfeffer
2 Esslöffel gehackte Petersilie
4 Esslöffel geriebener Parmesan

Die Nudeln in leicht gesalzenem Wasser bissfest kochen und abgießen. Die Speckstückchen in einer Pfanne fast kross (knusprig) braten. Dann die Schalotten dazugeben und einige Minuten braten. Die Avocados schälen, entsteinen, zu Mus zerdrücken und mit dem Zitronensaft mischen. Avocadomus und den Frischkäse in die Pfanne geben und bei geringer Hitze garen, bis sich eine glatte Sauce ergibt. Nach Geschmack würzen. Zum Servieren die Nudeln mit Sauce übergießen und mit Petersilie und Parmesan garnieren.

Tipps

- Essen Sie einen großen gemischten Salat zu diesem Nudelgericht.
- Das Gericht klingt vielleicht etwas opulent, aber der größte Teil des darin enthaltenen Fettes ist ungesättigt. Und Avocados sind ein guter Vitamin-E-Lieferant.

Fisch und Meeresfrüchte

Gebratener Lachs mit Reis und sahniger Brokkolisauce

Für 4 Personen
380 Kalorien, 15 g Fett pro Portion

200 g (Trockengewicht) brauner Reis
100 g frischer Brokkoli
4 Lachssteaks à 100 g
50 ml Fischfond
etwas Salz
Schwarzer Pfeffer
2 Esslöffel fettreduzierte Creme fraîche

Den Reis in leicht gesalzenem Wasser im geschlossenen Topf kochen, bis er weich ist, aber noch Biss hat. Den Brokkoli dämpfen. Die Lachssteaks grillen, braten, dämpfen oder in der Mikrowelle garen, bis sie gerade gar sind. Den garen Brokkoli mit dem Fischfond in einen Mixer geben und pürieren. Nach Geschmack würzen und die Crème fraîche einrühren. Den Lachs mit der Brokkolisauce und dem Reis servieren.

Tipps

- Garen Sie den Lachs nicht zu lange, da er sonst austrocknet.
- Essen Sie Zuckererbsen oder Erbsen oder Grüne Bohnen als Beilage.
- Eine Paprikasauce schmeckt ebenfalls gut zum Lachs. Nehmen Sie statt des Brokkolis eine große rote Paprika. Die Schote entkernen, vierteln und backen, bis die Haut aufplatzt. Die Haut entfernen und wie oben beschrieben fortfahren.

Lachs-Spinat-Pastete

Für 4 Personen
360 Kalorien, 15 g Fett pro Portion

100 g gemischter Reis (Wildreis und weißer Reis)
250 g Lachsfilet
100 g geräuchertes Schellfischfilet
2 Eier Größe 3
6 Lauchzwiebeln, gehackt
100 g Champignons, in Scheiben geschnitten
Saft einer Limone
2 Esslöffel gehackte Petersilie
2 Esslöffel geriebener Parmesan
200 ml halbfetter griechischer Joghurt
etwas Paprikapulver
etwas Salz
Schwarzer Pfeffer
250 g Blattspinat (aufgetaut, wenn Gefriergut)

Den Reis in leicht gesalzenem Wasser gemäß den Anweisungen auf der Packung kochen. Den Fisch pochieren, dünsten oder in der Mikrowelle garen, bis er gerade durch ist, dann in kleine Stücke zerteilen. Die Eier hart kochen. Dann alle Zutaten bis auf den Spinat vermischen und in eine leicht eingefettete Backform geben. Frischen Spinat in einer Kasserolle zusammenfallen lassen.

Den Spinat gleichmäßig auf der Fischmischung verteilen. Die Form mit einem Deckel oder Folie abdecken. Das Gericht bei 180 °C, Gas Stufe 2, etwa 25 Minuten im Backofen garen.

Tipps

- Statt Lachs können Sie auch Thunfisch verwenden.
- Sie können tiefgefrorenen Spinat nehmen, aber es muß Blattspinat sein, kein gehackter.

Gegrillter Kabeljau mit Tomaten-Paprika-Salsa

Für 4 Personen
190 Kalorien, 2,5 g Fett pro Portion

4 große Tomaten, enthäutet, entkernt und gehackt
8 schwarze Oliven, entsteint und gehackt
1 rote Zwiebel, gehackt
1 mittelgroße rote Paprika, enthäutet und gehackt
1 Esslöffel frischer Koriander, gehackt
Saft von 2 Limonen
etwas Salz, Schwarzer Pfeffer
ein Spritzer Tabasco
4 mittelgroße Kabeljaufilets
Limonenstücke

Bis auf den Fisch und die Limonenstücke alle Zutaten in einer Schüssel gut mischen und abdecken. Die Salsa sollte mehrere Stunden im Kühlschrank stehen, damit sie gut durchzieht. Die Kabeljaufilets grillen und mit Limonenstücken garnieren.

Tipps

- So lässt sich Haut von Paprikaschoten leicht entfernen: Die Schote entkernen und vierteln. Die Stücke mit der Haut nach oben unter einen heißen Grill legen, bis die Haut schwarz wird. Etwas abkühlen lassen und die Haut mit den Fingern abziehen.

Wenn es schneller gehen soll, können Sie geschälte Paprikas aus der Dose nehmen, die allerdings recht teuer sind.

- Anstelle von Kabeljau eignen sich auch Heilbutt, Schwertfisch oder frischer Thunfisch für dieses Gericht.

Kurz gebratener Fisch in Tomatensauce

Für 4 Personen
200 Kalorien, 2,5 g Fett pro Portion

4 Schalotten oder 1 mild-süße Zwiebel, fein gehackt
4 mittelgroße Tomaten, enthäutet und entkernt
5 Esslöffel Fischfond
etwas Salz, Schwarzer Pfeffer
1 gehäufter Esslöffel 70 % fettfreie Mayonnaise
1 gestrichener Esslöffel französischer Senf
4 mittelgroße Filets vom Weißfisch (beispielsweise Kabeljau)
1 Esslöffel Vollkornmehl, gewürzt
Speiseöl zum Einfetten

Schalotten, Tomaten und Gewürze etwa 30 Minuten in einer kleinen Kasserolle garen. Dann mit dem Mixer pürieren oder durch ein Sieb passieren und in die Kasserolle zurückgießen. Warm stellen.

Die Mayonnaise und den Senf vermischen und damit die Fischfilets bestreichen. Die Filets in Vollkornmehl wenden. Den Fisch mit wenig Speiseöl in einer großen Pfanne braten, dabei einmal wenden. Etwa 10 bis 15 Minuten braten lassen, je nach Dicke des Fischfilets. Mit der Sauce zusammen servieren.

Tipps

- Tomaten vorbereiten: Oben über Kreuz einschneiden und etwa eine Minute in kochendem Wasser blanchieren. In kaltem Wasser abschrecken und die Haut abziehen. Die Tomaten teilen und die Kerne vorsichtig mit einem Teelöffel entfernen.

Thunfischbratlinge

Für 4 Personen
250 Kalorien, 6 g Fett pro Portion

400 g Thunfisch in Wasser aus der Dose, abgetropft
400 g Kartoffelpüree
150 ml Magermilch
1 kleine Zwiebel, fein gehackt
2 Esslöffel gehackte Petersilie
1 Esslöffel fettreduzierte Mayonnaise
1 Ei Größe 3
etwas Salz, Schwarzer Pfeffer
1 Teelöffel Maisöl

Bis auf das Öl alle Zutaten in einer Schüssel mischen. 8 runde, flache Bratlinge formen und auf ein mit Maisöl eingefettetes Backblech legen. Etwa 20 Minuten backen, dabei einmal wenden, bis die Bratlinge goldbraun sind.

Tipps

- Sie können Kartoffelpüree selbst frisch zubereiten. Rühren Sie das Püree mit Magermilch an (und ohne Butter). Sie können aber auch ein qualitativ hochwertiges Fertigprodukt nehmen.
- Probieren Sie andere Fische aus, beispielsweise Lachs oder geräucherten Kabeljau.
- Die Tomatensauce aus dem vorigen Rezept passt auch gut zu diesen Bratlingen.

Sesam-Garnelen

Für 4 Personen
225 Kalorien, 11 g Fett pro Portion

2 Esslöffel Sesamöl
8 große Lauchzwiebeln, der Länge nach geviertelt
1 große rote Paprika, entkernt und in Streifen geschnitten
1 Knoblauchzehe, fein gehackt
450 g rohe große Garnelen
1 kleine rote Chilischote, entkernt und fein gehackt
1 Esslöffel Sojasauce
etwas Zucker
1 Esslöffel Sesamkörner
Saft einer Limone
2 Esslöffel gehackter frischer Koriander
oder gehackte frische Petersilie
Schwarzer Pfeffer

Das Öl in einem Wok erhitzen und die Zwiebeln und die Paprika bei hoher Temperatur 2 bis 3 Minuten anbraten, dabei rühren. Die Chilischote, den Knoblauch und die Garnelen hinzufügen, weitere 2 Minuten unter Rühren garen. Die restlichen Zutaten dazugeben und noch 1 Minute garen. Vor dem Servieren mit dem restlichen Öl beträufeln.

Tipps

- Als Beilage aromatischen Thai-Reis, Basmati-Reis, Safran-Reis oder Nudeln servieren.
- Berühren Sie auf keinen Fall Gesicht oder Augen, während Sie mit frischen Chilischoten arbeiten, da der Saft, der an Ihren Händen haftet, einen brennenden Schmerz verursacht. Waschen Sie Ihre Hände sofort, nachdem Sie die Chilischoten vorbereitet haben.

Kurz gebratene Thunfischsteaks mit warmem, pikantem Dressing

Für 4 Personen
210 Kalorien, 10 g Fett pro Portion

2 Esslöffel Olivenöl
1 Esslöffel Weißweinessig
1 Esslöffel abgetropfte Kapern
1 Tomate, enthäutet, entkernt und gehackt
1 Knoblauchzehe, sehr fein gehackt (nach Geschmack)
1 Esslöffel gehackte Petersilie
etwas Salz, Schwarzer Pfeffer
4 Thunfischsteaks à 100 g
Speiseöl zum Einfetten

Bis auf den Thunfisch und das Öl alle Zutaten sehr gut mischen (möglichst in einem Glas mit Schraubdeckel). Eine große, schwere Pfanne mit Speiseöl einfetten und stark erhitzen. Den Thunfisch darin von jeder Seite etwa 2 Minuten lang scharf anbraten. Die Temperatur herunterschalten und nach Bedarf weitere 2 Minuten garen (wenn nötig länger). Die Steaks aus der Pfanne nehmen und warm stellen. Das Dressing in die Pfanne geben und unter Rühren kurz aufkochen. Von der Kochstelle nehmen und über die Steaks gießen.

Tipps

- Sie können das Dressing auch im Mixer mischen, aber das führt zu einem anderen Ergebnis. Ich bevorzuge die Sauce sehr gut durchgemischt, aber nicht emulgiert.
- Thunfisch wird trocken, wenn er zu lange gart. Achten Sie also auf die Steaks. Wenn nötig, schneiden Sie einen kleinen Schlitz in eines der Steaks, um zu prüfen, ob es durch ist. Ist es noch etwas rosa in der Mitte, ist es ungefähr richtig.

Geflügel und Fleisch

Puten-Nuss-Topf

Für 4 Personen
332 Kalorien, 19 g Fett pro Portion

100 ml Ananassaft
1 Esslöffel Hoisin-Sauce
1 Esslöffel Pflaumensauce
1 Esslöffel Sojasauce
1 Teelöffel Maismehl
1 Teelöffel gehackten Ingwer
1 Esslöffel Erdnuss- oder Maisöl
1 große rote Paprika, entkernt und in Streifen geschnitten
200 g Brokkoli, in kleine Röschen zerteilt
100 g Zuckererbsen
325 g Putenfilet, in Streifen geschnitten
4 Schalotten, in Scheiben geschnitten
100 g geröstete Mandeln, gehobelt

Für die Sauce die ersten sechs Zutaten in einer Schüssel vermischen und beiseite stellen.

Öl im Wok erhitzen und Paprika, Brokkoli und Zuckererbsen etwa 2 Minuten bei großer Hitze unter Rühren anbraten. Das Putenfleisch und die Schalotten hinzufügen und weitere 3 Minuten braten. Die Temperatur herunterstellen und die Ananas-Gewürz-Mischung aus der Schüssel sowie die Mandeln hinzufügen. Gut durchrühren und weitere 2 Minuten garen lassen.

Tipps

- Vegetarier können Tofu-Würfel oder Quorn anstelle des Putenfleisches nehmen.
- Der Fettgehalt dieses Gerichts ist hoch, aber das Fett besteht

fast nur aus wertvollen ungesättigten Fetten. Die größte Fettquelle in diesem Gericht sind die Mandeln, die aber als gute Vitamin-E-Lieferanten vorteilhaft sind.

Hähnchen-Pistazien-Pilaw

Für 4 Personen
500 Kalorien, 14,5 g Fett pro Portion

4 Portionen Hähnchenbrust ohne Haut und Knochen
1 Esslöffel Maisöl
1 mittelgroße Zwiebel, fein gehackt
200 g Langkornreis
1 Teelöffel Kurkuma
1 Teelöffel Garam Masala
1/2 Teelöffel Zimt
etwas Salz, Schwarzer Pfeffer
550 ml Hühnerbrühe
50 g Sultaninen
100 g gekochte Kichererbsen
50 g Pistazien ohne Schale
100 ml fettarmer Naturjoghurt
1 große Tomate, enthäutet, entkernt und gehackt
2 Esslöffel gehackte Korianderblätter

Das Hähnchenfleisch in kleine Stücke schneiden. Das Öl in einer großen Antihaft-Pfanne erhitzen, die Hähnchenstücke darin goldbraun braten, dann auf einen Teller legen und beiseite stellen. Die Zwiebelstückchen etwa 3 Minuten anbraten, den Reis, die Kräuter und Gewürze hinzufügen und kurz anbraten. Die Hühnerbrühe, Sultaninen, Kichererbsen und das Hähnchenfleisch hinzugeben. Gut durchrühren und etwa 20 Minuten abgedeckt köcheln lassen. Dann Pistazien, Joghurt und Tomaten hinzugeben und weitere 2 Minuten ziehen lassen. Falls das Pilaw zu trocken aussieht, noch etwas Wasser oder Brühe zugießen. Den Reis probieren. Ist er noch nicht gar, etwas Wasser oder Brühe hinzufügen und nochmals ziehen lassen. Wenn der Reis gar ist, Koriander unterrühren und servieren.

Tipp

- Für dieses Rezept verwende ich abgetropfte Kichererbsen aus der Dose. Den Rest kann man gut einfrieren.

Chili-Hähnchen

Für 4 Personen
285 Kalorien, 9 g Fett pro Portion

4 Hähnchenbrustfilets ohne Haut und Knochen
1 gestrichener Esslöffel Mehl, gewürzt
1 Esslöffel Maisöl
2 mittelgroße Zwiebeln, gehackt
1 grüne Paprika, entkernt und gehackt
1 Esslöffel süßes Paprikapulver
1 frische rote Chilischote, entkernt und gehackt
250 ml Hühnerbrühe
400 g gehackte Tomaten aus der Dose
etwas Salz, Schwarzer Pfeffer
200 g gegarte rote Kidneybohnen
4 Esslöffel fettarmer griechischer Joghurt
2 Esslöffel gehackte Petersilie

Das Hähnchenfleisch in Mehl wenden, das mit etwas Salz und Pfeffer gewürzt ist. Das Öl in einer Antihaft-Pfanne mit Deckel oder einer Kasserolle erhitzen und die Hähnchenstücke anbraten. Das Fleisch aus der Pfanne nehmen. Zwiebeln und Paprika in die Pfanne geben und einige Minuten unter Rühren braten lassen, dann Paprikapulver und Chili hinzufügen und 1 Minute garen lassen. Bei Bedarf etwas Brühe angießen. Die restlichen Zutaten, außer Joghurt, Petersilie und Hähnchenfleisch, hinzufügen. Bei geschlossenem Deckel etwa 30 Minuten köcheln lassen. Das Hähnchenfleisch hinzufügen und nochmals 15 Minuten garen lassen. Abschmecken, Joghurt unterrühren und mit Petersilie garniert servieren.

Tipp

- Frische Chilischoten variieren sehr stark in ihrer Schärfe. Oft sind die roten schärfer als die grünen, und kleine sind schärfer als große. Passen Sie die Menge des Chilis Ihrem Geschmack an.

Hähnchen Toskana

Für 4 Personen
250 Kalorien, 9 g Fett pro Portion

8 Hähnchenkeulenfilets ohne Haut und Knochen
1 Esslöffel Mehl, gewürzt
1 Esslöffel Olivenöl
150 ml trockenen Weißwein
150 ml Hühnerbrühe
150 ml passierte Tomaten (Passata)
1 Esslöffel Tomatenmark
1 Teelöffel getrockneter Rosmarin
1 Teelöffel getrockneter Thymian
250 g Pilze, in Scheiben geschnitten
etwas Salz, Schwarzer Pfeffer
2 Esslöffel Halbfettrahm

Das Hähnchenfleisch in gewürztem Mehl wenden. Das Öl in einer feuerfesten Kasserolle erhitzen und die Hähnchenstücke anbraten. Die restlichen Zutaten bis auf den Rahm dazugeben, durchrühren und 45 Minuten abgedeckt garen lassen oder im Backofen bei 160 °C, Gas Stufe 1–2, schmoren, bis das Hähnchenfleisch gar ist (etwa 45 Minuten). Kurz vor dem Servieren den Rahm unterrühren.

Tipps

- Sie können auch frischen Thymian und Rosmarin benutzen. Nehmen Sie dann zwei kleine Rosmarinzweige und vier oder fünf Thymianzweige.
- Probieren Sie die Sauce, bevor Sie Salz oder Pfeffer dazugeben. Das gewürzte Mehl könnte schon reichen.

Lamm-Linsen-Kasserolle

Für 4 Personen
340 Kalorien, 11 g Fett pro Portion

Speiseöl zum Einfetten
1 Lammnackenfilet ohne Fett (etwa 250 g)
150 g (Trockengewicht) braune Linsen
400 g gehackte Tomaten aus der Dose
300 ml Lamm-, Rind- oder Gemüsebrühe
2 mittelgroße Zwiebeln, gehackt
4 mittelgroße Karotten, in Würfel geschnitten
2 große Stangen Sellerie, gehackt
2 Lorbeerblätter
1 Teelöffel Rosmarin
etwas Salz, Schwarzer Pfeffer

Eine feuerfeste Kasserolle mit Speiseöl einfetten und das Lammfleisch darin bräunen, dabei die Hitze langsam erhöhen. Die restlichen Zutaten in die Kasserolle geben, durchrühren, Deckel auflegen und 1 1/2 Stunden garen lassen oder im Backofen bei 160 °C, Gas Stufe 1–2, schmoren lassen, bis die Linsen und das Gemüse gar sind. Nach der Hälfte der Kochzeit prüfen, ob noch mehr Brühe angegossen werden muss. Abschmecken und servieren.

Tipp

- Vegetarier können 100 g mehr Linsen und zusätzlich 150 g rote Kidneybohnen anstelle des Lammfleisches nehmen. Dann hat das Gericht 300 Kalorien und 3 g Fett pro Portion.

Bohnenpastete

250 g Süßkartoffeln
(mit orangefarbenem Fleisch), ungeschält
250 g Kartoffeln, ungeschält
40 ml Magermilch
250 g gebratene Lammkeule, klein geschnitten
205 g zucker- und salzreduzierte Baked Beans aus der Dose
1 Esslöffel Tomatenmark
1 mittelgroße Zwiebel, sehr fein gehackt
1 mittelgroße Karotte, sehr fein gehackt
125 ml kräftige Lammbrühe
1 Teelöffel gemischte, getrocknete Kräuter
1 Teelöffel Worcestershire-Sauce
Schwarzer Pfeffer

Die Schale der beiden Kartoffelsorten einstechen. Die Kartoffeln 50 Minuten im Ofen backen (oder bis sie gar sind) oder etwa 10 Minuten bei höchster Stufe in der Mikrowelle garen. Die Kartoffeln schälen und mit Magermilch und Gewürze zu Püree verarbeiten. Beiseite stellen.

Die restlichen Zutaten vermischen und in eine Auflaufform füllen. Das Kartoffelpüree darüber geben und im Ofen bei 200 °C, Gas Stufe 3, 30 Minuten backen.

Tipps

- Vegetarier können Sojaflocken für dieses Rezept benutzen.
- Statt der Baked Beans können Sie eine Dose abgetropfter, gekochter Linsen oder gemischter Bohnen nehmen und etwas Passata oder mit Wasser verdünntes Tomatenmark nehmen.

- Hacken Sie die Zwiebel und die Karotte in sehr kleine Stücke – mit einer Küchenmaschine geht das besonders schnell.
- Wer die Kartoffeln nicht backen möchte, kann sie schälen, in Stücke schneiden und beide Sorten zusammen kochen, bevor sie zu Püree verarbeitet werden.

Schweinefleisch-Paprika-Topf

Für 4 Personen
225 Kalorien, 11 g Fett pro Portion

1 Esslöffel Maisöl
350 g mageres Schweinefilet, in Streifen geschnitten
3 verschiedenfarbige Paprika, entkernt und in Streifen geschnitten
8 Lauchzwiebeln, der Länge nach halbiert
2 Zucchini, in dünne Streifen geschnitten
1–2 Esslöffel milde Sojasauce
1 Esslöffel Austernsauce
1 Esslöffel Chilisauce
1 Teelöffel flüssigen Honig
225 g Bohnensprossen
200 ml Hühnerbrühe, gemischt mit 2 Teelöffel Maismehl

Das Öl im Wok erhitzen und das Schweinefleisch und die Paprika etwa 3 Minuten unter Rühren bei großer Hitze anbraten. Die Zwiebeln und die Zucchini hinzufügen und weitere 2 Minuten braten. Saucen und Honig hinzufügen und 1 Minute garen. Die Sprossen und die Hühnerbrühe dazugeben. Die Temperatur herunterschalten und 2 Minuten garen lassen.

Tipp

- Vegetarier können Quorn-Würfel statt Schweinefleisch verwenden.

Vegetarische Gerichte

Pilzrisotto

Für 4 Personen
400 Kalorien, 13 g Fett pro Portion

1 1/2 Esslöffel Olivenöl
1 rote Zwiebel, fein gehackt
300 g Risotto-Reis, beispielsweise Arborio
140 ml (1 Glas) Rotwein
700 ml Gemüsebrühe
500 g gemischte Pilze, nach Bedarf in Scheiben geschnitten
etwas Salz, Schwarzer Pfeffer
1 Esslöffel Pinienkerne
4 Esslöffel geriebener Parmesan
2 Esslöffel frisch gehacktes Basilikum

Das Öl in einer großen Pfanne erhitzen und die Zwiebel 3 Minuten lang anbraten. Den Reis hinzufügen und gut durchrühren, dann den Wein dazugießen. Aufkochen lassen, dann die Temperatur herunterdrehen und 2 Minuten köcheln lassen. Zwei Drittel der Brühe hinzugeben (die Brühe sollte heiß sein) und einkochen lassen, bis die Flüssigkeit verschwunden ist. Die Pilze und die restliche Brühe hinzufügen. Köcheln lassen, bis fast alle Flüssigkeit aufgenommen ist und der Reis gar und cremig ist. Falls der Reis noch nicht gar ist, mehr Flüssigkeit zugeben und weiter garen lassen.

Abschmecken und kurz vor dem Servieren die Pinienkerne, den Parmesankäse und das Basilikum dazugeben.

Tipp

- Verwenden Sie keinen normalen Langkornreis, da dieser nicht die gewünschte Risotto-Konsistenz erreicht.

Ratatouille und Eier in Kräuterkruste

Für 4 Personen
220 Kalorien, 12 g Fett pro Portion

1 Esslöffel Olivenöl
2 mittelgroße Zwiebeln, in Ringe geschnitten
2 grüne Paprika, entkernt und in Streifen geschnitten
1 mittelgroße Aubergine, gehackt
2 mittelgroße Zucchini, in 1 cm breite Scheiben geschnitten
2 Knoblauchzehen, zerdrückt
400 g gehackte Tomaten aus der Dose
1 Teelöffel gemahlene Koriandersamen
etwas Salz, Schwarzer Pfeffer
4 Eier Größe 3
50 g altes Brot, klein zerbröselt
1 gehäufter Teelöffel getrockneter Oregano
2 Esslöffel geriebener Parmesan

Das Öl in einer Antihaft-Pfanne mit Deckel oder einer feuerfesten Kasserolle erhitzen und die Zwiebelringe bei mittlerer Hitze 5 Minuten schmoren. Das restliche frische Gemüse, Knoblauch, Tomaten und Koriander hinzugeben, umrühren und zum Kochen bringen. Abgedeckt etwa 1 Stunde kochen lassen und abschmecken.

Das Ratatouille in vier Gratinformen füllen und eine Kuhle in die Mitte drücken. Je ein Ei in die Kuhlen aufschlagen. Das Brot mit den Kräutern und dem Parmesan vermischen und gleichmäßig über die Gratinformen verteilen. Bei 200 °C, Gas Stufe 3, 20 Minuten backen oder bis die Eier gerade gar sind und die Oberfläche goldbraun ist.

Tipp

- Die Brotbrösel sollten richtig trocken sein, da sie sonst noch nicht goldbraun sind, wenn die Eier gar sind.

Gratin mit Hülsenfrüchten und Gemüse

Für 4 Personen
270 Kalorien, 7 g Fett pro Portion

1 Esslöffel Olivenöl
1 große Zwiebel, in Ringe geschnitten
2 Stangen Sellerie, gehackt
1 Knoblauchzehe, zerdrückt
2 mittelgroße Karotten, in Scheiben geschnitten
200 g Kürbisfleisch (orangefarben, von festem Kürbis)
550 ml Gemüsebrühe
2 Esslöffel Tomatenmark
100 g (Trockengewicht) braune Linsen
50 g offenlamellige Pilze
etwas Salz, Schwarzer Pfeffer
75 g abgetropfte Kichererbsen aus der Dose
200 g abgetropfte Augenbohnen aus der Dose
oder 125 g gekochte Bohnen
50 g Brot, zerbröselt
50 g halbfetter Mozzarella, gerieben

Das Öl in einer Pfanne erhitzen. Zwiebel, Sellerie und Knoblauch einige Minuten anbraten. Karotten und Kürbisfleisch dazugeben und unter Rühren einige Minuten garen. Gemüsebrühe, Tomatenmark, Linsen, Pilze und Gewürze hinzugeben und bei geschlossenem Deckel 30 Minuten köcheln lassen oder bis die Linsen gar sind. Bei Bedarf mehr Brühe angießen. Die Kichererbsen und die Bohnen dazugeben. Abschmecken und die Mischung in eine große oder vier kleine Gratinformen geben. Die Brotbrösel und den Mozzarella mischen und über die Mischung streuen. Bei mittlerer Hitze etwa 7 bis 8 Minuten unter dem Grill überbacken, bis das Brot goldbraun ist.

Tipp

- Statt Kürbisfleisch können Sie auch sehr gut Süßkartoffeln oder Steckrüben nehmen.

Buchweizenpfannkuchen mit Pilzen und Käsesauce

Für 4 Personen
395 Kalorien, 14,5 g Fett pro Portion

Käsesauce (Rezept siehe Seite 147)
50 g Weizenmehl
50 g Buchweizenmehl
275 ml Magermilch
1 Ei Größe 3
etwas Salz, Schwarzer Pfeffer
Speiseöl zum Einfetten
1 Esslöffel Maisöl
250 g Maronenpilze, in Scheiben geschnitten
1 Esslöffel gehackte Petersilie

Die Käsesauce nach Rezept auf Seite 147 zubereiten und abgedeckt warm stellen. In einer Rührschüssel Mehl, Milch, Eier und Gewürze zu einem flüssigen Teig rühren. Eine schwere, kleine Pfanne (eine, die möglichst nur für Pfannkuchen und Omelett benutzt wird) mit Speiseöl einfetten und erhitzen. Der Teig ergibt acht Pfannkuchen. Für jeden Pfannkuchen ein paar Esslöffel von dem Teig in die heiße Pfanne geben, die Unterseite braun werden lassen, umdrehen und die andere Seite etwa 30 Sekunden garen.

Die Pfannkuchen auf einem Teller sammeln. Danach das Maisöl in einer anderen Pfanne erhitzen und die Pilze darin anbraten, bis sie geschrumpft und goldbraun sind. Die Petersilie hinzufügen und 1 Minute garen. Die Hälfte der Käsesauce zu den Pilzen geben, gut durchrühren und ein Achtel der Pilzmischung in die Mitte jedes Pfannkuchens geben. Die Pfannkuchen aufrollen und die Enden einfalten. Die Pfannkuchen nebeneinander in eine längliche

Backform legen, die restliche Käsesauce darüber gießen und bei 200 °C, Gas Stufe 3, etwa 20 Minuten im Ofen backen, bis die Sauce Blasen wirft.

Tipp

- Statt der Pilze können Sie vorgekochte Brokkoli-Röschen nehmen.

Würzige Kartoffeln und Aubergine

Für 4 Personen
240 Kalorien, 7 g Fett pro Portion

450 g Kartoffeln, geschält und in Würfel geschnitten
1 große oder zwei kleine Auberginen, in große Stücke geschnitten
1 1/2 Esslöffel Maisöl
2 mittelgroße Zwiebeln, in Scheiben geschnitten
1 Knoblauchzehe, zerdrückt
1 Teelöffel Kreuzkümmel
1 Teelöffel Currypulver
1 gestrichener Esslöffel Garam Masala
400 g gehackte Tomaten aus der Dose
200 ml Gemüsebrühe (oder nach Bedarf)
100 g Grüne Bohnen, halbiert
1 Esslöffel Tomatenmark
etwas Salz
Saft einer halben Zitrone
140 ml fettarmer Natur-Biojoghurt

Die Kartoffeln kochen. Die Auberginenstücke mit der Hälfte des Öls beträufeln und bei mittlerer Hitze von jeder Seite etwa 2 bis 3 Minuten grillen. Das restliche Öl in einer großen Antihaft-Pfanne erhitzen und die Zwiebeln mit dem Knoblauch bei mittlerer Hitze 3 bis 4 Minuten anbraten. Die Gewürze dazugeben und 1 Minute garen lassen. Kartoffeln, Auberginen, Tomaten, Brühe, Bohnen, Tomatenmark und Salz hinzufügen. Umrühren und abgedeckt etwa 20 bis 30 Minuten schmoren lassen, bis die Zwiebeln gar und die Sauce dick ist. Abschmecken. Zitronensaft und Joghurt unterrühren, durchwärmen lassen und servieren.

Tipps

- Das Gericht mit gekochtem Reis oder Pita-Brot essen.
- Wenn Sie es schärfer mögen, nehmen Sie mehr von den Gewürzen.

Salate

Salat aus Junggemüse und Hähnchenfleisch

Für 2 Personen
325 Kalorien, 5 g Fett pro Portion

200 g gegartes mageres Hähnchenfleisch, in Würfel geschnitten
100 g kleine Karotten, bissfest gekocht
75 g kleine Dicke Bohnen, bissfest gekocht
50 g extrafeine Erbsen, bissfest gekocht
6 Kirschtomaten, 6 Lauchzwiebeln
200 g neue Kartoffeln, gekocht und in Würfel geschnitten

Für das Dressing
3 Esslöffel fettarmer Bio-Naturjoghurt
1 Esslöffel 70 % fettfreie Mayonnaise
1 Teelöffel Zitronensaft
1 Teelöffel frisch gehackte Petersilie
etwas Salz, Schwarzer Pfeffer

Alle Zutaten für das Dressing in eine kleine Schüssel geben und gut durchrühren. Alle Zutaten für den Salat in eine Salatschüssel geben, das Dressing darüber gießen, vorsichtig umrühren und servieren.

Tipp

- Statt der Dicken Bohnen können Sie junge, gekochte Artischockenherzen nehmen.

Nudel-Thunfisch-Salat

Für 2 Personen
405 Kalorien, 9 g Fett pro Portion

75 g (Trockengewicht) Spiralnudeln
5 Esslöffel ölfreies French Dressing
1 Esslöffel Olivenöl
etwas Streuzucker
1 Apfel
200 g Thunfisch in Wasser, abgetropft
50 g (Kochgewicht) rote Kidneybohnen
oder Limabohnen
50 g gegarter Mais
2 Stangen Sellerie, gehackt
25 g Rosinen

Die Nudeln in gesalzenem Wasser kochen und abgießen. Das ölfreie Dressing mit Olivenöl und etwas Zucker mischen. Den Apfel kleinschneiden (mit Schale) und alle Salatzutaten mit den Nudeln und dem Dressing vermischen.

Tipp

- Ein Apfel mit roter Schale sieht in diesem Salat am besten aus.

Schinken-Ei-Kartoffel-Salat

Für 2 Personen
305 Kalorien, 8 g Fett pro Portion

150 g magerer Schinken, gewürfelt
1 Ei Größe 3, hartgekocht, gepellt und in Scheiben geschnitten
250 g weichkochende Kartoffeln, gekocht und gewürfelt
2 Tomaten, entkernt und gehackt
2,5 cm Salatgurke, gewürfelt
1/2 Bund Brunnenkresse ohne Stiele
einige Chicorée- oder Chinakohlblätter,
in Streifen geschnitten
50 g Bohnensprossen

Für das Dressing
4 Esslöffel Frischkäse (8 % Fett)
2 Esslöffel fettarmer Bio-Naturjoghurt
1 Esslöffel gehackter Schnittlauch
etwas Salz, Schwarzer Pfeffer

Alle Salatzutaten in einer Salatschüssel mischen. Alle Dressingzutaten in einer kleinen Schüssel mischen, gut verrühren und über den Salat gießen. Vorsichtig mischen!

Tipp

- Wenn das Dressing zu dick wird, gießen Sie etwas Magermilch dazu, um es flüssiger zu machen.

Käse-Ananas-Nudel-Salat

Für 2 Personen
410 Kalorien, 15 g Fett pro Portion

75 g (Trockengewicht) Muschelnudeln
50 g Brokkoli, in kleine Röschen zerteilt
75 g Edamer, gewürfelt
2 Stangen Sellerie, gehackt
25 g Sultaninen
2 Ringe Ananas im eigenen Saft, abgetropft, in Stücke geschnitten
1 kleine rote Paprika, gehackt
1 Esslöffel Sesamkörner oder Pinienkerne

Für das Dressing
4 Esslöffel fettarmer Bio-Naturjoghurt
2 Esslöffel Frischkäse (8 % Fett)
1 Esslöffel gehackter Schnittlauch
etwas Salz, Schwarzer Pfeffer

Die Nudeln in reichlich leicht gesalzenem Wasser kochen und den Brokkoli in den letzten 3 Minuten dazugeben. Abgießen. Alle Salatzutaten mit den Nudeln und dem Brokkoli in einer Salatschüssel vermischen. Joghurt, Frischkäse, Schnittlauch und Gewürze in einer kleinen Schüssel gut verrühren und über den Salat gießen. Gründlich mischen.

Tipp

- Statt der Sultaninen können Sie gewürfelte, getrocknete Aprikosen nehmen. Die schmecken sehr gut in diesem Salat.

Gemischter Bohnensalat mit Früchten

Für 2 Personen
410 Kalorien, 11 g Fett pro Portion

200 g gemischter Bohnensalat aus der Dose
50 g gekochte Grüne Bohnen, halbiert
100 g (Kochgewicht) grüne Linsen
50 g (Trockengewicht) brauner Reis, gekocht
1 Banane, in Scheiben geschnitten
25 g getrocknete Aprikosen, gewürfelt
gemischte Salatblätter

Für das Dressing
1 Apfelsine
1 Esslöffel Olivenöl
3 Esslöffel ölfreies French Dressing
etwas Streuzucker

Die Apfelsine schälen und in Stücke zerteilen, dabei allen austretenden Saft auffangen. Für das Dressing Olivenöl, French Dressing und Zucker mit dem aufgefangenen Apfelsinensaft in einer kleinen Schüssel verrühren. Alle anderen Zutaten bis auf die Salatblätter mischen und das Dressing unterheben.

Eine Schüssel mit den Salatblättern auslegen und den Bohnensalat daraufgeben.

Tipp

- Schneiden Sie die Banane erst in letzter Minute auf, damit sie nicht braun wird.

Salat Provençal mit Ziegenkäse

Für 2 Personen
400 Kalorien, 17 g Fett pro Portion

110 g mittelfetten Ziegenkäse
1 mittelgroße Aubergine, in Würfel geschnitten
2 mittelgroße Zucchini, in Scheiben geschnitten
1 mittelgroße rote Paprika, entkernt und in viereckige Stücke geschnitten
4 mittelgroße Knoblauchzehen mit Haut
1/2 Esslöffel Olivenöl, gemischte Salatblätter
150 g dunkles Roggenbrot

Für das Dressing
1/2 Esslöffel Olivenöl, 1 Esslöffel Rotweinessig
1 Teelöffel Balsamico-Essig
Salz, Schwarzer Pfeffer
1 Teelöffel französischer Senf
einige Zweige frischer Thymian

Den Ziegenkäse vierteln. Die Auberginenwürfel mit der Hälfte des Olivenöls bestreichen. Die Auberginen, Zucchini, Paprika und Knoblauchzehen (die Zehen bleiben in der Haut) auf einem Backblech verteilen. Etwa 30 Minuten bei 200 °C, Gas Stufe 3, backen.

Die Zutaten für das Dressing in einer kleinen Schüssel gut vermischen.

Nachdem das Gemüse gar ist, die Knoblauchzehen herausnehmen, aus der Haut drücken und in das Dressing geben. Gut durchrühren.

Die Salatblätter auf einer Platte anrichten und den Ziegenkäse in die Mitte der Platte legen. Das Gemüse um den Käse herum anrichten und Dressing darüberträufeln. Warm mit Roggenbrot servieren.

Tipp

- Sie können auch noch eine geviertelte Fleischtomate zu dem Gemüse auf dem Backblech geben.

Garnelensalat mit Cashewkernen

Für 2 Personen
460 Kalorien, 18 g Fett pro Portion

50 g (Trockengewicht) Eier-Spiralnudeln
175 g gegarte, gepulte Garnelen (gute Qualität)
50 g Zuckererbsen, bissfest gekocht
1 Scheibe Netzmelone, gewürfelt
1 Banane, in Scheiben geschnitten
50 g Pilze, bei Bedarf in Scheiben geschnitten
25 g ungesalzene Cashewkerne ohne Schale
4 Lauchzwiebeln, gehackt
4 Blätter Chinakohl, klein gehackt

Für das Dressing
1 Esslöffel Sojasauce
2 Esslöffel Limonensaft
1 Esslöffel Sesamöl
1 Esslöffel Sesamkörner

Die Nudeln gemäß den Anweisungen auf der Packung kochen und abgießen. Alle Salatzutaten mit den Nudeln in einer Salatschüssel mischen. Die Dressingzutaten gut verrühren und mit dem Salat vermischen.

Tipp

- Geben Sie die Banane sofort in den Salat, sobald sie geschnitten ist, damit sie nicht braun wird.

Verschiedene Leckereien

Frucht-Nuss-Kompott

Für 2 Personen
255 Kalorien, 2 g Fett pro Portion

75 g Backpflaumen
75 g getrocknete Aprikosen
2 getrocknete Feigen, halbiert
200 ml Apfelsinensaft
2 Nelken
etwas Zimt
etwas Ingwer
1 Teelöffel geriebene Zitronenschale
etwas Wasser
1 Apfel, 175 g Melone
1 Esslöffel gehackte Nüsse oder Körner nach Wahl

Die Pflaumen, Aprikosen und Feigen mit dem Apfelsinensaft, den Gewürzen und der Zitronenschale in eine Kasserolle geben und soviel Wasser angießen, dass die Früchte gerade bedeckt sind. Zugedeckt etwa 20 Minuten köcheln lassen, bis die Früchte weich sind. Bei Bedarf Wasser dazugeben, damit genügend Saft entsteht. Den Apfel und die Melone würfeln und mit den Nüssen oder Körnern zu dem Kompott geben. Gründlich durchrühren und vor dem Servieren abkühlen lassen.

Tipps

- Nehmen Sie essfertige getrocknete Früchte, da diese weicher und schöner als die herkömmlichen getrockneten Früchte sind.
- Wenn Sie das Kompott in eine luftdichte Dose geben, hält es sich einige Tage im Kühlschrank. Möchten Sie es häufiger essen, verdoppeln Sie die Mengen.

Würzreismischung

Für 4 Personen
285 Kalorien, 8 g Fett pro Portion

75 g (Trockengewicht) Bulgur
75 g (Trockengewicht) brauner Reis
1/2 Teelöffel Kardamom
1/2 Teelöffel Nelkenpulver
1/2 Teelöffel Zimt
geriebene Schale einer halben Zitrone
75 ml Apfelsinensaft
50 g getrocknete Aprikosen, gehackt
50 g Sultaninen
25 g Sonnenblumenkerne
25 g Pistazien, ohne Schalen, halbiert
Salz, Pfeffer
2 Esslöffel gehackte Petersilie

Den Reis bissfest kochen. Den Bulgur nach Packungsanweisung einweichen. Die Gewürze und die Zitronenschale mit dem Apfelsinensaft verrühren und mit allen anderen Zutaten gut durchmischen.

Tipp

- Diese Reismischung können Sie als Füllung für gebackene Gemüse verwenden. Oder servieren Sie die Mischung mit Hähnchen, Pilzen usw. als warme Abendmahlzeit.

Kühler Fruchtsalat

Für 4 Personen
90 Kalorien, Fett in Spuren

1 grüner Apfel
200 g Honigmelone
1 kleine Pampelmuse
100 g kleine grüne Weintrauben ohne Kerne
2 Kiwis
Minzeblätter

Für das Dressing
200 ml Apfelsaft
Saft einer halben Zitrone
1 gestrichener Teelöffel Fruktose

Die Früchte bei Bedarf waschen und je nach Frucht schälen, würfeln, in Scheiben schneiden oder segmentieren. Die zerkleinerten Früchte in eine Salatschüssel geben. Den Apfelsaft mit Zitronensaft und Fruktose mischen und über die Früchte gießen. Gut durchrühren. 1 bis 2 Stunden im Kühlschrank durchkühlen lassen und gekühlt servieren, mit Minze garniert.

Tipps
- Sie können die Früchte variieren, aber bleiben Sie bei »kühlen« Farben wie grün, weiß oder hellgelb.
- Abgedeckt hält sich der Salat einige Tage im Kühlschrank.

Käsesauce

Für 4 Personen
200 Kalorien, 8,5 g Fett pro Portion

700 ml Magermilch
40 g fettarme Margarine
40 g Weizenmehl
1 gestrichener Teelöffel Senfpulver
Salz
Schwarzer Pfeffer
110 g halbfetter Hartkäse, gerieben

Die Milch erwärmen. Die Margarine in einer Stielkasserolle erhitzen, bis sie geschmolzen ist. Das Mehl hinzugeben und 1 bis 2 Minuten unter Rühren erhitzen. Die warme Milch langsam unter ständigem Rühren dazugeben. Sobald die Sauce sämig und glatt ist, das Senfpulver sowie Salz und Pfeffer nach Geschmack hinzufügen. Als letztes den Käse dazugeben und so lange rühren, bis er sich aufgelöst hat. Noch einmal abschmecken.

6

Frauen und Sport

»Natürliches Abnehmen im weiblichen Rhythmus« – das ist das Motto der *Zyklusdiät*. Und wenn es ums Abnehmen geht, ist Sport die beste natürliche Kraftquelle für Ihren Körper und die größte Ressource Ihres Körpers. Denn wenn Sie Ihren Körper so nutzen, wie es von der Natur gedacht ist, werden Sie das Abnehmen und das Halten Ihres erzielten natürlichen Körpergewichts gar nicht sonderlich schwer finden.

Sport (richtig betrieben) ist etwas Natürliches und tut der Gesundheit einfach gut. Und vor allem für Frauen bietet Sport so viele Vorteile, daß man eigentlich gar nicht verstehen kann, warum die Mehrheit der Frauen (zwischen 60 und 90 Prozent, je nach Studie) diese wichtige natürliche Quelle für Kraft und Wohlbefinden immer noch ignoriert.

Warum treiben Frauen zu wenig Sport?

Ich habe bei den Recherchen für dieses Buch Dutzenden von Frauen genau diese Frage gestellt. Hier sind einige der typischen Antworten:

»Ich weiß, dass ich nicht fit bin, aber ich habe Angst davor, herauszufinden, wie wenig fit ich wirklich bin. Was ich nicht weiß, macht mich nicht heiß.«

»Der Alltag hält mich fit genug – ich bin ständig auf Trab.«

»Ich käme mir blöd vor, wenn ich mit Sportkursen beginnen würde. Alle anderen sind fit und schlank, nur ich nicht.«

»Ein Teil von mir möchte Sport treiben, aber ich weiß gar nicht, wo ich anfangen soll. Außerdem habe ich gelesen, dass Sportübungen auch gefährlich sein können, wenn man sie nicht richtig ausführt.«

»Es ist eigentlich nur Gewohnheit. Man hat seit Jahren nichts mehr getan und deswegen ist es schwierig, die Motivation für einen Anfang zu finden, obwohl man weiß, dass man das tun sollte.«

»Ich habe einfach keine Zeit, auch nur an Sport zu denken. Alle Frauen, die ich kenne, sind mit Arbeit und Familie voll ausgelastet. Wenn ich schon mal Zeit übrig habe, entspanne ich mich lieber oder treffe mich mit Freunden, anstatt irgendeinen Sportkurs zu besuchen.«

»Seien wir ehrlich – Sport macht keinen Spaß. Es ist eine Pflichtübung. Das Leben besteht schon aus genügend Pflichten, wir brauchen nicht noch mehr davon.«

»Fit sein ist reine Eitelkeit. Bei Fitness muß ich immer an Prinzessin Diana denken, die jeden Tag in ihren Designerklamotten in ihr teures Fitnessstudio gegangen ist. Das mag für sie O. K. gewesen sein. Ich hätte ein schlechtes Gewissen, wenn ich unnötig Zeit für mich selbst verschwenden würde.«

Puh, das ist starker Tobak – die Aussagen verdeutlichen aber auch einiges. Ich habe alle Antworten analysiert. Es scheint, als ob die Vorbehalte gegen Sport sich in drei große Kategorien einteilen lassen:

1. Kategorie: Sport ist reine Eitelkeit …

… ein bisschen wie Haare färben oder Fußnägel lackieren. Viele Frauen meinen, die beim Sport verbrachte Zeit könne man für etwas »Besseres« nutzen. Sie haben deshalb ein schlechtes Gewissen, wenn sie Sport treiben. »Ja«, sagen diese Frauen, »vielleicht bekomme ich einen flacheren Bauch oder verbrenne die Kalorien von dem Kuchen, den ich gerade verspeist habe – aber es gibt so viele wichtigere Dinge im Leben.«

Könnten das Ihre Worte sein, garantiere ich Ihnen, dass Sie am Ende dieses Kapitels Ihre Meinung geändert haben werden.

Da die Bedeutung des Sports vielen nicht bewusst ist, wird einfach behauptet, dafür habe man keine Zeit. Wie die Statistik zeigt, treiben mehr Frauen als Männer keinen regelmäßigen Sport mehr, sobald sie voll berufstätig sind (und sogar schon vorher, wenn das möglich ist!). Männer treiben weiterhin Sport an den Wochenenden; sie widmen sich Team-Sportarten oder spielen Golf oder fahren Fahrrad. Und während der Woche gehen sie oft vor oder nach der Arbeit ins Fitnessstudio oder zum Schwimmen.

Frauen verbringen ihre Zeit außerhalb des Arbeitsplatzes damit, Lebensmittel einzukaufen, die Kinder zu betreuen, den Haushalt zu führen usw. Männer haben im Durchschnitt tatsächlich mehr Freizeit als Frauen. Ich glaube, das möchte keiner bestreiten. Und da Sport für viele Frauen keinen hohen Stellenwert hat und sie deshalb nicht mehr daran gewöhnt sind, vergessen sie ihn sehr leicht, wenn sie ihr geschäftiges Leben organisieren. Ihr Hauptargument: »keine Zeit«. In Wirklichkeit will man sich die Zeit gar nicht nehmen.

Fast jeder findet Zeit für Dinge, die er wirklich tun will. Und am Ende dieses Kapitels werden Sie Sport treiben wollen – und somit werden Sie auch die Zeit dafür finden.

2. Kategorie: Sport macht keinen Spaß

Sehr direkt und krass, aber richtig. Beim Thema Sport reichen die negativen Empfindungen von leichter bis fürchterlicher Langeweile über Erinnerungen an tiefe Verlegenheit, als man das letzte Mal einen Turnanzug anhatte, bis hin zu echter Angst – vor Verletzungen, Schmerzen oder einfach davor, etwas nicht zu können. Und natürlich die Angst, das ganze Ausmaß des schlechten Zustands unseres Körpers zu entdecken.

Viel Negatives hat sich hier angesammelt, aber es kann überwunden werden.

Hegen Sie auch solche Gefühle, sollten Sie sich einen großen Gefallen tun, indem Sie das ganze Gerede aus Ihrem Kopf verbannen. Vertrauen und glauben Sie mir: Sport ist in vielen verschiedenen Varianten möglich. Und es gibt eine oder mehrere Sportarten, die auch für Sie nichts Negatives, aber viel Positives in sich bergen. Es gibt wirklich etwas Passendes für Sie, Ihren Körper, Ihr Selbstvertrauen und Ihre Langeweile-Schwelle!

3. Kategorie: Sport ist überflüssig

Diese Anwort überraschte mich. Viele Frauen sind der Meinung, sie würden in ihrem Alltagsleben genügend Sport treiben. Mit dem Kind zu Fuß zur Schule gehen, Staub saugen oder einkaufen halte ihren Körper in Form und deswegen müßten sie sonst nichts mehr tun. Fast die Hälfte der Frauen, mit denen ich gesprochen habe, meinten, diese tägliche körperliche Beanspruchung sei einer der Hauptgründe, warum sie keinen geregelten Sport treiben würden.

Eine Freundin erklärte mir, dass sie jeden Tag 20 Minuten damit verbringt, ihre fünfjährige Tochter zum Kindergarten zu bringen und wieder abzuholen, und das sei reichlich Bewegung. – »Mehr als dreimal 20 Minuten pro Woche braucht man nicht«, sagte sie, »das habe ich irgendwo gelesen.«

Ich habe diese Freundin zu einem Fitnesstest des Herz-Kreislaufsystems überredet, und wie ich es vermutete, fielen ihre Fitnesswerte schlecht bis mittel aus. Den Unterschied, den es nun mal zwischen sportlich-aerobischem Gehen und dem Gang zum Kindergarten gibt, hatte sie nicht bedacht. Eine Fünfjährige zu begleiten ähnelt eher einem unbeständigen Bummeln, denn die Kleine geht langsam. Unterbrochen wird der Zuckeltrab allenfalls, wenn man dem Kind hinterhersprinten muss, weil ihm plötzlich die andere Straßenseite interessanter erscheint. Das ist Stress, aber kein Fitnesstraining!

Die Wahrheit ist …

- Sport ist für Frauen wohl die beste Krankenversicherung und ein Garant für Wohlbefinden. Sport ist mit Sicherheit keine Zeitverschwendung.
- Um mit Sport zu beginnen, muß man motiviert sein. Negative Erfahrungen mit Sport müssen nicht sein. Man muss es nur richtig anpacken, und zwar richtig für Sie ganz persönlich.
- Sport kann Spaß bringen.
- Ganz gleich, wie bewegungsreich Ihr Alltag sich gestaltet, die damit verbundenen Aktivitäten werden wahrscheinlich nicht ausreichen, um die optimale Fitness zu erreichen.

Mal sehen, wie wir Sie davon überzeugen können, dass Sport etwas ist, was Sie tun möchten.

Die Vorteile von Fitness-Übungen

Lassen Sie uns als erstes einen Blick auf all die wunderbaren Dinge werfen, die durch Sport möglich sind.

Sport hilft bei der Gewichtsabnahme

Alle körperlichen Betätigungen verbrennen Kalorien zur Energiegewinnung, ob man nun von einem Stuhl aufsteht, sich im Bett umdreht oder die Treppen runtergeht.

Eine normale Ernährung mit etwa 2000 Kalorien pro Tag für Frauen bietet mehr als genug Kalorien, um alle vom Körper für diese alltäglichen Bewegungen verbrauchten Energien zu ersetzen. Wenn Sie zusätzliche Aktivitäten in Ihren Alltag integrieren, können Sie zusätzliche Kalorien verbrennen – genügend, um eine Gewichtszunahme zu stoppen oder vielleicht sogar eine leichte Gewichtsabnahme zu bewirken.

Kombiniert man dieses Kaloriendefizit durch erhöhte Aktivität mit einer leicht reduzierten Menge aufgenommener Kalorien, ergibt dies eine einfache Möglichkeit abzunehmen. Und – man braucht dabei nicht sehr viel weniger zu essen.

Beispielsweise können Sie durch eine halbe Stunde Sport pro Tag, bei dem Sie etwas außer Atem geraten (beispielsweise moderates Gehen), zusätzlich etwa 900 Kalorien pro Woche verbrennen. Das führt zu einem Gewichtsverlust von etwa einem halben Kilogramm pro Monat – also immerhin sechs Kilogramm pro Jahr! So gesehen kann Sport eine Menge zu Ihrem Schlankheitsprogramm beitragen.

Nehmen Sie nun außerdem noch 500 Kalorien pro Tag weniger zu sich (also 1500 statt 2000 Kalorien), führt das zu einem Gewichtsverlust von 2,5 Kilogramm pro Monat (0,5 Kilogramm durch Sport und 2 Kilogramm durch weniger essen) – also 30 Kilogramm pro Jahr. Übrigens: 3500 Kalorien entsprechen etwa 0,5 Kilogramm Körperfett.

Sport hilft bei der Erhaltung des Idealgewichts – ein Leben lang

Haben Sie Ihr Zielgewicht erreicht und treiben Sie weiterhin regelmäßig Sport, können Sie genau so viel essen (oder sogar mehr) wie vorher, als Sie übergewichtig waren und keinen Sport trieben. Und Sie werden trotzdem Ihre neue, schlankere Figur halten können! Das funktioniert aus zwei Gründen: Ausdauerübungen verbrennen Kalorien für die Energiezufuhr, und Kraftübungen bilden Muskeln, die in Ihrem Körper mehr Kalorien verbrauchen als jeder andere Körperbestandteil.

Wieviel Sie bei einem erhöhten Aktivitätslevel essen können, ohne dick zu werden, hängt natürlich davon ab, wieviel Sport Sie treiben. Für viele Frauen ist ein wenig regelmäßige sportliche Betätigung der Schlüssel zur Erhaltung des Gewichts. Das ist besser, als Kalorien zu zählen.

Sport kann Ihr Leben verlängern

Wie alle Studien zu diesem Thema zeigen, leben Menschen, die sich fit halten oder in einem beliebigen Alter fit werden, länger als Menschen, die keinen Sport treiben. Einer der Hauptgründe dafür ist, dass sportliche Menschen ein stärkeres, gesünderes Herz-Kreislaufsystem haben und ein geringeres Risiko für Bluthochdruck, Arteriosklerose (Arterienverkalkung) und Schlaganfälle tragen.

Sport hält alles in Ihrem Körper fit – und dazu gehören auch Dinge, an die Sie noch nie gedacht haben.

Sport wird Ihnen größere Gesundheit im Alter bescheren

Wer Sport treibt, wird in der Regel auf vielfache Weise im Alter gesünder sein als »die Unsportlichen«. Beispielsweise kann Sport Diabetes günstig beeinflussen. Sport hilft, Osteoporose vorzubeugen, also dem Abbau von Knochensubstanz und der damit einhergehenden Anfälligkeit für Brüche. Diese Erkrankung kommt bei Frauen fünfmal häufiger vor als bei Männern. Sport kann Kreislaufprobleme reduzieren. Sport kann Ihre Gelenke mobil halten und Probleme im Zusammenhang mit Arthritis mindern. Sport kann sogar Ihr Hörvermögen verbessern. Und das sind nur einige Vorteile.

Sport verhilft Ihnen zu einem schöneren Körper

Die richtige Sportart kann Körpergewebe festigen und straffen; Sie können an den Stellen abnehmen, an denen es notwendig ist, und so eine bessere Figur bekommen. Offensichtlich setzt die individuelle (natürliche) Figur Grenzen (siehe erstes Kapitel), aber Sport kann das tun, was die Ernährung nicht kann: Feinabstimmung in den Details!

Sport kann Sie im wahrsten Sinn des Wortes »in Form bringen«. Sie wiegen dann vielleicht sogar mehr als jemand anderes mit

Ihrer Körperstatur, trotzdem sehen Sie schlanker aus und tragen eine kleinere Kleidergröße.

Sport verhilft Ihnen auch zu einer besseren Körperhaltung und damit zu einem besseren Aussehen. Sie stehen besser, und – je nach Sportart – werden alle möglichen schlechten Angewohnheiten, die sich bei Ihrer Körperhaltung eingeschlichen haben, langsam verschwinden. Über Körperhaltung wird später in diesem Buch noch genauer gesprochen.

Sport verbessert Ihr Wohlbefinden

Die richtige Sportart erhöht die Sauerstoffmenge, die alle Teile Ihres Körpers, einschließlich des Gehirns, erreicht. Das kann einen positiven Einfluss auf Ihre Stimmung haben und Schwerfälligkeit, undefinierbare Erschöpfung und Trägheit beheben. Beim Sport werden Endorphine freigesetzt, die einen aufmunternden Effekt haben.

Eine bessere Sauerstoffversorgung des Gehirns verbessert die Konzentration, das Erinnerungsvermögen, die geistige Beweglichkeit und die Effizienz Ihres Denkvermögens. Ist doch verlockend: Eine halbe Stunde Sport pro Tag kann für Ihre Fähigkeiten im Job Wunder wirken.

Menschen, die regelmäßig Sport treiben, haben ein gesünderes Körperempfinden und mehr Selbstvertrauen als unsportliche Menschen.

Sport gibt Ihnen Muskelkraft

Durch die richtige Sportart können Sie genügend Muskelkraft aufbauen, die Ihnen im Alltagsleben sehr hilfreich sein kann. Frauen sind physisch schwächer als Männer, weil sie von Natur aus weniger Muskeln haben. Die meisten Frauen legen sowieso keinen Wert auf dicke Muskeln, aber man sollte aus der Muskelmasse, die man als Frau entwickeln kann, doch das Beste machen.

Eine gewisse Kraft erleichtert das Leben wirklich. Einkaufstaschen tragen, Kinder auf den Arm nehmen, Hausarbeit, Gartenarbeit, Regale einräumen, Reifen wechseln oder einen LKW fahren – alles erfordert Kraft. Es gibt heutzutage nicht mehr viele Frauen, die »Weibchen« sein wollen und nur herumstehen und auf einen starken Mann warten, der alles für sie regelt. Und es gibt einige Dinge, die ein Mann beim besten Willen nicht erledigen kann, zum Beispiel das Kinderkriegen. Sind Sie fit, verlaufen Schwangerschaft und Geburt erheblich angenehmer und sind leichter zu ertragen. Ihr Baby hat natürlich auch bessere Chancen, fit und gesund zu sein. (Mehr über Schwangerschaft finden Sie im achten Kapitel.)

Zum Starksein gehören nicht nur kräftige Arm- und Beinmuskeln. Trainieren Sie auch Ihre Bauchmuskeln, können Sie Ihren Rücken besser stützen und Rückenschmerzen lebenslang vorbeugen – und das ist etwas, das wohl jeder gebrauchen kann.

Sport verhilft Ihnen zu besserem Sex

Sport kann Ihr »Stehvermögen« beim Sex verbessern und Ihnen somit helfen, mit Ihrem Geliebten mitzuhalten. Und die richtige Sportart hält außerdem Ihre Beckenboden- und Vaginalmuskeln straff, was sowohl Ihr als auch das Vergnügen Ihres Partners steigern wird.

Sport hilft Ihnen außerdem dabei, sich zu entspannen und Ihren Körper zu mögen, was, wie jede Frau weiß, sehr wichtig ist, um partnerschaftliche Intimitäten genießen zu können.

Sport hilft bei der Entspannung

Nicht nur für den Sex, sondern auch in vielen anderen Bereichen Ihres Lebens hat Sport als Stress- und Spannungslöser eine große Bedeutung. Männer stöhnen über ihren Stress, aber Frauen neigen dazu, ihn in sich aufzustauen, und haben Schwierigkeiten, ihn wieder abzubauen. Sie sind am Ende eines Tages müde und erschöpft, aber trotzdem nicht entspannt. Und dann wirkt Sport Wunder. Danach werden Sie sich in jedem Falle entspannter fühlen, ganz gleich, ob Sie Gehen, Tanzen oder einfache Gymnastik mit viel Dehnungsübungen gemacht haben.

Es ist also nicht überraschend, dass regelmäßiger Sport Ihnen auch zu besserem Schlaf in der Nacht verhelfen kann. Und das allein ist schon Grund genug, sich aufzuraffen, finde ich.

Sport unterstützt Ihren monatlichen Zyklus

Jede Frau, die unter PMS, unregelmäßigen Perioden oder Fressanfällen im Zusammenhang mit der Menstruation leidet, greift nach jeder Hilfe, die sie kriegen kann. Und Sport kann hier auf natürlichem Wege tatsächlich viel helfen: Eine Periode, die nicht so recht beginnen will, lässt sich in Gang bringen. Die Flüssigkeitsansammlung kann auf ein Minimum reduziert werden. Die Fressanfälle lassen sich unter Kontrolle halten. Bauch- und Rückenschmerzen können verringert werden. Stimmungen und Stress können im Zaum gehalten werden. Sport ist also für Frauen in Phase drei ihres Zyklus unerlässlich.

Merkwürdigerweise machen viele Frauen sogar weniger Sport als sonst, wenn sie unter PMS leiden.

Sport und Gesundheit der Frau

Außer Linderung von PMS und Vorbeugung von Osteoporose kann Sport auch andere »weibliche« Probleme ertragen oder vermeiden helfen. Die richtige Sportart vermag, stressbedingte Inkontinenz zu mindern, auch die, die während der Schwangerschaft und nach der Geburt auftreten kann. Auch das Prolaps-Risiko (Absinken der Gebärmutter oder Galle in die Vaginalpassage) kann durch Sport gesenkt werden. Und sportliche Betätigung hilft Ihnen natürlich während der Schwangerschaft und Menopause (siehe achtes Kapitel).

Das ist Ihre Motivation: Falls Ihnen Ihr Körper und Ihr Leben wichtig sind, dann ist auch Sport wichtig!

Sich die Zeit nehmen

Aber Sie haben trotzdem keine Zeit für Sport? Eigentlich brauchen Sie nur zwei Stunden pro Woche, und zwar in kleinen Einheiten, wie es Ihnen gerade passt.

Denken Sie bitte über folgendes nach: Sie finden immer Zeit für bestimmte Dinge, die in Ihrem Leben passieren. Einige sind geplant, andere kommen unerwartet.

- Sie finden Zeit für den zusätzlichen Aufwand, den jedes Jahr Weihnachten verursacht.
- Sie finden Zeit für ein stundenlanges Telefongespräch, wenn Ihre beste Freundin anruft und ein Problem hat.
- Sie finden Zeit, um versäumte Arbeit aufzuholen, nachdem Sie krank waren.
- Sie finden Zeit, um sich um Vater, Mutter oder Kind zu kümmern, wenn sie krank sind.

Sie können bestimmt noch weitere Situationen aus eigener Erfahrung hinzufügen. Wenn Sie für etwas Zeit haben wollen oder müssen, dann finden Sie die Zeit auch.

Können Sie bitte anfangen, Sport in dem gleichen Licht zu sehen? Um die Zeit dafür zu finden, müssen Sie vielleicht ein wenig umdenken, aber Sie werden es schaffen. Hier einige Vorschläge:

- Stehen Sie etwas eher auf, insbesondere, wenn Sie dazu neigen, wach im Bett zu liegen.
- Organisieren Sie Ihre Mittagspause neu.
- Geben Sie zu, dass Sie durchaus ohne die TV-Serie leben können, die Sie sich nur aus Gewohnheit ansehen. Oder kaufen oder leihen Sie sich ein Trainingsfahrrad, auf dem Sie beim Fernsehen trainieren können.

- Überreden Sie andere Mitglieder Ihres Haushaltes, bei der Hausarbeit mitzuhelfen, um die Arbeit gerechter zu verteilen.
- Geben Sie einigen der häuslichen Pflichten eine geringere und dem Sport eine höhere Priorität. Sport ist beispielsweise erheblich wichtiger als perfekt gebügelte Kleidung oder selbstgebackenes Brot. Es ist wichtiger als ein blitzblankes Auto, lackierte Nägel, eine Zeitschrift zu lesen oder etwas zu tun, was Sie eigentlich gar nicht tun wollten, nur weil Sie nicht »nein« sagen konnten ...
- Gehen Sie etwas später zu Bett, um Ihren Tag ein wenig zu verlängern. Da Sport Ihnen helfen wird, schneller einzuschlafen und besser zu schlafen, werden Sie keinen Unterschied merken.

Und denken Sie schließlich immer daran, dass Sport Ihnen hilft, effizienter, lebhafter und glücklicher zu sein und somit mehr Zeit einspart, als er kostet! Und bedenken Sie, dass regelmäßige sportliche Betätigung eine Gewohnheit ist, die Ihnen mit der Zeit so in Fleisch und Blut übergehen kann wie Zähneputzen oder Kaffeetrinken.

Wie man lernt, den Sport zu mögen

Jetzt kommen wir dazu, wie ich Sie als überzeugten Sportmuffel motivieren könnte. Sehen Sie sich erst einmal die gängigsten Sporthasser-Gründe an.

Peinlichkeit

Muss nicht sein. Beginnen Sie mit dem Sport ganz alleine. Das ist die einfachste Möglichkeit zu vermeiden, dass Ihnen Ihr Auftritt beim Sport peinlich ist oder Sie sich albern vorkommen. Nichts und niemand schreibt Ihnen vor, einen Kurs oder ein Fitnessstudio oder ein Schwimmbad zu besuchen.

Mit Hilfe des nächsten Kapitels können Sie ganz alleine beginnen, fit zu werden und in Form zu kommen. Und sobald Sie ein paar Pfund verloren haben oder sich an sportliche Betätigung gewöhnt haben oder sich etwas fitter fühlen und mehr Selbstvertrauen haben, können Sie immer noch mit einer Sportart beginnen, bei der sie Gesellschaft haben. Anfangen ist das Wichtigste, dann können Sie in Ruhe testen, wie Sie sich später fühlen.

Die alte »Peinlichkeits«-Frage: Darüber muss ich jetzt noch ein Wort verlieren. Gute Fitnessstudios, gute Kurse, gute Turnvereine, gute Lehrer geben Ihnen niemals Anlass zur Verlegenheit. In den Kursen bilden superfitte Sportskanonen die Minderheit oder sind überhaupt nicht vorhanden. In fast allen Kursen finden Sie überwiegend ganz normale Menschen wie Sie und ich. Wegen einer komplizierten Schrittfolge oder Anweisung oder wegen einer Übung, die zu schwierig für Sie ist, sollten Sie nie in Verlegenheit geraten. Solche Situationen sind eher peinlich für den Kurs oder das Studio, nicht für Sie.

Falls Sie jemals in ein Studio oder einen Kurs geraten, in dem Sie nicht zufrieden sind, beschweren Sie sich und/oder gehen Sie nicht wieder hin.

Spaß haben: Nicht alle Menschen verfügen über das gleiche Talent für bestimmte körperliche Bewegungen. Das möchte ich hier noch einmal ausdrücklich betonen. Vielleicht entscheiden Sie sich, gemeinsam mit einer Freundin einen Anfängerkurs für Aerobic zu besuchen. Eventuell kann Ihre Freundin all die Schritte schon beim ersten Mal, während Sie es äußerst schwierig finden, den Bewegungen zu folgen. Oder umgekehrt. Lassen Sie da bloß keinen Frust aufkommen, sondern suchen Sie sich einfach etwas, was Ihren eigenen Fähigkeiten und Vorlieben entspricht. Ihrer Freundin macht der Aerobic-Kurs wahrscheinlich Spaß, das ist O. K. Ihnen kann aber ein Step-Kurs oder ein flotter Spaziergang viel mehr liegen. Auch diese Art der Bewegung macht fit. Sie müssen keine bestimmte Sportart betreiben, um fit zu werden!

Langeweile

Jetzt kommen wir zu dem vielgehörten Seufzer, wie schrecklich langweilig Sport ist. Dieses Pauschalurteil kann man so natürlich nicht stehenlassen. Klar, jeder von uns findet bestimmte Sportarten langweilig. Aber wer zwingt Sie, die Sportart, die Sie langweilig finden, auszuüben? Niemand! Lassen Sie einfach die Finger davon, oder gestalten Sie die für Sie langweilige Sportart weniger langweilig.

Vielleicht mögen Sie Bodenübungen zur Straffung nicht. Machen Sie jedoch die Übungen zu Ihrer Lieblingsmusik, dann kann die Sache schon ganz anders aussehen. Vielleicht finden Sie Gehen langweilig, aber wenn Sie mit einer Freundin zusammen gehen, kann es schon viel interessanter sein.

Den regelmäßigen Straffungsübungen bringen wohl die wenigsten Frauen Begeisterung entgegen. Aber vielleicht kann ich Sie und alle anderen Übungsmuffel mit Kniffen motivieren, die ich selbst erfolgreich angewandt habe:

Ich bin genauso wie viele andere kein Fan von Übungen, die »laut Anweisung« ausgeführt werden sollen (weil sie nur dann richtig funktionieren). Ein paar Tricks aber bringen mich dazu, solche Übungen doch drei- oder viermal pro Woche zu machen:

Die Erfahrung: Hinterher fühle ich mich immer besser. Das ist wirklich eine erstrebenswerte Erfahrung. Nachdem ich die Übung gemacht habe, durchströmt mich das Gefühl, etwas geschafft zu haben, und das warme Glühen, das man empfindet, wenn man etwas Gutes für seinen Körper getan hat. Ich reserviere mir bestimmte Termine, an denen ich die Übungen mache. Falls ich dann doch kneifen will, stelle ich mir möglichst plastisch vor, wie gut ich mich danach fühlen werde. Das hat bei mir immer funktioniert. Hilfreich ist auch, das Übungsprogramm etwas zu variieren, zum Beispiel, indem man zweimal pro Woche ins Schwimmbad geht und ähnliche Übungen im Schwimmbecken macht.

Eigene Wege gehen: Nachdem ich jahrelang nichts getan hatte, beschloss ich vor einigen Jahren, ein auf Ausdauer ausgerichtetes Fitnesstraining zu starten. Geeignet dafür wäre Aerobic gewesen. Doch da gab es zwei Probleme. Erstens wohnte ich über 30 Kilometer vom nächsten vernünftigen Aerobic-Kurs entfernt. Zweitens gefiel es mir nie sonderlich gut, Teil eines Kurses oder einer Gruppe zu sein. Ich wäre also auch nicht zu einem Aerobic-Kurs gegangen, wenn er um die Ecke gewesen wäre. Ich habe mich daher erst einmal fürs Gehen auf Fußwegen entschieden und später fürs Radfahren. Ich mag alle Sportarten, die irgendeine Form von visuellem Vergnügen bieten.

Sie können es! Das Problem ist, dass ich im Grunde meines Herzens faul und außerdem ziemlich beschäftigt bin. Und doch habe ich es geschafft, Sport zu treiben. Daher weiß ich genau, dass Sie es auch können!

Ich bin von Natur aus kein Sportfanatiker, und ich glaube, die wenigsten von uns sind geborene Athleten. Aber, wie bereits zu Beginn dieses Kapitels gesagt, unser Körper ist dafür gemacht, beansprucht zu werden. Man muss dafür allerdings keine bestimmte Sportart betreiben. Und beim Thema Langeweile hilft dieser Trick: Machen Sie verschiedene Sportarten, falls Langeweile für Sie ein besonderes Problem ist.

Sobald Sie erst einmal die Ergebnisse, wie einen besser aussehenden Körper, weniger Beschwerden, mehr Ausdauer und all die anderen beschriebenen Vorteile des Sports, erleben, wird es Ihnen immer leichter fallen weiterzumachen. Außerdem werden Sie sich daran gewöhnen, den Sport einzuplanen, und er wird Ihnen in Fleisch und Blut übergehen. Später in diesem Kapitel und im siebten Kapitel finden Sie viele Tips, wie Sie ein Programm zusammenstellen, das Ihnen entspricht. Nutzen Sie es!

Angst

Sie können es! Ganz gleich, wie wenig fit Sie sind. Sofern Sie nicht krank sind, können Sie viel, viel fitter und geschmeidiger werden, besser in Form kommen und sich eine bessere Körperhaltung erarbeiten. Machen Sie als erstes den kleinen Fitnesstest am Ende dieses Kapitels, fangen Sie dann mit Ihrem Programm an, steigern Sie es langsam, und vergleichen Sie sich nie mit jemand anderem.

Richtige sportliche Betätigung ist anstrengend, darf aber nicht schmerzhaft oder sehr unangenehm sein. Die Meinung, Sport mache nur fit, wenn's wehtut, verbannen Sie besser ins Reich der Ammenmärchen. Sie müssen lernen, den Unterschied zwischen einem ermüdeten Muskel und einem überbeanspruchten Muskel zu erkennen. Sie müssen lernen, wie sehr Sie beim Gehen außer Atem geraten dürfen, damit es noch gut für Sie ist.

All dieses werden Sie auf den folgenden Seiten lernen, so dass Sie sich überhaupt nicht vor Sport fürchten müssen.

Denken Sie vor allem niemals: »Das schaffe ich nie!« Schon die ersten Aktivitäten in einer vernünftigen Sportart bringen Sie auf den Weg zu Ihrer eigenen Fitness. Natürlich werden Sie bestimmte Bewegungen bei den Übungen schwierig finden. Falls Sie beispielsweise sehr schwache Oberschenkelmuskeln haben, wird Ihnen eine Kniebeuge-Übung anfangs sehr schwer fallen. Das zeigt aber nur, wie dringend nötig Sie so eine Übung haben.

Sie werden auch erfahren, dass es leichter werden wird und Sie kräftiger werden, wenn Sie dabeibleiben!

Achten Sie auf die Resultate, die der Sport in Ihrem Körper hervorruft. Denken Sie immer daran, worum es eigentlich geht.

Ich bin fit, mir geht's gut!

Und dies zum Schluß dieses Motivationsabschnittes: Sie glauben also, Sie tun bereits genug für Ihre Fitness und Gesundheit und Ihr geschäftiges Alltagsleben hält Sie fit? Nun, vielleicht tut es das. Die Wahrscheinlichkeit, dass dem tatsächlich so ist, erscheint mir recht gering – sofern Sie nicht gerade Berufssportlerin oder Sportlehrerin oder ähnliches sind. Dann aber würden Sie dieses Buch wohl kaum lesen.

Sie können den ganzen Tag auf den Beinen sein und trotzdem verbessert sich Ihre Ausdauer und Ihre Herz-Lungen-Fitness nicht. Und was Ihre Beweglichkeit betrifft: Wie oft am Tag müssen Sie in Ihrem Job die Arme über den Kopf heben oder sich herunterbeugen, um den Fußboden zu berühren? Machen Sie die drei einfachen Fitnesstests am Ende dieses Kapitels, um zu sehen, wie fit Sie wirklich sind.

Moderne Maschinen und das bequeme Leben haben uns größtenteils von der Notwendigkeit befreit, unseren Körper so viel einzusetzen, wie er es eigentlich benötigen würde. Also müssen wir diese Aktivität ganz bewusst wieder in unser Leben aufnehmen.

Ein vernünftiger Fitness-Level wird Ihnen auch dabei behilflich sein, leichter durch den Tag zu kommen und sich weniger zerschlagen zu fühlen. Erzählen Sie mir also nicht, Sie seien fit und es gehe Ihnen gut. Probieren Sie es aus und erleben Sie den Unterschied.

Wie man vom Sport profitiert

- Wählen Sie Sportarten, die Ihnen Spaß machen! Wenn Sie etwas ein- oder zweimal gemacht haben und es Ihnen nicht gefallen hat, machen Sie etwas anderes. (Wenn Sie alles hassen, hassen Sie das Leben!)
- Seien Sie nicht zu ehrgeizig, wenn Sie nicht sehr fit sind.
- Falls eine Sportart Sie langweilt, verzichten Sie nicht ganz auf Sport. Hören Sie mit dem auf (zumindest zeitweise), was Sie langweilt, und versuchen Sie etwas anderes. Jeder braucht Abwechslung. Oder suchen Sie nach Möglichkeiten, die Langeweile zu vertreiben. Setzen Sie sich beispielsweise selbst kleine Ziele. Im siebten Kapitel finden Sie Übungsprogramme mit Vorschlägen für abgestufte Ziele. Nutzen Sie diese oder ähnliche eigene Zielvorgaben.

- Trainieren Sie nicht so hart, dass Sie Schmerzen haben. Tritt am nächsten Tag starker Muskelkater auf, machen Sie die Übung vielleicht nicht richtig, und/oder Sie wärmen sich nicht richtig auf, kühlen nicht richtig ab oder machen etwas, das in Ihrem momentanen Zustand noch zu schwer ist.
- Richten Sie sich nach Ihrem eigenen Tempo.
- Schwitzen Sie ungern? Tragen Sie bequeme Kleidung, und duschen Sie nach dem Sport. Schwitzen ist ganz natürlich – bei der Aerobic gilt es (zusammen mit dem Gefühl der Wärme) als Zeichen dafür, dass man Kalorien verbrennt.
- Betrachten Sie Sport nicht als Bestrafung. Sport tut Ihrem Körper gut, und Sie sollten Vergnügen dabei empfinden. Sollte das nicht der Fall sein, obwohl Sie alle Tipps befolgt haben, versuchen Sie, den Grund dafür herauszufinden. Und tun Sie etwas dagegen.
- Sie sind müde und es steht eine sportliche Aktivität an? Denken Sie dann daran: Sport ist ein Energielieferant, hebt die Stimmung und wirkt entspannend. Passen Sie Ihre sportlichen Anstrengungen an Ihre Stimmung und Zyklusphase an, werden Sie sich nach dem Sport besser und nicht schlechter fühlen. Aber seien Sie vernünftig – falls Sie wirklich erschöpft sind, reicht für diesen Tag das Aufwärmen und Abkühlen mit Dehnungsübungen.
- Treiben Sie nicht intensiv Sport, wenn Sie krank sind.

Antworten auf Ihre wichtigsten Fragen zum Sport

»Es gibt so viele verschiedene Sportarten. Woher weiß ich, womit ich anfangen soll und was ich genau tun muss?«

Beginnen Sie mit dem Fitnesstest am Ende dieses Kapitels, und folgen Sie dann dem Trainingsplan der *Zyklusdiät* im nächsten Kapitel. Der Plan bietet, was die meisten von uns brauchen: ein bisschen regelmäßiges Ausdauertraining (stärkt Ihr Herz und erhöht die Lungenkapazität), einige Straffungs- und Kraftübungen und ein paar Übungen für die Beweglichkeit (für geschmeidige, flexible Gelenke). Am Ende dieses Kapitels finden Sie eine Liste von Symptomen, die Sie vielleicht schon einmal verspürt haben. Zu jedem Symptom wird die richtige Sportart genannt, die dieses Symptom kuriert. Finden Sie mit Hilfe des Tests heraus, in welchen Bereichen Sie zusätzlich etwas tun müssen.

»Ist es sinnvoll, zusammen mit meinem Partner Sport zu treiben? Ich glaube, es würde meiner Motivation helfen.«

Das könnte sein. Aber bedenken Sie: Wenn es darum geht, die Fitness zu verbessern und zu erhalten, sollten Männer in der Regel (wenn Ihr Partner ein Mann ist) andere Sportarten treiben als Frauen. Männer sind häufig stärker als Frauen und müssen beispielsweise mehr Tempo vorlegen, um ihre Ausdauer zu stärken. Frauen sind häufig beweglicher als Männer und somit besser in Yoga oder Stretching-Kursen. Aufgrund dieser Unterschiede kann es schwierig werden, einen Trainingsplan auszuarbeiten, der für Sie beide gut ist. Es sollte Ihnen allerdings leicht fallen, eine Frau mit einem ähnlichen Fitness-Level zu finden, mit der sie zusammen trainieren können.

»Kann ich während meiner Periode weiter trainieren?«

Sport hilft, die Periodensymptome wie Bauchkrämpfe und Kreuzschmerzen zu lindern. Außerdem hebt er Ihre Stimmung. Machen Sie also weiter, so lange es geht. Im nächsten Kapitel finden Sie noch mehr Hinweise zum Training in Phase drei.

»Wie kann ich am besten Muskeln aufbauen? Ich habe keinerlei Muskeln in Beinen und Armen, obwohl ich nicht sehr dünn bin.«

Kraftübungen sind am besten. Dazu benutzen Sie Ihr eigenes Körpergewicht, Hanteln, Elastikbänder oder Fitnessgeräte. Wiederholen jede Bewegung so lange, bis der jeweilige Muskel beginnt zu ermüden (Sie merken das an einem leichten Zittern), dann hören Sie auf. Sobald Sie spüren, dass Sie mehr Kraft bekommen, erhöhen Sie den Widerstand. Auf diese Art kommen schnell gute Resultate zustande. Aber benutzen Sie keine Gewichte, bis Sie die

Übungen ohne Gewichte korrekt ausführen können. Ausdauerübungen wie Gehen oder Radfahren verhelfen zu wohlgeformten Gesäß- und Beinmuskeln.

»Ich habe seit Jahren keinen Sport mehr getrieben. Ich möchte meinen Körper straffen, aber keine großen Muskeln ausbilden. Was ist die beste Sportart für mich?«

Bei den meisten Frauen ist es sehr unwahrscheinlich, dass sie bei normalem Training große Muskelmasse bilden. Der weibliche Körper enthält nicht genügend Testosteron, das männliche Hormon, das die Bildung von Muskelmasse unterstützt.

Bodybuilderinnen müssen jeden Tag mehrere Stunden hart trainieren und außerdem eine genetische Veranlagung zur Muskelbildung mitbringen. Die Muskelmenge, die Sie bei den Kraft- oder Konditionsübungen aufbauen werden (siehe Grundplan nächstes Kapitel), wird groß genug sein, um Ihrem Körper eine bessere Form und Straffheit zu verleihen. Das Training wird aber keine Muskeln erzeugen, die Sie als unschön empfinden würden. Übrigens, Männer und Frauen, die keine Kraftübungen machen, verlieren nach ihrem zwanzigsten Lebensjahr alle zehn Jahre etwa 2,5 Kilogramm ihres Muskelgewichts!

»Welche Sportart sollte ich während der Schwangerschaft betreiben?«

Im achten Kapitel finden Sie die Antwort auf diese Frage.

»Kann man in jedem Alter mit dem Training beginnen?«

Sofern Sie einigermaßen gesund sind, ja. Haben Sie aber niemals Sport getrieben und sind über vierzig, rate ich Ihnen, mit Ihrem Arzt über Ihre Trainingspläne zu sprechen. Regelmäßiges Gehen und einige sanfte Straffungs- und Dehnungsübungen dürften aber in jedem Alter möglich sein. Versuche haben gezeigt, dass Menschen, die erst spät im Leben mit dem Training beginnen, genau so schnell Erfolg haben wie jüngere.

Natürlich sind Sie, wenn Sie sechzig sind und niemals Sport getrieben haben, nicht in der Lage, so fit wie eine fitte 25jährige zu werden. Aber das macht nichts – nur wenige Frauen werden jemals das Bedürfnis haben, bis zur maximalen Fitness zu trainieren.

»Wie weit sollte ich in dem Streben nach Fitness gehen? Wie merke ich, daß ich fit genug bin?«

Inwieweit man nicht fit ist, lässt sich mit Hilfe der Tests am Ende dieses Kapitels leicht herausfinden. Aber zu merken, wann man fit genug sind, ist eher eine Frage des gesunden Menschenverstandes.

Befolgen Sie den Trainingsplan der *Zyklusdiät*, werden Sie eine angemessene Ausdauer, Körperstraffheit, Kraft und Beweglichkeit für durchschnittliche Alltagsanforderungen erreichen. Falls Sie aber beispielsweise anstreben, einen Marathon zu laufen oder Bergzusteigen, müssen Sie deutlich mehr trainieren.

Ihr Interesse an Sport darf nicht in Besessenheit umschlagen. Übermäßiges Training kann Verletzungen und Ausgebranntheit verursachen sowie Ihren Körper anfälliger für Viren und Krankheiten machen. Dadurch kann auch Ihre Periode ausbleiben, was auf lange Sicht keine gute Sache ist, insbesondere nicht, wenn Sie eine Familie gründen möchten. Denken Sie daran: Ihr Körper braucht Ruhe.

Der Trainingsplan der *Zyklusdiät*

Der Trainingsplan der *Zyklusdiät* ist nichts Revolutionäres. Er enthält keine faszinierenden neuen Ideen oder Übungen. Er wird keine Wunder vollbringen. Aber er bietet Ihnen das, was meines Erachtens die meisten Frauen von einem Trainingsprogramm erwarten:

- Sie werden in einen Aktivitätsbereich geführt, der gut für Sie ist.
- Es wird nicht davon ausgegangen, dass Sie viel über Fitness wissen oder einen bestimmten Fitness-Level aufweisen.
- Sie können sich langsam und mit Ihrer eigenen Geschwindigkeit verbessern.

- Es gibt genügend Spielraum und viele Übungsvorschläge, damit Sie die geeigneten Übungen für Ihre Zyklusphase oder die damit vergleichbare Phase auswählen können.
- Das Programm ist unkompliziert. Sie können es problemlos Ihrer Lebensweise und Ihren Bedürfnissen anpassen.
- Wenn Sie das Programm regelmäßig machen, werden Sie die vielen Vorteile des Sports erleben, die in diesem Kapitel beschrieben wurden.

Ausdauertest (Herz-Lungen-Test)

Bevor Sie anfangen, müssen Sie noch zwei wichtige Dinge tun: Machen Sie als erstes den folgenden Fitnesstest, und benutzen Sie dann die Symptomliste, um Ihre eigenen, schwächsten Bereiche zu bestimmen.

Der Treppen-Test

Für diesen Test benötigen Sie eine 20 Zentimeter hohe Stufe. Das kann ein stabiler Kasten oder eine Treppenstufe sein. Außerdem brauchen Sie eine Uhr in Sichtweite. Tragen Sie bequeme Kleidung und Sportschuhe. Wärmen Sie sich auf, indem Sie eine Minute lang auf der Stelle gehen.

Stellen Sie sich vor die Stufe, und steigen Sie drei Minuten lang hinauf und wieder herunter. Ein vollständiger Step (Schritt) sieht so aus: Den rechten Fuß auf die Stufe stellen, den linken Fuß nachziehen, nun erst den linken, dann den rechten Fuß wieder auf den Boden stellen. Zählen Sie die Steps. Sie müssen ungefähr zwanzig dieser Steps pro Minute schaffen, damit der Test korrekt ausgewertet werden kann.

Machen Sie die Steps in gleichmäßigem Rhythmus. Hören Sie nach drei Minuten auf. Beenden Sie den Treppen-Test früher, wenn Sie nach Luft schnappen müssen oder die Muskeln in Oberschenkeln, Gesäß oder Waden zu schwach zum Weitermachen sind.

Die Anstrengungsskala

Beurteilen Sie anhand der nachfolgenden Anstrengungsskala, wie Sie den Test empfunden haben.

1 super einfach
2 sehr einfach
3 einfach
4 ziemlich einfach
5 mittel
6 etwas schwierig
7 schwer
8 sehr schwer
9 extrem schwer
10 konnte den Test nicht zu Ende durchführen

Testauswertung

Lesen Sie Ihr Testergebnis.

1 bis 3: Was Ihre Ausdauer betrifft, da sind Sie sehr fit. Wahrscheinlich werden die ersten Stufen des Ausdauer-Trainingsplans zu leicht für Sie sein, um noch einen Effekt zu haben. Beginnen Sie das Training mit Stufe 3 oder 4.

4 bis 6: Sie sind einigermaßen fit, könnten aber etwas mehr Ausdauer gebrauchen. Stufe 1 des Trainingsplans ist wahrscheinlich zu leicht für Sie. Versuchen Sie, gleich mit Stufe 2 zu beginnen.

7 bis 9: Sie sind nicht sehr fit und werden sehr von dem Ausdauertraining im nächsten Kapitel profitieren. Beginnen Sie mit Stufe 1, und machen Sie in Ihrem eigenen Tempo weiter. Vergessen Sie aber nicht, Steigerungen zu versuchen.

10: Haben Sie den Test nicht bis zum Ende durchgehalten, sind Sie überhaupt nicht fit. Je kürzer der Zeitraum war, über den Sie das Treppensteigen durchgehalten haben, desto weniger fit sind Sie. Sprechen Sie mit Ihrem Arzt, bevor Sie mit einem Ausdauertraining beginnen. Falls er Ihnen das Training gestattet, arbeiten Sie sich in Ihrem eigenen Tempo an Stufe 1 heran. Beginnen Sie beispielsweise nur mit halb so viel Gehen wie angegeben. Wenn Sie einigermaßen gesund sind, werden Sie Ihren Fitness-Level sehr schnell verbessern.

Krafttest

Bauchtest

Auf den Rücken legen, die Hände an die Ohren legen und die Fußgelenke kreuzen. Die Beine ruhig halten, Kopf und Nacken vom Boden heben und in Richtung Knie bewegen, als ob Sie sich einrollen wollten. Wieder auf den Boden legen.

Testauswertung
Wie viele Wiederholungen dieser Übung schaffen Sie, bis Sie erschöpft sind?

8 oder weniger	= schwache Bauchmuskulatur
9 bis 15	= mittelmäßige Bauchmuskulatur
16 oder mehr	= gute Bauchmuskulatur

Nackenbereichstest

Auf den Bauch legen, Arme an die Seite. Ausatmen, Kopf und Nacken so weit wie möglich vom Boden heben.

Testauswertung
Wie weit entfernt vom Boden ist Ihr Kinn?

Weniger als 7,5 Zentimeter	= schwache Muskulatur im Nackenbereich
7,5–15 Zentimeter	= mittelmäßige Muskulatur im Nackenbereich
mehr als 15 Zentimeter	= gute Muskulatur im Nackenbereich

Oberkörpertest

Auf allen vieren knien, Rücken gerade, Bauch eingezogen, die Finger zeigen nach vorn. Langsam den Kopf Richtung Boden bewegen. Den Kopf dabei immer in einer Linie mit dem geraden Rücken halten. Langsam wieder in die Ausgangsposition zurückkehren.

Testauswertung
Wie viele Wiederholungen dieser Übung schaffen Sie, bis Sie erschöpft sind?

8 oder weniger	= schwache Muskulatur im Oberkörper
9 bis 15	= mittelmäßige Muskulatur im Oberkörper
16 oder mehr	= gute Muskulatur im Oberkörper

Unterkörpertest

Stehen, die Füße schulterbreit auseinander und die Hände vorne auf die Oberschenkel legen. Hüfte ruhighalten. Knie beugen, bis die Oberschenkel einen Winkel von 45 Grad bilden. Langsam wieder strecken.

Testauswertung
Wie viele Wiederholungen dieser Übung schaffen Sie in langsamer, kontrollierter Bewegung?

8 oder weniger	= schwache Muskulatur im Unterkörper
9 bis 15	= mittelmäßige Muskulatur im Unterkörper
16 oder mehr	= gute Muskulatur im Unterkörper

Je schlechter Ihre Ergebnisse im Krafttest sind, desto mehr werden Sie von dem Straffungs- und Kraftprogramm der *Zyklusdiät* profitieren. Folgen Sie den Anweisungen im nächsten Kapitel.

Beweglichkeitstest

Schultertest

Stehen, die Füße einige Zentimeter weit auseinander, Knie entspannt. Hände hinter dem Rücken verschränken. Führen Sie die Arme mit gebeugten Ellenbogen so weit wie möglich nach oben.

Testauswertung
Wie weit kommen Sie? Überprüfen Sie das Ergebnis in einem körperhohen Spiegel.

Hände kaum vom Rücken abgehoben = schwache Schulterbeweglichkeit
Hände bis zu 15 Zentimeter vom Rücken entfernt = mittelmäßige Schulterbeweglichkeit
Hände mehr als 15 Zentimeter vom Rücken entfernt = gute Schulterbeweglichkeit

Test für Kniesehnen und unteren Rücken

Hinsetzen, rechtes Bein ausgestreckt, linkes Bein gebeugt und etwas zur Seite geneigt. Unteren Rücken gerade halten, nicht beugen. Oberkörper so weit wie möglich nach vorne über das rechte Bein absenken. Arme ausstrecken und das rechte Bein so weit unten wie möglich berühren, ohne die Schultern hochzuziehen.

Testauswertung
Wie weit kommen Sie?

Nicht weiter als bis zur Mitte der Wade = schwache Beweglichkeit in Kniesehnen und unterem Rücken
Nicht weiter als bis zum Fußgelenk = mittelmäßige Beweglichkeit in Kniesehnen und unterem Rücken

Bis zur Fußsohle oder weiter
= gute Beweglichkeit in Kniesehnen und unterem Rücken

Wenn Sie bei diesem Beweglichkeitstest schlecht abgeschnitten haben, werden Sie sehr von dem Trainingsplan der *Zyklusdiät* profitieren. Sie sollten Ihr Augenmerk besonders auf die Dehnungsübungen vor und nach dem Grundprogramm richten. Zusätzliches Stretching wird Ihnen helfen, in kurzer Zeit eine bessere Beweglichkeit zu erreichen.

Symptome und die geeigneten Übungen

Folgen Sie dem Trainingsplan der *Zyklusdiät,* werden Sie an allen Ecken des Fitness-Dreiecks arbeiten: Ausdauer, Kraft und Straffung sowie Beweglichkeit. Jeder besitzt jedoch unterschiedliche Fähigkeiten in diesen verschiedenen Bereichen. Sie können beispielsweise von der Ausdauer her recht fit, aber nur schlecht beweglich sein. Sie können über gute Muskelkraft verfügen, aber wenig Ausdauer haben usw.

Die folgende Liste wird Ihnen helfen, Ihre Schwächen aufzudecken, die ja einen weitreichenden Effekt in vielen Bereichen haben. Kreuzen Sie die Symptome an, die auf Sie zutreffen. Am Ende des Symptome-Blocks steht dann, welche Art von Übungen am besten geeignet ist, die in diesem Block aufgeführten Probleme oder Symptome zu heilen oder zu lindern. Je mehr Kreuze Sie in einem Block machen, desto wichtiger ist es, dass Sie möglichst viele Übungen der genannten Art in Ihren Trainingsplan aufnehmen. Im nächsten Kapitel wird die Übungsauswahl detailliert vorgestellt. Hier finden Sie die Übungen und Programme, aus denen sich das richtige Programm für Sie und Ihre Bedürfnisse zusammensetzen wird.

Symptome-Block 1

☐ Treppen-Test nicht bestanden
☐ Blass und schlechte Hautfarbe
☐ Schwacher Kreislauf – kalte Hände/Füße
☐ Häufig träge
☐ Langsamer Gewichtsverlust trotz Einhaltung des Diätplans
☐ Gerate leicht außer Atem
☐ Schlechter Schlaf
☐ Flüssigkeitsansammlung
☐ Verstopfung
☐ Prämenstruelles Syndrom
☐ Leichte Depressionen

ABHILFE: Regelmäßiges Ausdauertraining ist notwendig.

Symptome-Block 2

☐ Krafttest/Bauchtest nicht bestanden
☐ Krafttest/Nackenbereichstest nicht bestanden
☐ Krafttest/Oberkörpertest nicht bestanden
☐ Krafttest/Unterkörpertest nicht bestanden
☐ Kein Übergewicht, aber schlaffe Körperbereiche
☐ Große Taillen-Hüften-Differenz (siehe Kapitel 1)
☐ Vorstehender Bauch
☐ Hängendes Gesäß
☐ Muskelkater und -schmerzen
☐ Schwierigkeiten beim Heben/Tragen (beispielsweise kleine Kinder, Koffer, Einkäufe)
☐ Schlechte Haltung laut Symptome-Block 6
☐ Osteoporose-Fälle in der Familie (auch in früheren Generationen)
☐ Endomorpher Körpertyp (siehe Kapitel 1)
☐ Ektomorpher Körpertyp (siehe Kapitel 1)
☐ Langsamer Gewichtsverlust trotz Einhaltung des Diätplans

ABHILFE: Straffungs- und Kraftübungen sind notwendig.

Symptome-Block 3

- ☐ Beweglichkeitstest/Schultertest nicht bestanden
- ☐ Beweglichkeitstest/Test für Kniesehnen und unteren Rücken nicht bestanden
- ☐ Schlechte Haltung
- ☐ Muskelkater und -schmerzen
- ☐ Sitzende Tätigkeit
- ☐ Schulter-/Nackenverspannungen

ABHILFE: Zusätzliche Dehnungsübungen sind notwendig.

Symptome-Block 4

- ☐ Schwierigkeiten, tief Luft zu holen
- ☐ Neigung, Atem anzuhalten
- ☐ Schlechter Schlaf
- ☐ Schlechtes Konzentrationsvermögen
- ☐ Kopfschmerzen
- ☐ Schulter-/Nackenverspannungen
- ☐ Schmerzen bei Berührung von Schulter/Nacken
- ☐ Prämenstruelles Syndrom
- ☐ Nervosität/Panik

ABHILFE: Entspannungsübungen sind nötig.

Symptome-Block 5

- ☐ Schmerzen während der Periode
- ☐ Periode fängt zögerlich an

ABHILFE: Zusätzliche Übungen zur Lockerung von Becken, Bauch und Rücken sind notwendig.

Symptome-Block 6

- ☐ Runde Schultern
- ☐ Vorstehender Bauch
- ☐ Kreuze im Symptome-Block 3
- ☐ Starke Beugung im unteren Rücken
- ☐ Knie ein- oder auswärts gedreht
- ☐ Plattfüße
- ☐ Schiefe Haltung, von vorne betrachtet
- ☐ Häufige Schmerzen im unteren Rücken

ABHILFE: Haltungsübungen sind notwendig.

7

Trainingsplan für die *Zyklusdiät*

Den in diesem Kapitel vorgestellten Trainingsplan kann jede gesunde Frau befolgen. Mir war sehr wichtig, Ihnen ein möglichst einfaches Programm anzubieten, denn eines weiß ich aus eigener Erfahrung: Wenn man ein Buch aufschlägt und seitenweise komplizierte Anweisungen sieht, Herzfrequenzen messen soll und Entfernungen berechnen muss usw., neigt man dazu, aufzugeben, bevor man überhaupt angefangen hat.

Das Besondere an diesem Programm

Mit der fundierten Hilfe von Kathryn Cullen, Fitnesstrainerin des Jahres 1995/1996, habe ich aus dem *Zyklusdiät*-Trainingsprogramm alles bis auf das wirklich Wesentliche entfernt. Übriggebliebenist, so hoffe ich, ein Programm, das Sie leicht befolgen und in nur zwei Stunden pro Woche absolvieren können. Und es ist trotzdem flexibel genug, daß Sie sich in Ihrem eigenen Tempo weiterentwickeln können und sich niemals langweilen werden. Das Programm besteht aus folgenden Teilen:

Für alle!

Ausdauer: Dreimal (später viermal) pro Woche mindestens je 20 Minuten Gehen (Alternativen zum Gehen werden angeboten).

Straffung, Kraft und Dehnung: Dreimal pro Woche mindestens je 20 Minuten einfache Gymnastikübungen. Sie können diese Übungen an den Tagen ausführen, an denen Sie kein Ausdauertraining machen, aber auch am gleichen Tag wie das Ausdauertraining (Alternativen werden angeboten).

Nach Bedarf

Je nachdem, wie fit Sie werden möchten und welche Symptome Sie in den Symptome-Blocks am Ende des vorangegangenen Kapitels angekreuzt haben, können Sie diese zusätzlichen Übungen je nach Bedarf durchführen:

Zusätzliches Ausdauertraining: Schaffen Sie das in diesem Kapitel beschriebene Programm für das Gehen (oder Alternativen zum Gehen) in Stufe 6, sind Sie fit genug für weiteres Ausdauertraining. Machen Sie das Programm für Stufe 6 kontinuierlich weiter, könnten Sie Ihre Ausdauerleistung konstant halten. Vorschläge für zusätzliches Ausdauertraining finden Sie auf Seite 189.

Falls Sie viele Symptome im Symptome-Block 1 (Seite 176) angekreuzt haben, werden Sie vielleicht mehr als andere davon profitieren, wenn Sie viel Ausdauertraining machen. Allerdings sollten Sie alle sechs Stufen des Grundprogramms in Ihrem eigenen Tempo durchgearbeitet haben, bevor Sie zusätzliches Training aufnehmen.

Zusätzliche Straffungs- und Kraftübungen: Haben Sie das Grundprogramm für Straffung und Kraft in diesem Kapitel gemeistert, können Sie zusätzliche Übungen (wie auf Seite 224 beschrieben) machen. Dadurch werden Sie sich weiter verbessern. Falls Sie viele Symptome im Symptome-Block 2 (Seite 176) angekreuzt haben, wird Ihr Körper mit Sicherheit von diesen zusätzlichen Übungen profitieren.

Zusätzliche Dehnungs- und Entspannungsübungen: Haben Sie viele Symptome im Symptome-Block 3 oder 4 (Seite 177) angekreuzt, wird es Ihnen gut tun, die vier zusätzlichen Dehnungsübungen von Seite 226 in Ihr Grundprogramm aufzunehmen. Es wird dadurch nur zwei Minuten länger.

Zusätzliche Übungen zur Lockerung von Becken, Bauch und Rücken: Haben Sie im Symptome-Block 5 (Seite 177) etwas angekreuzt, wird es Ihnen gut tun, während Phase drei (direkt vor der Periode und während der ersten beiden Tage der Periode) die vier zusätzlichen Übungen von Seite 228 zu machen. Sie verlängern das Grundprogramm nur um zwei bis drei Minuten.

Zusätzliche Haltungsübungen: Haben Sie viele Kreuze im Symptome-Block 6 (Seite 178) gesetzt, ist Ihre Körperhaltung schlecht. Sie werden viel profitieren, wenn Sie die zusätzlichen Haltungsübungen von Seite 230 in Ihr Programm aufnehmen. Es verlängert sich dadurch nur um zwei bis drei Minuten.

Wann soll man die zusätzlichen Übungen machen?

Die zusätzlichen Übungen sollten Sie einfach im Anschluss an Ihr 20minütiges Grundprogramm für Straffung, Kraft und Dehnung machen, da Sie dann bereits aufgewärmt sind.

Die Ausnahme ist das Ausdauertraining, das natürlich zusammen mit dem Ausdauertraining des Grundprogramms absolviert werden soll.

Das Training und die drei Phasen

Es ist immer gut, ein neues Training (ganz gleich, ob Ausdauer oder Straffung) zu einer Zeit zu beginnen, in der Sie sich gut fühlen und positiv gestimmt sind. Das bedeutet, daß Sie wahrscheinlich in Phase eins beginnen werden. Wenn Ihre drei Phasen, wie bei vielen Frauen, mit dem Rhythmus Ihres Menstruationszyklus zusammenfallen, könnte folgendes Trainingsmuster für Sie passen:

Phase eins: Tun Sie was! Sie sind stark und motiviert. Studien haben gezeigt, dass Frauen zum Ende der Phase eins beim Eisprung am stärksten und kreativsten sind (wahrscheinlich durch die zu diesem Zeitpunkt hohen Östrogenwerte im Körper). Nutzen Sie also diese Zeit, um echte Fortschritte zu erzielen. Phase eins ist eine gute Zeit, um im Ausdauerprogramm eine oder sogar zwei Stufen voranzukommen oder bei den Straffungsübungen einen Satz Wiederholungen mehr zu machen.

Phase zwei: Sie beginnt direkt nach dem Eisprung und ist der Zeitraum, in dem Sie den Fortschritt, den Sie in Phase eins erreicht haben, konsolidieren. Eventuell können Sie sich sogar noch weiter verbessern, vor allem in den Feinheiten. Vielleicht gelingt es Ihnen, beispielsweise eine der Gymnastikübungen zum ersten Mal perfekt auszuführen oder eine Dehnungsübung ein bisschen länger durchzuhalten.

Phase drei: Dies sind die Tage vor Ihrer Periode und zu Beginn Ihrer Periode – eine Zeit, in der Sie besonders gut zu Ihrem Körper sein sollten. Geben Sie ihm die Übungen, die er braucht, und vernachlässigen Sie Ihr Training nicht. Aber erwarten Sie in dieser Zeit nicht zu viel von Ihrem Körper. Diese Phase eignet sich gut für zusätzliche Entspannungsübungen.

Und vergessen Sie die zusätzlichen Lockerungsübungen für das Becken nicht, wenn Sie im Symptome-Block 5 etwas angekreuzt haben.

Bleiben Sie auf der Stufe, die Sie während der letzten Phase erreicht haben, bis Sie wieder in Phase eins sind, nachdem Ihre Periode begonnen hat.

Es ist wichtig, in Phase drei weiterzutrainieren. Alle Studien zeigen, dass ein Training vor der Periode sich vorteilhaft auswirkt. Falls Sie eine starke Periode haben, kann es natürlich sein, dass langes Gehen nicht möglich ist, aber Sie können sicher eine oder zwei verkürzte Übungsrunden einlegen. An Tagen, an denen Sie sich nicht gut fühlen, denken Sie bitte daran: Das Training ist das beste Mittel für mehr Wohlbefinden. Aber trainieren Sie keinesfalls, wenn Sie krank sind. Ihr Körper braucht dann Ruhe, um die Krankheit zu bekämpfen und wieder gesund zu werden.

Vorschläge zum Zeitplan

Ich habe den Trainingsplan so flexibel wie möglich gehalten, damit Sie ihn gut in Ihre Arbeitswoche integrieren können. Es ist also Ihnen überlassen, wann Sie die drei 20minütigen Ausdauertrainings und die drei 20minütigen Straffungsprogramme absolvieren. Zur Erleichterung Ihrer persönlichen Planung finden Sie nachfolgend zwei Beispielpläne.

Wichtige Einschränkung: Sie sollten die Straffungsübungen nicht an drei aufeinanderfolgenden Tagen machen, um dann vier Tage gar nichts zu tun. Zwischen diesen Übungen sollte immer mindestens ein Tag Pause liegen, damit Ihre Muskeln sich richtig erholen können. Später in diesem Kapitel finden Sie noch einige Tips und Anmerkungen, die Ihnen bei der Planung behilflich sind, um den optimalen Effekt zu erzielen.

Trainingsplan 1

Der Plan eignet sich für Frauen, die jeden Tag trainieren möchten.
A = Ausdauertraining / S = Straffung

Stufe	Tag 1	Tag 2	Tag 3	Tag 4	Tag 5	Tag 6	Tag 7
1	A-20	S-20	A-20	S-20	A-20	S-20	Pause
2	A-20	S-20	A-30	S-20	A-20	S-20	Pause
3	A-30	S-20	A-30	S-20	A-30	S-20	Pause
4	A-20	S-20	A-30	S-20	A-30	S-20	A-20
5	A-30	S-20	A-30	S-20	A-30	S-20	A-20
6	A-30	S-20	A-30	S-20	A-30	S-20	A-30

Trainingsplan 2

Eignet sich für Frauen, die nur an drei oder vier Tagen der Woche trainieren möchten.

A = Ausdauertraining / S = Straffung

Stufe	Tag 1	Tag 2	Tag 3	Tag 4	Tag 5	Tag 6	Tag 7
1	A-20 S-20	Pause	A-20 S-20	Pause	A-20 S-20	Pause	Pause
2	A-20 S-20	Pause	A-30 S-20	Pause	A-20 S-20	Pause	Pause
3	A-30 S-20	Pause	A-30 S-20	Pause	A-30 S-20	Pause	Pause
4	A-20 S-20	Pause	A-30 S-20	Pause	A-30 S-20	Pause	A-20
5	A-30 S-20	Pause	A-30 S-20	Pause	A-30 S-20	Pause	A-20
6	A-30 S-20	Pause	A-30 S-20	Pause	A-30 S-20	Pause	A-30

Ihr Ausdauertraining

Es gibt sechs Stufen beim Ausdauertraining, die Sie sich Schritt für Schritt erarbeiten sollten. Wenn Sie mit der kleinsten Stufe beginnen und sich langsam nach oben arbeiten, können Sie sich nicht übernehmen und gehen kein Verletzungsrisiko ein.

Bis zu Stufe 3 werden Sie dreimal pro Woche ein Ausdauertraining machen. In Stufe 4 bis 6 machen Sie viermal pro Woche Ausdauertraining.

Vielleicht können Sie jede Woche eine Stufe höher gehen, so dass Sie nach sechs Wochen auf Stufe 6 sind. Es gibt jedoch keinerlei Verpflichtung, und Sie können auch zwei Wochen oder länger auf einer Stufe bleiben, falls Sie das möchten oder müssen. Allerdings gibt es keinen Grund, länger auf einer Stufe zu verweilen, als Sie müssen. Während Phase drei ist es am besten, auf der gleichen Stufe zu bleiben – oder sogar bei Bedarf eine Stufe zurückzugehen.

Der Spaziergang zur Fitness

Ich habe als optimales Ausdauertraining das Gehen ausgewählt. Dafür gibt es mehrere Gründe. Um Ihr Herz zu kräftigen und die Lungenkapazität zu erhöhen (also Ihre Herz-Kreislauf-Fitness beziehungsweise Ihr Ausdauervermögen), müssen Sie ein regelmäßiges Ausdauertraining absolvieren. Es gibt viele Aktivitäten, die als Ausdauertraining gelten, aber das einfachste und wahrscheinlich das sicherste, angenehmste und billigste ist das Gehen.

Für Frauen, die schon lange keinen Sport mehr getrieben haben, ist das Gehen außerdem die am wenigsten abschreckende Übung. Man kann sie ganz alleine machen, aber auch mit einer Freundin, die einen ähnlichen Fitness-Level wie man selbst hat. Gehen kann man immer und überall, und zwar angezogen mit Kleidung und Schuhen, die man wahrscheinlich sowieso schon besitzt. Und nicht zuletzt: Jeder kann es schon, da wir ja alle im täglichen Leben gehen (wenn auch oft nicht im sportlichen Sinn).

Möchten Sie lieber ein anderes Ausdauertraining als Gehen machen, dann tun Sie das. Ersetzen Sie das Gehen in Ihrem Trainingsplan einfach durch die von Ihnen gewählte Sportart. Geeignete Alternativen finden Sie auf Seite 190 unter »Alternativen zum Gehen«.

Die richtige Art zu gehen

Um Ihre Herz-Kreislauf-Fitness zu verbessern, müssen Sie so gehen, dass Ihr Pulsschlag auf Trainingsniveau ansteigt. Viele Ausdauersportarten sind daher von komplizierten Herz-Frequenz-Tabellen, Trainings-Zonen-Tabellen und ähnlichem begleitet, für die man seinen Puls häufig und korrekt messen muss. Diese Tabellen schrecken viele so ab, dass sie erst gar nicht mit dem Training beginnen – deswegen lasse ich sie weg.

Das Ganze geht viel einfacher, denn mit ein bisschen gesundem Menschenverstand finden Sie schnell selbst heraus, wann Ihr Puls hoch genug ist, damit das Training Wirkung zeigt.

Faustregel: Sie trainieren auf einem angemessenen Niveau, wenn Sie Ihre Atmung spüren, tiefer als sonst atmen und dabei sich ein wenig außer Atem fühlen. Sie merken, dass Sie etwas tun.

Zuviel des Guten muten Sie sich zu, wenn Sie so sehr außer Atem geraten, dass Sie nicht mehr sprechen können. Schmerzen oder übermäßige Anspannung oder die Notwendigkeit, vorzeitig abzubrechen, sind ebenfalls Zuviel-Warnsingnale.

Sportliches Gehen ist allerdings kein 20minütiger Schaufensterbummel. Anhand der nachfolgenden Skala der Anstrengungen können Sie beurteilen, ob Sie sportlich trainieren oder nicht. Sehen Sie sich die nachfolgende Liste an. Sie kennen mit Sicherheit fast alle der aufgeführten Anstrengungen, und Sie wissen, wie sie sich »anfühlen«.

Skala der Anstrengungen

Wie fühlen Sie sich beim Gehen?

1 Im Bett liegen
2 Schaufensterbummel
3 Wäsche aufhängen
4 Rasen mähen (Motormäher)
5 Ein Stockwerk Treppen steigen
6 Zur Arbeit gehen, wenn man zu spät dran ist
7 Jemanden einzuholen versuchen, der schneller geht
8 Mehrere Stockwerke Treppen steigen
9 Dem Bus hinterherlaufen
10 Völlige Erschöpfung

Auswertung

1 bis 4: Wenn Sie das Gehen nicht mehr als Nummer 1, 2, 3 oder 4 der Skala anstrengt, nützt es Ihrem Ausdauervermögen gar nichts. Gehen Sie etwas schneller.

5 bis 7: Hier liegen Sie genau richtig. Ein angemessenes Trainingsniveau beim Gehen haben Sie eingeschlagen, wenn Sie sich wie in Nummer 5, 6 oder 7 beschrieben fühlen.

Dieses Trainingsniveau sollten Sie mindestens 15 Minuten (bei Stufe 1) bis 25 Minuten (bei Stufe 6) durchhalten. Die restliche Zeit des Ausdauertrainings brauchen Sie fürs Aufwärmen oder Abkühlen.

8 bis 10: Wenn Sie das Gehen so sehr wie Nummer 8, 9 oder 10 anstrengt, ist es zu viel. Gehen Sie etwas langsamer.

Trainingstipp: Sie können sich an ein konstantes 15minütiges Gehen heranarbeiten, auch wenn Sie noch nicht fit genug sind: Gehen Sie ein paar Minuten auf einem Anstrengungsniveau von 6 oder 7, fallen Sie dann für ein paar Minuten auf 4 oder 5 zurück, beschleunigen Sie dann wieder auf 6 oder 7. Machen Sie das so lange, bis Sie in der Lage sind, die gesamten 15 Minuten auf Niveau 6 oder 7 zu gehen.

Aufwärmen vor dem Gehen

Das Aufwärmen besteht aus einigen Märschen auf der Stelle, wobei Sie die Arme bewegen sollten. Machen Sie ein paar Dehnungsübungen, um Ihre Beinmuskeln auf das Training vorzubereiten. Diese Dehnungen sollten acht Sekunden dauern und können aus den Übungen 1 bis 7 auf Seite 200 (Aufwärm-Dehnungsübungen) ausgewählt werden. Erst dann gehen Sie los.

Steigern Sie Ihre Gangart in den ersten zwei bis drei Minuten langsam, bis Sie das Niveau 4 bis 5 der Anstrengungsskala erreicht haben.

Wenn Sie sich nicht aufwärmen, riskieren Sie eine Verletzung der kalten Muskeln und unnötigen Stress für sich selbst.

Abkühlen nach dem Gehen

Zum Abkühlen verringern Sie zwei bis drei Minuten vor dem Beenden des Geh-Trainings Ihr Tempo, damit Ihr Puls und Ihre Atmung wieder auf ein normales Niveau zurückgehen. Sie sollten zum Schluss nur noch gemütlich spazierengehen.

Falls Sie ins Schwitzen geraten sind und/oder während des Gehens etwas ausgezogen haben, ziehen Sie es jetzt wieder an. Machen Sie zum Abschluss die langen Dehnungsübungen Nummer 1 bis 10 von Seite 219ff. Das dauert nur einige Minuten und verhindert, dass Sie am nächsten Tag Schmerzen oder Muskelkater haben. Außerdem ist dies der beste Zeitpunkt, die Beweglichkeit Ihrer Gelenke zu verbessern.

Nehmen Sie dann ein warmes Bad, oder duschen Sie warm – Sie haben es sich verdient!

Anmerkungen zum Training

Zum Gehtraining: Viele Trainingsprogramme für das Gehen geben eine bestimmte Strecke vor, die man in einer bestimmten Zeit zurücklegen muss. Ich habe mit Kathryns Zustimmung, die eine sehr erfahrene Fitnesstrainerin ist, entschieden, dass dies nicht unbedingt notwendig ist.

Trainieren Sie auf Ihrem persönlichen Niveau, werden Sie automatisch im Lauf der Wochen und bei ansteigenden Stufen schneller gehen – und somit eine längere Strecke zurücklegen. Außerdem verlängert sich die Trainingseinheit in den höheren Stufen von 20 auf 30 Minuten, wodurch natürlich auch die Strecke länger wird.

Wenn Sie korrekt trainieren, werden Sie automatisch eine längere Strecke in der gleichen Zeit zurücklegen. Der Grund dafür ist einfach: Ihr Herz und Ihre Lungen werden langsam fitter, daher müssen Sie mehr tun, um etwas außer Atem zu geraten, das heißt, Sie gehen schneller oder – als Alternative – bergauf.

Zum Aufwärmen: Möchten Sie Ihre Straffungsübungen am gleichen Tag wie das Ausdauertraining und beides ungefähr zur gleichen Tageszeit absolvieren, dann machen Sie die Gymnastik nach dem Ausdauertraining. Das spart Zeit, da Sie sich die Aufwärmgymnastik einmal ersparen und gleich mit den regulären Dehnungsübungen beginnen können. Außerdem fallen Ihnen diese Übungen wahrscheinlich noch leichter, da Sie von dem Ausdauertraining schön durchgewärmt sind.

Zur Gangart: Sie ist sehr wichtig. Achten Sie auf Ihre Haltung. Der Bauch muss eingezogen sein, und das Gehen sollte aus der Hüfte kommen. Halten Sie den Hals gestreckt, nicht in die Schultern eingezogen. Heben Sie Ihren Brustkorb an, lassen Sie die Schultern entspannt herunterhängen und leicht nach hinten zusammengedrückt. Und halten Sie die Ohren über den Schultern! Wenn Sie schneller gehen, werden Sie wahrscheinlich die Arme mehr bewegen, um den Körper auszubalancieren.

Schritt für Schritt: Das Sechs-Stufen-Programm geht davon aus, dass Sie am Anfang nicht sehr fit sind. Falls Sie beim Treppen-Test auf Seite 170 gut abgeschnitten haben, können Sie auf einer höheren Stufe als 1 beginnen. Wenn Sie Stufe 6 ohne Schwierigkeiten durchhalten, sind Sie fit genug für die Alltagsanforderungen, aber vielleicht möchten Sie sich ja noch weiter steigern ...

Zusätzliches Ausdauertraining

Stufe 6 hat einen höheren Trainingseffekt als man auf den ersten Blick glauben möchte. Das kommt, weil Sie beim Gehen ein immer schnelleres Tempo vorlegen können und damit den Trainingseffekt weiter steigern. Aber eines Tages haben Sie die Grenze erreicht, an der Sie nicht mehr schneller gehen können, ohne dass Sie zu laufen beginnen. Sind Ihre Fußgelenke geschmeidig, haben Sie keine Arthrose und tragen Sie geeignete Trainingsschuhe, können Sie natürlich genau das tun, in Form eines Intervall-Trainings. Gehen, dann eine oder zwei Minuten Joggen. Steigern Sie die Jogging-Zeit jede Woche ein wenig. Das ist eine Möglichkeit, den Trainingseffekt zu steigern.

Eine andere Möglichkeit ist, die Trainingszeit zu verlängern. Gehen Sie 45 Minuten statt 30 Minuten.

Als dritte Möglichkeit bietet sich an, mehr bergauf oder in

schwierigerem Gelände zu gehen. Auf Sand oder hartem Gras geht es sich schwieriger als auf einer ebenen, glatten Oberfläche.

Und schließlich können Sie auch noch andere Ausdauersportarten zusätzlich trainieren, beispielsweise am sechsten Tag zusätzlich 20 bis 30 Minuten Radfahren, Schwimmen oder an einem Aerobic-Kurs teilnehmen. Weitere Informationen und Vorschläge dazu finden Sie im nächsten Abschnitt »Alternativen zum Gehen« und in der Tabelle auf Seite 193.

Ausrüstung: Sie brauchen keinerlei spezielle oder aufwendige Ausrüstung, eine bequeme Jogginghose, ein T-Shirt, ein leichtes, wasserabweisendes Oberteil, Socken und passende Sportschuhe reichen völlig aus. Gut geeignet sind Aerobic-Schuhe oder Laufschuhe. Bei beiden Schuharten sollte man auf gute Qualität achten.

Tipps: Nehmen Sie – vor allem bei warmem Wetter – eine Flasche Wasser oder verdünnten Apfelsinensaft mit. Es gibt leichte Kunststofflaschen, die man an einer Bund- oder Gürteltasche (sehr praktisch!) befestigen kann.

Gehen Sie nicht alleine in einsamen Gegenden, vor allem nicht im Dunkeln. Eine Mitstreiterin mit dem gleichen Fitness-Level ist immer gut. (Eine Begleitung mit abweichendem Fitness-Level wird zu Problemen beim Training führen.)

Alternativen zum Gehen

Mögen Sie nicht gehen, können Sie statt dessen ein anderes Ausdauertraining wählen. Wenn Sie aber wenig fit sind, empfehle ich Ihnen sehr, das Gehen für mindestens zwei Wochen durchzuführen. Es ist, ob man will oder nicht, einfach die beste Startmöglichkeit.

Die Auswahl an Alternativen ist groß, wie die nachfolgende »Liste der Aktivitäten« zeigt. Lesen Sie, bevor Sie sich diesem Überblick zuwenden, unbedingt den folgenden Abschnitt.

Erläuterungen zur Liste der Aktivitäten

Die Tabelle bewertet viele Aktivitäten, nicht nur Sportarten, sondern auch alltägliche Dinge wie Haus- und Gartenarbeit. Ihre Effizienz als Ausdauertraining wird durch die Zahl der Sternchen gekennzeichnet:

- Ein Sternchen bedeutet, dass diese Aktivität wenig oder gar keine Steigerung der Ausdauer bringt (beispielsweise Yoga).
- Zwei Sterne bedeuten, dass diese Aktivität die Ausdauer etwas steigert.
- Drei Sterne bedeuten, dass diese Aktivität sich sehr gut zur Ausdauersteigerung eignet.

Die letzte Spalte in der Tabelle gibt an, wie anstrengend die Aktivität ist, so dass Sie sich eine Aktivität aussuchen können, die Ihrem aktuellen Fitness-Level entspricht.

Wer nicht fit ist und eine Alternative zum Gehen sucht, sollte eine Aktivität mit einem Stern wählen, zum Beispiel langsames Tanzen oder Rasen mähen. Später können Sie sich eine Aktivität mit Anstrengungsgrad drei aussuchen, wie beispielsweise High-Low-Aerobics, Skaten oder Rudern.

Wichtig für Ihre Auswahl

Denken Sie immer daran, dass Sie eine Aktivität auf einem konstanten Niveau mindestens 15 Minuten lang, bei Stufe 6 sogar 25 Minuten lang, durchhalten müssen, um einen wirksamen Trainingseffekt zu erzielen. Wenn Sie die betreffende Aktivität nicht gewöhnt sind, kann Ihnen dies erheblich mehr Schwierigkeiten bereiten als das Gehen. Seilspringen ist beispielsweise ein sehr gutes Ausdauertraining, aber einem Anfänger fällt es sehr schwer, länger als eine Minute durchzuhalten.

Mischtraining: Viele Trainingswege führen zur Fitness. Vielleicht kommen Sie mit einer Art Mischtraining besser zurecht als nur mit einer Aktivität. So ein Training können Sie sich selbst maßschneidern. Es dauert insgesamt 20 bis 30 Minuten (je nach Stufe) und könnte beispielsweise so aussehen:

3 Minuten Marschieren auf der Stelle, 3 Minuten Treppensteigen, 1 Minute Seilspringen – und das Ganze wird dreimal wiederholt.

Nicht übernehmen: Solange Sie Ihr Trainingsniveau während einer 20minütigen Trainingseinheit für 15 Minuten beziehungsweise während einer 30minütigen Trainingseinheit für 25 Minuten aufrechterhalten, ist das O. K.

Wenn Ihnen etwas zu schwer fällt und Sie das Trainingsniveau nicht durchhalten können, wird das Ganze nicht funktionieren. Suchen Sie sich in diesem Fall erst einmal eine einfachere Aktivität aus, und kehren Sie später, nachdem Sie fitter sind, wieder zu der schwierigeren Aktivität zurück. Oder bauen Sie die schwierige Aktivität in kurzen Intervallen in Ihr Gesamttraining ein.

An den Fitness-Level anpassen: Wenn die ausgewählte Aktivität Sie eines Tages nicht mehr genügend außer Atem bringt, um einen Trainingseffekt zu erzielen, ist es an der Zeit, etwas Anstrengenderes zu tun. Oder klopfen Sie sich selbst auf die Schulter und beschließen Sie: »So, das war's jetzt. Ich bin fit genug. Ich werde meinen jetzigen Fitness-Level einfach halten.«

Liste der Aktivitäten

Sportart/Aktivität	Ausdauer	Kraft/Straffung Oberkörper	Kraft/Straffung Unterkörper	Beweglichkeit	Kalorienverbrauch p./Min.	Anstrengungsgrad
Abfahrtsski	★★	★★	★★★	★★	6	★★
Aerobics für Anfänger	★★★	★★	★★★	★★	7	★
Badminton	★★	★★	★★	★★	5	★
Basketball	★★	★★	★★	★★	5	★★
Bergsteigen	★★	★	★★★	★★	4	★★
Body-Conditioning-Kurs	★★	★★★	★★★	★★	4	★
Bogenschießen	★	★★	★	★	3	★
Eislaufen	★★	★	★★★	★★	4	★★
Fechten	★★	★★	★★	★	5	★★
Fußball	★★	★	★★	★★	5	★★
Gehen	★★★	★	★★★	★	5	★
Gewichtheben	★	★★★	★★	★	7	★★★
Golf	★★	★★	★★	★★	4	★
Gymnastik	★★	★★★	★★★	★★★	5	★★
Handball	★★	★★	★★★	★★	4	★
Hausarbeit	★	★	★	★★	4	★
High-Low-Aerobics	★★★	★★	★★★	★★	8	★
Hockey	★★	★★	★★	★★	5	★★
Jogging	★★★	★	★★★	★	7	★★★
Judo	★	★★	★★	★★★	4	★★
Kraft- und Dehnungsprogramm der *Zyklusdiät*	★	★★★	★★★	★★★	3	★
Kricket	★	★★	★★	★★	3	★★
Laufen	★★★	★	★★★	★	8	★★★
Radfahren	★★★	★	★★★	★	7	★★
Rasen mähen mit Handmäher	★★	★★	★★	★	5	★
Reiten	★	★★	★★★	★★	4	★
Rudern	★★★	★★★	★★	★	7	★★★
Rugby	★★	★★	★★	★★	6	★★
Schwimmen	★★★	★★★	★★★	★★	7	★★
Seilspringen	★★★	★★	★★★	★★	6	★★★
Skaten	★★★	★	★★★	★★	5	★★
Skilanglauf	★★★	★★★	★★★	★★	8	★★★
Squash	★★	★★	★★	★★	10	★★★

Sportart/Aktivität	Ausdauer	Kraft/Straffung Oberkörper	Kraft/Straffung Unterkörper	Beweglichkeit	Kalorienverbrauch p./Min.	Anstrengungsgrad
Stretching (Dehnung)	★	★	★	★★★	3	★★
Tanzen (Disco oder Lateinamerikanisch)	★★★	★★	★★	★★	5	★
Tanzen (langsam)	★★	★	★★	★★	4	★
Tennis	★★	★★	★★★	★★	6	★★
Tischtennis	★★	★★	★★	★★	5	★
Treppen steigen	★★★	★	★★★	★	8	★★
Umgraben im Garten	★	★★	★★	★	4	★★
Volleyball	★★	★★	★★	★★	5	★
Yoga	★	★	★	★★★	3	★★
Yomping (abwechselnd Gehen und Joggen)	★★	★	★★★	★	6	★
Zirkeltraining (im Fitnessstudio)	★★★	★★★	★★★	★★	5	★★

Ihr 20minütiges Straffungs-, Kraft- und Dehnungsprogramm

Mit diesem Programm werden Sie die Straffheit Ihres Körpers, Ihre Kraft und Beweglichkeit bei einem Zeitaufwand von nur einer Stunde pro Woche verbessern.

Die drei 20minütigen Einheiten bestehen aus:

- 5 Minuten Aufwärmen und kurze Dehnungen
- 12 Minuten Straffungs- und Kraftübungen
- 3 Minuten Dehnungen zum Abkühlen

Das Programm ist wirklich sehr einfach, und trotzdem werden alle wichtigen Muskeln in Ihrem Körper trainiert. Die angegebene Dauer für die Übungen dient nur als Anhaltspunkt. Fangen Sie gerade erst an, wird es natürlich etwas länger dauern, weil Sie die Bewegungen lernen müssen. Wenn Sie im Laufe der Zeit kräftiger werden und zusätzliche Straffungs- und Kraftübungen machen, kommen noch ein paar Minuten hinzu.

Versuchen Sie nie Zeit zu sparen, indem Sie das Aufwärmen weglassen. Unaufgewärmt werden Ihnen die Übungen schwerer fallen, und das Verletzungsrisiko ist dann sehr hoch.

Machen Sie die Straffungs- und Kraftübungen, die kontrolliert durchgeführt werden müssen, um effizient zu sein, nicht zu schnell.

Lassen Sie sich auch bei den Dehnungsübungen genügend Zeit. Das sind wichtige Übungen. Sie verhelfen Ihrem Körper zu besserer Beweglichkeit, dienen der Abkühlung, verhindern potentiellen Schmerz und Muskelkater und verbessern Ihre Haltung.

Alternativen zum 20-Minuten-Programm

Ich denke, das Straffungs-, Kraft- und Dehnungsprogramm der *Zyklusdiät* wird Ihnen gefallen. Doch falls Sie es gar nicht machen mögen, benutzen Sie die Liste der Aktivitäten auf Seite 193f., um passenden Ersatz zu finden. Darin sind alle geeigneten Aktivitäten, die sich auf die Kraft und Beweglichkeit des Ober- und Unterkörpers beziehen, bewertet. Wählen Sie eine Aktivität oder eine Kombination von Aktivitäten, die gute Wirksamkeit bieten. Beispielsweise ist Schwimmen gut für Kraft und Beweglichkeit des Ober- und Unterkörpers und somit nahezu ideal. Es ist auch eine gute Ausdauerübung, so dass es die perfekte Sportart für alle ist, die wenig Zeit haben. An den Schwimmtagen können Sie sogar auf ein separates Ausdauertraining verzichten.

Tipps für Ihr Übungsprogramm

Lesen Sie diese Hinweise, bevor Sie beginnen.

- Machen Sie die Übungen zu einer für Sie optimalen Tageszeit, das heißt, Sie müssen noch »dabei sein« können, Sie dürfen weder sehr erschöpft noch nur halb wach sein.
- Machen Sie keine Übungen, wenn Sie krank sind.

- Beginnen Sie frühestens eine Stunde nach einer Hauptmahlzeit mit den Übungen, sonst kann es zu Übelkeit kommen.
- Atmen Sie während der Übungen gleichmäßig. Ausatmen bei der anstrengenden Bewegung macht die Übung noch effektiver.
- Tragen Sie leichte und je nach Umgebungstemperatur ausreichend warme Kleidung. Sie sollte bequem sein, also nicht einengen. Zu weit darf sie allerdings auch nicht sein, da Sie sehen sollen, was Ihr Körper tut. Tragen Sie leichte, flexible Turnschuhe und bequeme Strümpfe.
- Tragen Sie beim Aufwärmen und nach dem Abkühlen ein Sweatshirt.
- Mit Musik machen die Übungen Ihnen vielleicht mehr Spaß, und Sie bleiben besser im Rhythmus. Das geht aber nur, wenn der Rhythmus der Musik mit Ihren Fähigkeiten übereinstimmt. Bei schnellen Rhythmen machen Sie die Bewegungen zu schnell und damit weniger sorgfältig (schneller ist nicht besser). Werden die Übungen korrekt ausgeführt, sind sie um so schwieriger, je langsamer und kontrollierter man sie ausführt.
- Machen Sie die Übungen auf einer festen, aber etwas flexiblen, rutschfesten Fläche, zum Beispiel auf einem Teppich oder einer Übungsmatte. Breiten Sie ein großes Handtuch auf der Übungsfläche aus. Der Raum muss warm sein. Ist Ihnen kalt, verlängern Sie die Aufwärmphase, bis Ihnen wohlig warm ist.
- Sorgen Sie dafür, dass Sie ungestört bleiben, und vermeiden Sie selbst jede Unterbrechung – dies ist Ihre Zeit.
- Konzentrieren Sie sich auf das, was Sie tun. Träumen Sie nicht vor sich hin. Gehen Sie die Übungen zweimal langsam in Gedanken oder mit nur angedeuteten Bewegung durch, bevor Sie Ihre Übungsrunde starten.

Aller Anfang ist schwer: Die Übungen werden in Wort und Bild erklärt. Auf den Fotos zeigt Kathryn Ihnen, wie die Übungen aussehen sollten. Ideal wäre ein mannshoher Spiegel, in dem Sie überprüfen können, ob Ihre Haltung so aussieht, wie auf dem entsprechenden Foto. Oder bitten Sie Ihren Partner oder eine Freundin, das zu überprüfen.

Wenn Sie gymnastische Übungen nicht gewöhnt sind, wird es Ihnen anfangs eventuell schwer fallen, jede Übung genau wie auf den Bildern gezeigt durchzuführen. Haben Sie beispielsweise schwache Bauchmuskeln oder einen steifen Rücken, werden Sie es schwierig finden, so weit vom Boden hochzukommen wie Kathryn auf dem Foto. Und bei steifen Kniemuskeln wird Ihnen die entsprechende Dehnungsübung zu Anfang sicherlich auch sehr schwer fallen.

Aber der Sinn dieses Programms ist es, Ihre körperliche Fitness zu verbessern. Wenn Sie sich also wirklich konzentriert bemühen, zusätzliche Übungen für Ihre schwachen (bei den Kraftübungen) sowie verspannten (bei den Dehnungen) Bereiche zu machen, werden Sie sich langsam verbessern. Sie werden dann schließlich alle Übungen (fast) perfekt ausführen.

Es ist besser, eine Übung nur halb, als sie falsch zu machen. Lesen Sie deshalb die schriftlichen Anweisungen sorgfältig, und sehen Sie sich die Bilder in Ruhe an, damit Sie genau wissen, was Sie erreichen sollen.

So stehen Sie richtig: Wenn nicht anders angegeben, ist der korrekte Stand für alle Übungen im Stehen folgendermaßen: Aufrecht stehen, Beine schulterbreit auseinander, Knie entspannen, Bauch einziehen, Becken so ausrichten, dass das Steißbein senkrecht auf den Boden zeigt (kein Hohlkreuz machen), Gesäß entspannen. Brustkorb heben und Schultern nach hinten und unten drücken. Hals strecken und Ohren über die Schultern bringen. Überprüfen Sie Ihre Position im Spiegel.

Wie Sie sich steigern können

Wahrscheinlich werden Sie einige Wochen brauchen, um das Übungsprogramm in den Griff zu bekommen und um jede Übung korrekt und gut durchzuführen, alle angegebenen Wiederholungen zu machen und alle Dehnungsübungen lange genug durchzuhalten. Haben Sie das geschafft, ist es an der Zeit, über weitere Steigerungsmöglichkeiten nachzudenken.

Steigern können Sie sich, indem Sie die Wiederholungsrate der Straffungs- und Kraftübungen erhöhen.

Die empfohlenen zwölf Wiederholungen bei jeder Übung bilden einen Satz. Schaffen Sie einen Satz, ohne nach der zwölften Wiederholung Ermüdung in den Muskeln zu verspüren, machen Sie zwei Sätze mit einer Pause von 15 Sekunden dazwischen. Das verlängert die Übungsdauer. Da Sie aber fitter geworden sind, werden Sie die Bewegungen etwas schneller durchführen, so dass es gar nicht so lange dauert, einen zusätzlichen Satz zu machen.

Sie müssen den zusätzlichen Satz mit seinen zwölf Wiederholungen nicht sofort vollständig ausführen. Sie können ihn langsam aufbauen, indem Sie beispielsweise mit vier Wiederholungen beginnen und sich langsam auf zwölf hocharbeiten.

Bei den Dehnungsübungen steigern Sie sich am besten, wenn Sie die Dehnungen besser machen (also mit besserer Körperhaltung), die Dehnung länger halten und sich dabei voll entspannen.

Aufwärmen und kurze Dehnungen (5 Minuten)

1. Zum Aufwärmen aufrecht hinstellen. Beine leicht auseinander, Knie entspannt und Bauch eingezogen. Die Schultern 10 mal hochziehen und wieder fallen lassen, 10 mal nach vorne und nach hinten drücken, dann nach vorne und nach hinten kreisen.
2. 30 Sekunden lang auf der Stelle marschieren, dabei die Arme locker mitbewegen und die Füße 3 bis 5 Zentimeter vom Boden abheben.
3. Weitere 30 Sekunden marschieren, jetzt dabei die Knie hochziehen, aber nur so hoch, dass der Oberschenkel nicht höher als parallel zum Boden kommt und die Haltung nicht leidet.
4. Beine weiter auseinander bringen und noch eine Minute weitermarschieren. Dabei die Beine auseinander halten und die Arme kräftig mitbewegen.
5. Rechtes Bein mit gebeugtem Knie nach links vor dem Körper anheben, rechtes Knie mit linkem Arm leicht berühren. Rechtes Bein wieder abstellen und die gleiche Bewegung mit dem linken

Knie und dem rechten Arm durchführen. 30 Sekunden lang abwechselnd wiederholen.

6. Füße einige Zentimeter auseinander stellen, rechten Unterschenkel nach hinten heben und die Ferse so hoch wie möglich bringen. Bein wieder abstellen und die Übung mit dem linken Unterschenkel durchführen. Eine Minute lang so rhythmisch wie möglich wiederholen und dabei die Arme seitlich abwechselnd heben.

Jetzt sollten Sie aufgewärmt sein, und Sie können sich den Dehnungsübungen zuwenden. Jede dieser Dehnungsübungen ist eine einzelne Bewegung, die acht Sekunden lang gehalten werden sollte. Sie sollten alle aufrecht stehend ausgeführt werden. Die Übungen 1 bis 7 auf Seite 200ff. können Sie auch als Aufwärm-Dehnungen für Ihr Ausdauerprogramm benutzen.

Aufwärm-Dehnungen

1. Rücken dehnen
Mit gebeugten Knien hinstellen, die Hände auf die Oberschenkel gestützt.

Wirbelsäule krumm machen und Rücken nach oben drücken (siehe Abbildung). Sie fühlen, wie der Bauch sich zur Wirbelsäule hochzieht.

2. ***Seite dehnen***
Aufrecht stehen, Füße schulterbreit auseinander, Knie entspannt. Rechte Hand in der Mitte außen auf dem rechten Oberschenkel abstützen. Linken Arm nach oben und so weit wie möglich nach rechts strecken (siehe Abbildung), ohne den Körper nach links oder rechts zu verdrehen. Sie fühlen die Dehnung in Ihrer linken Körperseite. Zurück in die Ausgangsposition und die Übung für die andere Seite machen.

3. ***Kniesehne dehnen***
Aufrecht stehen mit geschlossenen Füßen. Den rechten Fuß vorstellen und das linke Knie beugen. Den Körper beugen und die Hände auf dem linken Oberschenkel abstützen (siehe Abbildung). Aus der Hüfte heraus vorbeugen und das Steißbein heben, bis Sie die Dehnung hinten im rechten Oberschenkel spüren. Zurück in die Ausgangsposition und die Übung für die andere Seite machen.

4. Obere Wade und vordere Schulterpartie dehnen
Rechtes Bein etwa 45 Zentimeter hinter das linke stellen (siehe Abbildung). Linkes Knie leicht beugen. Rechtes Bein strecken, so dass die Ferse am Boden bleibt. Beide Füße zeigen nach vorne. Körper leicht nach vorne legen. Sie fühlen jetzt eine Dehnung in der oberen Wade. Gleichzeitig die Hände hinter dem Rücken falten, Ellbogen leicht gebeugt, und die Arme so weit wie möglich anheben, dabei den Brustkorb aufrecht halten. Sie fühlen die Dehnung quer über die vordere Schulterpartie und etwas im Brustkorb. Übung mit linkem Bein hinten ausführen.

5. Untere Wade und hintere Schulterpartie dehnen
Mit leicht gebeugten Knien aufrecht stehen, rechtes Bein einige Zentimeter hinter dem linken (siehe Abbildung). Rechtes Knie beugen, Ferse auf dem Boden stehen lassen. Sie fühlen die Dehnung in der unteren rechten Wade und hinten am Fußgelenk (Achillessehne). Gleichzeitig den rechten Arm über den Brustkorb legen (siehe Abbildung) und mit der linken Hand den rechten Ellbogen leicht nach links drücken, um die rechte Schulter zu dehnen. Zurück in die Ausgangsposition und die Dehnung für die andere Seite machen.

6. Quadrizeps (vorderen Oberschenkelmuskel) dehnen
Mit entspannten Knien aufrecht stehen, rechtes Bein wie in der Abbildung anheben. Dabei das rechte Knie ruhig halten und die rechte Ferse mit Hilfe der rechten Hand Richtung Rücken bringen (aber nicht zu stark mit der Hand drücken). Becken nach hinten drücken. Sie fühlen die Dehnung vorne im rechten Oberschenkel. Zurück in die Ausgangsposition und Dehnung für die andere Seite wiederholen. Legen Sie die Hand zur Unterstützung auf eine Stuhllehne.

7. Innere Oberschenkelseite dehnen
Breitbeinig aufrecht stehen, Zehen zeigen nach vorne, Knie leicht gebeugt. Mit geradem Rumpf Körpergewicht auf das rechte Bein verlagern und linkes Knie strecken (siehe Abbildung), bis Sie die Dehnung links innen am Oberschenkel spüren. Zurück in die Ausgangsposition und Dehnung für die andere Seite wiederholen.

Kraft- und Straffungsübungen (12 Minuten)

Ihr Ziel ist es, einen Satz jeder dieser Übungen zu machen. Ein Satz besteht aus zwölf Wiederholungen der gesamten Übungsbewegung. Anfangs schaffen Sie die zwölf Wiederholungen vielleicht nicht, eventuell schaffen Sie sogar nur drei oder vier. Machen Sie so viele Wiederholungen, wie Sie können (höchstens jedoch zwölf), bis die beanspruchten Muskeln ermüden und anfangen zu zittern. Versuchen Sie nicht, über diesen Punkt hinaus weiterzumachen. Hören Sie dann mit der Übung auf, und machen Sie mit der nächsten weiter. Oder wiederholen Sie die Übung für die andere Seite, wenn es eine Übung ist, die für jede Körperseite getrennt ausgeführt werden muss.

Sie sollten aber nicht weniger als zwölf Wiederholungen von jeder Übung machen, es sei denn, Ihre Muskeln sind ermüdet.

In den folgenden Wochen können Sie zusätzliche Sätze bei allen Übungen machen. Legen Sie zwischen den Sätzen mindestens 15 Sekunden Pause ein.

Am Anfang können Sie einige Übungen vielleicht nicht so gut ausführen, aber versuchen Sie Ihr Bestes, und konzentrieren Sie sich. Denken Sie immer an »langsam« und »kontrolliert«, und Sie werden es bald sehr gut können.

Bitte merken!

Wenn nicht anders angegeben, ist der korrekte Stand für alle Übungen im Stehen folgendermaßen: Aufrecht stehen, Beine schulterbreit auseinander, Knie entspannt. Bauch einziehen, Becken so ausrichten, dass das Steißbein senkrecht auf den Boden zeigt. Gesäß entspannen, Brustkorb heben und Schultern nach hinten und unten drücken. Hals strecken und Ohren über die Schultern bringen. Überprüfen Sie Ihre Position im Spiegel.

Kraft- und Straffungsübungen

1. Kniebeugen mit gespreizten Beinen (für vordere und innere Oberschenkel, Hüfte und Gesäß)
Breitbeinig aufrecht stehen, Becken in korrekte Position bringen.

Knie beugen und mit aufrechtem Oberkörper so weit wie möglich in die Hocke gehen. Langsam wieder aufrichten. 12 Wiederholungen.

Tipp: Halten Sie den Körper so gerade wie möglich, und die Knie müssen über den Schuhbändern stehen, wenn Sie in die Hocke gehen (siehe Abbildung).

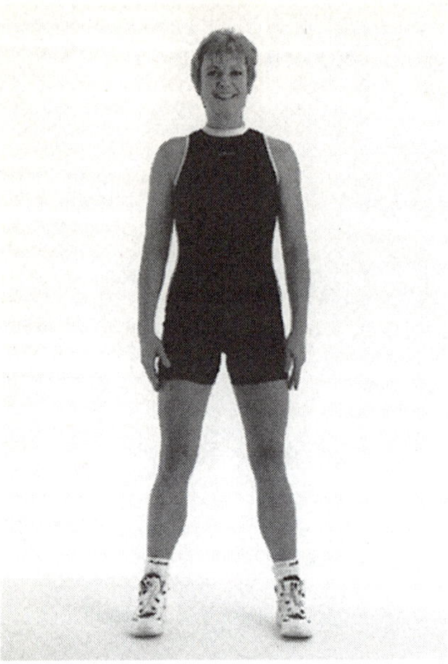

2. ***Kniebeugen (für Oberschenkel, Hüfte und Gesäß)***
Korrekte Ausgangsposition einnehmen (siehe »Bitte merken!«, Seite 204).

Knie und Hüfte langsam beugen, bis sie in einem 90-Grad-Winkel zueinander stehen (oder so weit es geht), dabei das Gesäß nach hinten strecken. Langsam in die Ausgangsposition zurückkommen. 12 Wiederholungen.

Tipp: Ihr Rücken bildet einen diagonalen Winkel zum Boden.

3. Seitliches Armheben (für die Schultern)
Korrekte Ausgangsposition wie in der vorigen Übung einnehmen. Arme seitlich mit der Handfläche zum Körper zeigend, Daumen nach vorne zeigend, hängen lassen. Langsam beide Arme heben und bis auf Schulterhöhe hochführen. Langsam in die Ausgangsposition zurück. 12 Wiederholungen.

Tipps: Ziehen Sie die Schultern bei dieser Übung nicht hoch. Später können Sie mit Gewichten arbeiten, um die Schwierigkeit dieser Übung zu erhöhen. Beginnen Sie dann mit höchstens 1 Kilogramm pro Hand.

4. Vorgebeugtes Rudern (für den Rücken)
Linkes Bein weit vor das rechte stellen, linke Hand in der Mitte des linken Oberschenkels abstützen. Vorwärts über das linke Bein beugen. Rechten Arm nach vorne strecken und vor das rechte Bein bringen.

Schulterblätter zusammen und nach unten drücken, Ellbogen langsam beugen und nach hinten hochführen, während die Hand zur Hüfte geht. 12 Wiederholungen auf jeder Seite.

Tipps: Sie fühlen während der Ruderbewegung, wie Ihr Schulterblatt Richtung Wirbelsäule drückt. Später können Sie mit Gewichten arbeiten.

5. Bizeps beugen (für den Oberarm)
Korrekte Ausgangsposition einnehmen. Arme vor dem Körper gestreckt, Handflächen nach außen zeigend.

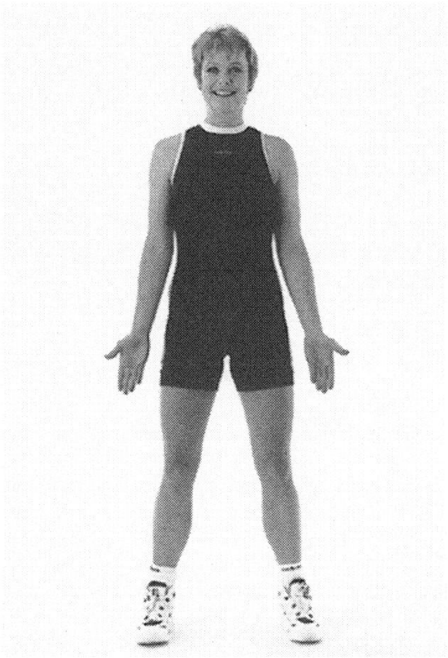

Ellbogen beugen, Oberarme dabei fest an den Körper gedrückt halten. Hände zu den Schultern bewegen. Langsam wieder in die Ausgangsposition zurück. 12 Wiederholungen.

Tipp: Später können Sie mit Gewichten arbeiten. Beginnen Sie dann mit höchstens 1 Kilogramm pro Hand.

6. Trizeps strecken (für die Rückseite des Oberarms)
Korrekte Ausgangsposition einnehmen. Beide Arme gebeugt, die Ellbogen zeigen nach hinten oben.

Arme nach hinten ausstrecken. Zurück in die Ausgangsposition. 12 Wiederholungen.

Tipps: Sie spüren die Übung in den Trizeps. Oberarme ruhig und parallel zum Boden halten. Die Bewegung erfolgt vom Ellbogen abwärts. Später können Sie mit Gewichten arbeiten, wie bereits bei den vorigen Übungen beschrieben. Legen Sie sich nun für die restlichen Übungen auf den Boden.

7. Oberes Bein heben in Seitenlage (für die Außenseite der Oberschenkel und Hüfte)
Auf die linke Seite legen. Der Kopf ruht auf dem ausgestreckten linken Arm, das linke Bein ist leicht gebeugt. Rechtes Bein langsam anheben, Knie und Fußgelenk zeigen nach vorn, dabei den Körper gerade und das obere Hüftgelenk über dem unteren Hüftgelenk halten. Bein langsam wieder senken. 12 Wiederholungen auf jeder Seite.

Tipps: Drehen Sie Ihr Bein bei dieser Übung nicht Richtung Decke, und halten Sie die Hüftgelenke direkt übereinander. Tun Sie das nicht, würde das die Effizienz dieser Übung beeinträchtigen.

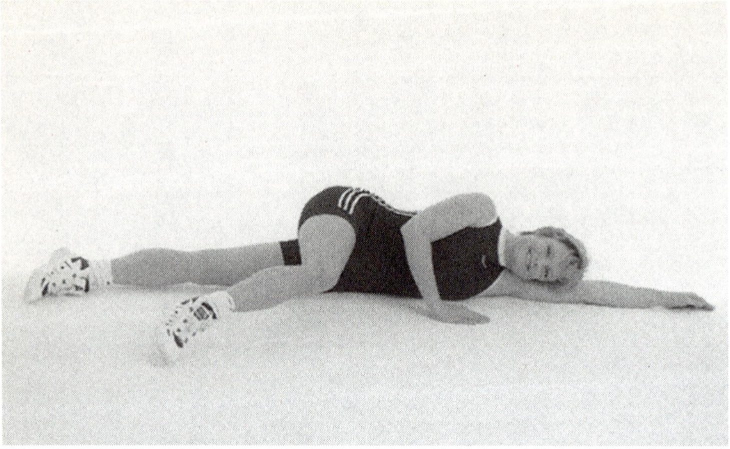

8. Unteres Bein heben in Seitenlage (für die Innenseite der Oberschenkel)
Auf die linke Seite legen, das linke Bein strecken. Rechtes Bein mit gebeugtem Knie und leicht über dem Boden schwebend vor den Körper bringen. Linkes Bein langsam einige Zentimeter vom Boden heben (oder so weit es geht) und langsam wieder absenken. 12 Wiederholungen auf jeder Seite.

Tipp: Die Hüfte muss einen rechten Winkel zum Boden bilden. Das ist nicht so einfach wie es aussieht. Möglicherweise können Sie Ihr linkes Bein anfangs kaum vom Boden abheben. Versuchen Sie es weiter!

9. ***Liegestütze (für Brustkorb, vordere Schultern und Trizeps)***
Auf allen vieren knien, dabei die Knie direkt unter die Hüften bringen, die Finger nach vorne richten und die Hände etwas weiter als schulterbreit aufsetzen. Bauch einziehen und Rücken gerade halten. Ellbogen beugen und Oberkörper langsam Richtung Boden senken. Kurz bevor der Boden erreicht ist (oder so weit es geht), langsam wieder hochkommen. 12 Wiederholungen.

Tipps: Machen Sie diese Übung langsam. Neigen Sie den Kopf nicht bei dem Versuch, den Boden zu erreichen. Später können Sie Ihre Knie weiter zurücknehmen, um die Übung schwieriger zu machen. Schließlich werden Sie in der Lage sein, die Knie ganz zu strecken, so dass die Rückseiten der Oberschenkel eine gerade Linie mit Ihrem Rücken bilden.

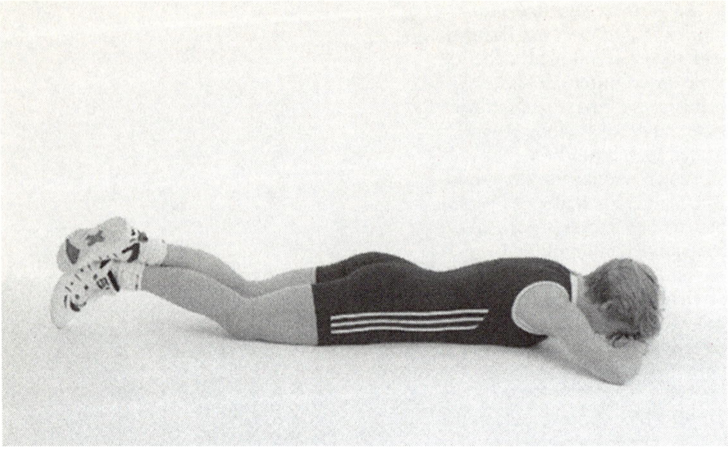

10. Kniesehnenbeuger in Bauchlage (für die Rückseite der Oberschenkel)
Auf den Bauch legen, Arme angewinkelt, Hände unter der Stirn. Arme flach auf den Boden legen, Beine ausstrecken. Den linken Fußknöchel über den rechten legen, dann den rechten Unterschenkel langsam in Richtung Oberschenkel heben, so weit es geht und dabei mit dem linken Unterschenkel herunterdrücken, um so einen Widerstand zu erzeugen. Sie fühlen, wie die Kniesehne sich zusammenzieht. Die Hüfte muss an den Boden gedrückt bleiben. Langsam wieder in die Ausgangsposition zurückkehren. 12 Wiederholungen. Übung mit dem anderen Bein machen.

11. Rückenstreckung (für den unteren Rücken)
Auf den Bauch legen wie in Übung 10 beschrieben, Füße schulterbreit auseinander und Beine ausgestreckt, Hüfte an den Boden gedrückt. Langsam den Oberkörper einige Zentimeter vom Boden heben und wieder in die Ausgangsposition zurückkehren. 12 Wiederholungen.

Tipp: Die Beine müssen immer mit dem Boden in Kontakt bleiben.

12. ***Beckenbodenkräftigung (für Bauch und Beckenboden)***
Auf den Rücken legen, Knie angewinkelt, Füße flach auf den Boden. Gesäß entspannt, der gesamte Rücken (inklusive Steißbein) muß entspannt den Boden berühren. Arme an den Seiten ablegen.
Auf den Unterleib und den Beckenboden konzentrieren (den Bereich um die Vagina). Einatmen, Beckenbodenmuskeln anspannen, als ob Sie den Vaginaeingang zukneifen wollen, dabei ausatmen und Bauch einziehen. Gleichzeitig den Rumpf vom Boden heben, so daß Kopf und Schulterblätter (wenn es geht) vom Boden abgehoben werden. Hände heben und nach vorne Richtung Knie strecken. Beim Aufrichten wird der untere Rücken flach an den Boden gedrückt. Beim langsamen Absenken wieder einatmen, Bauchmuskeln strecken und Beckenboden entspannen. 12 Wiederholungen.

Tipps: Beim Absenken des Rumpfes darf kein Hohlkreuz entstehen, die Rückenwirbel müssen abrollen. Konzentrieren Sie sich auf die Kraft, die aus dem Bauch, und nicht auf die, die aus dem Nacken kommt. Später können Sie die Schultern etwas weiter vom Boden abheben und Ihre Finger hinter dem Kopf verschränken, um die Übung etwas schwieriger zu machen. Aber drücken Sie den Kopf nicht mit den Händen hoch.

13. Beckenbodenkräftigung (für Taille und Beckenboden)
Gleiche Ausgangsposition wie vorige Übung, aber die Hände am Kopf, die Ellbogen gebeugt und nach außen zeigend. Auf das Anspannen der Beckenbodenmuskeln konzentrieren, dabei die rechte Schulter und den oberen Rücken vom Boden heben, so dass die rechte Schulter sich Richtung linkes Knie bewegt. Langsam wieder absenken. 12 Wiederholungen auf jeder Seite.

Tipps: Ellbogen beim Hochkommen nicht nach innen drehen, denn dies gibt Ihnen das falsche Gefühl, dass Sie mehr tun, als es tatsächlich der Fall ist. Der gebeugte Arm soll in einer Linie mit der angehobenen Schulter bleiben. Die Kraft muss aus dem schrägen Bauchmuskel (Taillenmuskel) kommen. Atmen Sie beim Anheben aus und beim Absenken ein. Vergessen Sie nicht, die Beckenbodenmuskeln vor und während der Übung anzuspannen. Ein kräftiger Beckenboden ist gut für Ihr Sexualleben und beugt Prolapsen und Streßinkontinenz vor.

14. Beckenbodenkräftigung (für Bauch und Beckenboden)
Auf den Rücken legen wie in der vorigen Übung, Arme hinter dem Kopf.
Beckenbodenmuskeln anspannen, Füße kreuzen, Knie beugen und über den Oberkörper bringen. Jetzt die Hüfte Richtung Rippen kippen, so dass die Hüfte etwas vom Boden abhebt. Diese Bewegung führen Sie mit dem unteren Teil Ihrer Bauchmuskeln aus. Langsam wieder in die Ausgangsposition zurück (Knie über dem Oberkörper). 12 Wiederholungen. Legen Sie die Füße erst wieder auf dem Boden ab, wenn Sie mit dem Satz fertig sind oder wenn Sie noch keinen vollen Satz schaffen, nachdem Sie so viele Wiederholungen gemacht haben, wie Sie können.

Tipp: Dies ist nur eine kleine Bewegung. Versuchen Sie nicht, Ihre Hüften durch Schaukeln oder mit Hilfe der Hände weiter vom Boden abzuheben. Die Übung ist leichter, wenn Sie die Arme flach mit der Handfläche nach oben an die Seite legen.

Dehnungsübungen zum Abkühlen (3 Minuten)

Halten Sie jede dieser Dehnungen mindestens 10 Sekunden lang. Nachdem Sie beweglicher geworden sind, versuchen Sie, länger durchzuhalten, bis Sie 30 Sekunden erreicht haben. Konzentrieren Sie sich darauf, die Dehnungen korrekt auszuführen und durch Entspannung noch mehr in die Dehnung zu kommen. Alle diese Dehnungsübungen werden im Liegen oder Sitzen auf dem Boden ausgeführt. Atmen Sie ruhig und tief während der Übungen.

1. Kniesehne dehnen
Auf den Rücken legen, Knie angewinkelt, Füße flach auf den Boden gestellt. Rechtes Bein mit gebeugtem Knie zum Brustkorb heben, Bein langsam ausstrecken und mit den Händen um die rechte Wade oder den Oberschenkel fassen. Bein zu sich heranziehen, bis Sie die Dehnung an der Rückseite des Oberschenkels (Kniesehne) spüren. Dehnung halten. Zurück in die Ausgangsposition und die Übung mit dem anderen Bein machen.

Tipp: Vielleicht können Sie das Bein anfangs nicht ganz strecken, aber mit der Zeit wird es besser werden. Versuchen Sie, sich nicht mit dem Fuß abzudrücken, der auf dem Boden steht. Entspannen Sie das Bein.

2. Gesäß dehnen (Gesäß und Hüften)
Auf den Rücken legen, Knie angewinkelt, Füße flach auf den Boden gestellt. Rechtes Fußgelenk auf den linken Oberschenkel legen und die Beine langsam Richtung Brustkorb heben, bis Sie die Dehnung in der rechten Gesäßhälfte und der Hüfte spüren. Wenn möglich, benutzen Sie die Hände, um das linke Bein näher an den Brustkorb zu ziehen, um die Dehnung zu verstärken. Zurück in die Ausgangsposition und die Übung für die andere Seite machen.

3. Unteren Rücken dehnen
Auf den Rücken legen, Knie angewinkelt, Füße flach auf den Boden gestellt, unterer Rücken berührt den Boden. Knie zum Brustkorb heben, Hände dabei hinter den Knien verschränken. Ziehen Sie die Oberschenkel mit den Händen vorsichtig so weit wie möglich an den Brustkorb. Sie spüren die Dehnung im unteren Rücken. Dehnung halten, langsam loslassen und in die Ausgangsposition zurückkehren.

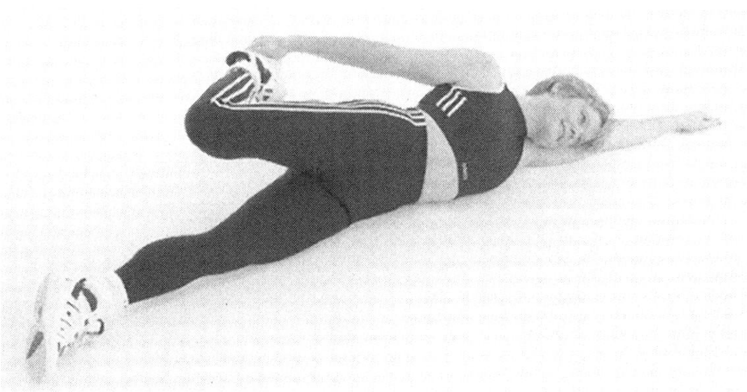

4. Quadrizeps dehnen (Oberschenkel)
Auf die linke Seite legen, linkes Bein leicht beugen und Kopf auf dem gestreckten linken Arm ablegen. Rechtes Knie und Fußgelenk anwinkeln. Rechten Fuß mit der rechten Hand am Fußrücken festhalten. Ferse vorsichtig an das Gesäß heranziehen, dabei die Hüfte zurückdrücken. Sie fühlen die Dehnung in Ihrem rechten Quadrizeps (vorderer Oberschenkelmuskel). Dehnung halten, langsam loslassen, in die Ausgangsposition zurückkehren, umdrehen und die Übung mit dem linken Bein machen.

5. Bauchmuskeln dehnen
Auf den Bauch legen und so aufstützen, daß sich die Ellbogen direkt unter den Schultern befinden. Die Unterarme liegen flach auf dem Boden und die Hände zeigen nach vorn. Oberkörper vom Boden abstützen, Brustkorb anheben und nach vorne sehen. Sie fühlen die Dehnung in den Bauchmuskeln.

6. Abduktor dehnen (äußerer Oberschenkel)
Auf den Boden setzen und die Beine vor sich ausstrecken. Rechtes Bein anwinkeln und über das linke Bein stellen. Den rechten Fuß links vom linken Knie abstellen. Das gebeugte Knie mit den Armen an den Brustkorb ziehen. Dehnung halten, langsam loslassen und für die andere Seite wiederholen.

7. Abduktor dehnen (innerer Oberschenkel)
Auf den Boden setzen, die Beine angewinkelt. Die Fußsohlen aneinanderlegen und die Knie nach links und rechts fallen lassen. Die Hände hinter dem Gesäß auf den Boden stützen und vorsichtig beide Beine weiter Richtung Boden drücken. Sie spüren die Dehnung an der Innenseite der Oberschenkel.

Tipp: Halten Sie den Rücken gerade, als ob Sie gegen eine Wand gelehnt sitzen, den Brustkorb gehoben, die Schulterblätter zusammen- und nach unten gedrückt.

8. Brustkorb dehnen
Im Schneidersitz auf den Boden setzen, mit den Händen hinter die Ohren fassen, die Ellbogen auf Schulterhöhe nach außen geöffnet. Arme zurückdrücken. Sie fühlen die Dehnung im Brustkorb. Dehnung halten.

9. Schulter dehnen
Im Schneidersitz auf den Boden setzen, den angewinkelten rechten Arm quer vor den Körper legen (siehe Abbildung), mit der linken Hand über den rechten Ellbogen fassen und den rechten Arm vorsichtig an den Brustkorb drücken. Die rechte Schulter nach unten vom Ohr weg drücken, um die Dehnung zu verbessern. Sie spüren die Dehnung in der rechten Schulter. Dehnung halten, langsam loslassen. Die Übung für die andere Seite machen.

10. Seite dehnen
Im Schneidersitz auf den Boden setzen, mit der linken Hand nach hinten abstützen. Rechten Arm zur Decke strecken und nach links ziehen, bis Sie die Dehnung in der rechten Seite spüren. Halten, langsam in die Ausgangsposition zurückkehren. Die Übung für die andere Seite machen.

Zusätzliches Training

Was Sie als zusätzliches Ausdauertraining machen können, ist bereits auf Seite 189 beschrieben. Hier folgen noch weitere Möglichkeiten für ein Zusatztraining.

Zusätzliche Straffungs- und Kraftübungen

Wenn Sie viele Symptome im Symptome-Block 2 (siehe Seite 176) angekreuzt haben, wird Ihr Körper von zusätzlichen Straffungs- und Kraftübungen profitieren. Als erstes müssen Sie das Grundprogramm von Seite 205 bis 218 schaffen und sich darauf konzentrieren, den kompletten Satz von zwölf Wiederholungen jeder beschriebenen Übung ohne Probleme durchzuführen.

Nachdem Sie einen Satz ohne große Anstrengung schaffen, versuchen Sie, zwei Sätze jeder Übung zu machen. Falls Sie besonders schwache Bereiche haben, die Sie gern aufbauen möchten – beispielsweise sehr schwache Bauchmuskeln –, können Sie auch einfach zusätzliche Sätze der Übungen für den unteren Rücken und Bauch- und Taillenmuskeln (Übung 11, 12, 13 und 14 auf Seite 215ff.) machen. Oder falls die Innenseite Ihrer Oberschenkel besonders schlaff ist, können Sie zusätzliche Sätze von Übung 8 auf Seite 212 (Unteres Bein heben) machen.

Es ist Ihr Programm – Sie entscheiden, welche Übungen Ihr Körper am dringendsten braucht. Und davon machen Sie zusätzliche Sätze.

Eine andere Möglichkeit ist, das Straffungs- und Kraftprogramm nicht – wie vorgeschlagen – nur dreimal, sondern viermal pro Woche durchzuführen. Tun Sie das aber nur, wenn Sie an Gymnastikübungen gewöhnt sind, und verteilen Sie dann die Übungsrunden gleichmäßig über die Woche.

Und schließlich können Sie auch andere Straffungs- und Kraftsportarten ausüben, die Sie anstelle oder zusätzlich zum 20-Minuten-Programm der *Zyklusdiät* machen. Werfen Sie einen Blick auf die Liste der Aktivitäten auf Seite 193f. Wählen Sie eine Aktivität oder eine Kombination von Aktivitäten, die sich gut zur Kräftigung eignet. Die Bewertung mit Sternchen hilft Ihnen dabei. Sie können auch verschiedene Aktivitäten mischen und sich beispielsweise eine für den Oberkörper und eine für den Unterkörper aussuchen.

Wichtig beim Training ist, dass Sie sich nicht langweilen, und diese Liste bietet Ihnen nahezu endlose Kombinationsmöglichkeiten.

Zusätzliche Dehnungs- und Entspannungsübungen

Wenn Sie viele Symptome im Symptome-Block 3 oder 4 (Seite 177) angekreuzt haben, wird es Ihnen gut tun, die vier nachfolgenden Dehnungsübungen nach den Dehnungen zum Abkühlen zusätzlich in Ihr Programm aufzunehmen. Sie sollten die Dehnungsübungen zur Abkühlung außerdem so lange halten, wie Sie können.

1. *Wirbelsäule dehnen (für Wirbelsäule und Nacken)*
Im Schneidersitz auf den Boden setzen, mit den Händen hinter den Oberkopf fassen und den Kopf nach vorne neigen. Gerade sitzen und mit dem Gewicht der Arme den Nacken und die obere Wirbelsäule dehnen. Kopf während der gesamten Dehnung vorsichtig halten. Um die Wirbelsäulendehnung noch zu verstärken, können Sie den Rücken rund machen und sich Richtung Schoß beugen. Dehnung 1 Minute halten.

2. *Schultern dehnen (für oberen Rücken und Schultern)*
Im Schneidersitz auf den Boden setzen, die Arme heben und nach vorne ausstrecken, die Handflächen zeigen nach vorne. Hände nach vorne ziehen und dabei den Rücken für die Dehnung rund machen. Sie fühlen die Dehnung hinten in den Schultern und im oberen Rücken. Dehnung 30 Sekunden halten.

3. Rücken und Schultern dehnen (für Rücken, Oberarme und Brustkorb)
Auf den Boden knien und auf die Fersen setzen. Hände vor sich über den Boden schieben, bis die Stirn fast den Boden berührt und der Rücken gestreckt ist (siehe Abbildung). Dehnung 30 Sekunden oder länger halten.

4. Körper der Länge nach dehnen (für Bauch, Brustkorb, Taille, Unterarme und Entspannung)
Auf den Rücken legen, Beine ausgestreckt. Arme über den Kopf strecken und auf dem Boden ablegen. Ganzen Körper strecken. Konzentrieren Sie sich auf einen Teil nach dem anderen: Fühlen Sie, wie erst die Taille länger wird und sich dann der Bauch streckt. Wenn Sie sich wieder entspannen, scheinen die Arme in den Boden zu sinken und der untere Rücken wird locker. Körper erneut strecken und die Dehnung 30 Sekunden halten, dann wieder entspannen. 30 Sekunden entspannen, dann die gesamte Dehnung wiederholen. Zum Schluß 1 Minute entspannen und langsam aufsetzen.

Zusätzliche Übungen zur Lockerung von Becken, Bauch und Rücken

Haben Sie im Symptome-Block 5 (Seite 177) etwas angekreuzt, wird es Ihnen gut tun, während Phase drei (direkt vor der Periode und während der ersten beiden Tage der Periode) die folgenden vier Übungen direkt nach Ihrem Grundprogramm für Straffung und Kraft zusätzlich zu machen. Das dauert nur 2 bis 3 Minuten.

1. *Bauch- und Hüftkreisen*
Aufrecht stehen, Hüften 10 mal sanft von einer zur anderen Seite schwingen, dann 10 mal vor und zurück und schließlich je 10 mal in beide Richtungen kreisen.
Konzentrieren Sie sich darauf, den Rest des Körpers bei diesen Hüftbewegungen stillzuhalten.

2. Hüftbeuger dehnen
Aufrecht stehen, Arme an den Seiten herunterhängen lassen, Füße hüftweit auseinander. Rechtes Bein mit gebeugtem Knie einen Schritt nach vorne stellen, linkes Bein in die Ausfallschritt-Stellung bringen und dabei die Ferse vom Boden heben (siehe Abbildung). Hinterseite des Oberschenkels nach vorne drücken und das obere Becken nach hinten drücken. In die Ausgangsposition zurückkehren und Übung mit dem linken Bein nach vorne machen.

3. Unteren Rücken entspannen
Wiederholen Sie die Übung Nr. 3 der Dehnungen zur Abkühlung (siehe Seite 220). Gleiche Ausgangsposition einnehmen, Knie festhalten und die Beine behutsam 10 mal in beide Richtungen kreisen lassen.

4. Hüfte entspannen
Auf den Rücken legen, linkes Bein ausgestreckt, rechtes Bein angewinkelt und Richtung Brustkorb angehoben. Rechtes Bein quer vor den Körper bringen, Knie dabei im 90-Grad-Winkel halten. Bewegung mit der linken Hand an der Außenseite des rechten Oberschenkels unterstützen (siehe Abbildung). Linkes Bein gestreckt lassen. Übung mit dem anderen Bein machen.

Zusätzliche Haltungsübungen

Haben Sie viele Symptome im Symptome-Block 6 (siehe Seite 178) angekreuzt, ist Ihre Körperhaltung schlecht. Die folgenden Übungen, die nur 2 bis 3 Minuten in Anspruch nehmen, werden Ihnen gut tun. Die ersten drei Übungen können Sie täglich machen, die letzte Übung sollten Sie dreimal pro Woche zusammen mit Ihren Straffungs- und Kraftübungen ausführen. Zusätzliche Sätze der Übungen für den unteren Rücken und die Bauch- und Taillenmuskeln (Übung 11, 12, 13 und 14) sind ebenfalls empfehlenswert.

1. Becken kippen
Im Turnanzug oder in Unterwäsche seitwärts vor einen großen Spiegel stellen. Brustkorb heben und ruhig halten. Gesäßmuskeln locker lassen und das Becken so kippen, dass das Steißbein nach vorne zeigt und der Rücken flach ist. Die Bauchmuskeln sollten diese Bewegung kontrollieren, die Gesäßmuskeln sollten nicht angespannt sein. Becken dann so kippen, dass das Steißbein nach hinten zeigt und der Rücken ein leichtes Hohlkreuz bildet. Wippen Sie zwischen diesen beiden Extremhaltungen mehrmals hin und her, um ein Gefühl für die Beckenhaltung zu bekommen. Nehmen Sie dann eine Position zwischen diesen beiden Extremen ein, so dass das Steißbein direkt zum Boden zeigt. Der untere Rücken beschreibt eine natürliche Kurve, die Bauchmuskeln sind leicht angespannt, die Gesäßmuskeln entspannt. Dies ist die Neutralposition des Beckens.
Jetzt die Schulterblätter zusammen- und nach unten drücken, Kopf zurücknehmen, so daß die Ohren in einer Linie mit den Schultern sind. Alle natürlichen Kurven Ihrer Wirbelsäule sind jetzt sichtbar. Dies ist die Neutralposition der Wirbelsäule.

2. Haltung von vorne korrigieren
Stellen Sie sich vor den Spiegel, um Ihre Haltung zu überprüfen. Die Schultern sollten entspannt und auf beiden Seiten auf gleicher Höhe sein. Ihr Hals sollte gestreckt sein, und es sollten sich keine tiefen Kuhlen über Ihren Schlüsselbeinen bilden. Wenn doch, ziehen Sie die Schulterblätter Richtung Wirbelsäule zusammen und machen Sie häufig die Kraft- und Straffungsübung Nr. 4.
Taille und Hüfte sollten auf beiden Seiten auf gleicher Höhe sein. Die Knie sollten gerade nach vorne zeigen. Wenn sie nach innen zeigen, kippen Sie das Becken wie oben beschrieben, und konzentrieren Sie sich darauf, die Muskeln in den Gesäßhälften zu benutzen, um die Beine gerade auszurichten. Machen Sie zusätzliche Übungen für die Innen- und Außenseite der Oberschenkel (siehe Übung 1, 2, 7 und 8 im Grundprogramm). Wenn die Längsbögen Ihrer Füße verflacht sind, helfen regelmäßige Kraftübungen für den Unterkörper sowie Dehnungs- und Haltungsübungen, um dieses Problem zu beheben.

Falsche Haltung

Falsche Haltung

3. Wand-Test
Stellen Sie sich mit dem Rücken flach gegen eine Wand. Können Sie sich so hinstellen, dass Gesäß, Schulterblätter und Hinterkopf gleichzeitig die Wand berühren? Versuchen Sie, diese Haltung einzunehmen. Ist Ihnen das gelungen, treten Sie einen oder zwei Schritte von der Wand weg und gehen in der gleichen Haltung durch den Raum. Lassen Sie sich nicht entmutigen, wenn Ihnen das sehr schwer fällt – Zeit, Geduld sowie das Grundprogramm, die Dehnungsübungen und dieser Abschnitt werden Ihnen helfen, Ihre Haltung zu korrigieren. Die Übung zum Beckenkippen und die Bauch- und Rückenübungen (insbesondere Übung 11 und 12) sowie die folgende Übung sind am wirksamsten.

Korrekte Haltung, auch Neutralposition der Wirbelsäule genannt, bei der sich die natürlichen Kurven der Wirbelsäule zeigen. Dies ist die gesündeste Position für die Wirbelsäule, Tag für Tag.

4. Schulterkorrektur
Auf eine Matte oder ein Kissen knien und den linken Fuß nach vorne aufstellen. Brustkorb über den linken Oberschenkel nach vorne beugen, mit dem linken Ellbogen auf dem linken Knie abstützen, dabei den Rücken strecken und Kopf und Nacken in Verlängerung der Wirbelsäule halten (Nacken gestreckt und Ohren über den Schultern). Rechten Arm nach vorne in Richtung des linken Fußes bringen, Daumen zeigt nach innen. Schulterblätter zusammen- und nach unten drücken, dabei gleichzeitig den rechten Ellbogen beugen, nach hinten hochziehen und die Hand so weit wie möglich vom Körper wegbringen. Die Übung mit dem anderen Arm machen.

8

Zyklusdiät ein Leben lang

Sobald Sie ein vernünftiges Gewicht, eine gute Figur und einen Fitness-Level, bei dem Sie sich wohl fühlen, erreicht haben, geht es ans Erhalten dieser Erfolge. Sie müssen also wissen, was Sie tun können, um Ihren Körper in diesem optimalen Zustand zu halten.

Betonen möchte ich an dieser Stelle nochmals: Ein vernünftiges Gewicht heißt nicht, dass man dünn ist, und eine gute Figur ist keine perfekte Figur.

Essen und das Gewicht halten

Haben Sie ein realistisches (nicht zu geringes) Körpergewicht angestrebt und erreicht, dürften Sie jetzt in der Lage sein, viel zu essen und trotzdem Ihre neue Figur zu halten.

Im statistischen Durchschnitt nehmen Frauen täglich 1940 Kalorien zu sich. Da Sie gewiss nicht den Rest Ihres Lebens Kalorien zählen wollen, ist diese Zahl eigentlich nicht wichtig. Ausschlaggebend ist, dass Sie mehr essen dürfen, als Sie es während der *Zyklusdiät* getan haben. Und sofern Sie regelmäßig trainieren, werden Sie vielleicht sogar mehr Kalorien als die obige Durchschnittsmenge zu sich nehmen können.

Während Sie der *Zyklusdiät* gefolgt sind, haben Sie langsam abgenommen und dabei genügend gegessen. Der Ernährungsplan für Phase drei, nach dem Sie sich wahrscheinlich mindestens eine Woche pro Monat ernährt haben, enthält gesunde Nahrungsmittel mit etwa 1600 Kalorien pro Tag. Um mit Ihrem Erhaltungsprogramm zu beginnen, folgen Sie einfach nur diesem Plan, wobei Sie aber Ihre Portionen bei jeder Mahlzeit um etwa 20 Prozent vergrößern.

Um Ihren Körper gesund und Ihr Gewicht einigermaßen konstant zu halten, beachten Sie die Hinweise zur Ernährung, die Sie im dritten Kapitel gelesen haben. Ich fasse sie noch einmal kurz zusammen:

- Nehmen Sie Ihre Mahlzeiten in regelmäßigen Abständen zu sich, um Hunger zu vermeiden.
- Essen Sie viel von den Nahrungsmitteln mit geringem Glykämischen Index (siehe Seite 59), um Hunger zu vermeiden.
- Essen Sie pro Tag neben drei richtigen Mahlzeiten auch zwei Zwischenmahlzeiten, die der Snack-Liste auf Seite 80f. entsprechen.
- Denken Sie daran, dass die Bedürfnisse Ihres Körpers variieren. Haben Sie wenig Appetit, dann essen Sie kleine Portionen, lassen jedoch keine Mahlzeit aus. Wenn Sie mehr Appetit haben, essen Sie größere Portionen und zusätzlich Nahrungsmittel mit geringem Glykämischen Index.
- Hören Sie auf Ihren Körper! Versuchen Sie, seine Signale zu verstehen und ihnen wie gut wie möglich gerecht zu werden.
- In der prämenstruellen Phase sollten Sie immer Mahlzeiten in der Art von Phase drei zu sich nehmen und Alkohol, einfache Kohlenhydrate und stark gesalzene Speisen meiden.
- Essen Sie nicht zu wenig Fett, insbesondere ungesättigte Fette, die Frauen in kleinen Mengen für ihre Gesundheit brauchen. Nehmen Sie genügend reines Pflanzenöl zu sich, vor allem Olivenöl und Maisöl. Essen Sie einige Nüsse, Körner, ölige Gemüse und öligen Fisch.
- Betrachten Sie Nahrungsmittel als angenehmen Kraftstoff für Ihren Körper.

Eine Alternative

Statt Ihre Portionen zu vergrößern, können Sie auch einen zusätzlichen Misch-Snack in Ihren Ernährungsplan aufnehmen, so dass Sie drei Mahlzeiten und drei Misch-Snacks zu sich nehmen.

Diese Möglichkeit ist ideal für Frauen, die gern Kleinigkeiten essen und/oder einen langen Tag haben. Stehen Sie beispielsweise um 6.30 Uhr auf und gehen um Mitternacht zu Bett, ist vielleicht ein zusätzlicher, nahrhafter Snack am späten Abend genau das Richtige, um Fressanfälle zu vermeiden. Oder wenn Sie früh zu Mittag und spät zu Abend essen, können Sie vielleicht zwei Snacks statt einem am Nachmittag gut gebrauchen.

Auch vor Ihrer Periode, also in der Zeit der typischen Phase drei, kann dies für Sie die beste Ernährungsweise sein.

Die Nahrungsmitteltabellen

Im allgemeinen brauchen Sie nicht Kalorien zu zählen, um Ihr Gewicht zu halten. Viel besser ist die Methode, die richtigen Nahrungsmittel in der richtigen Zusammenstellung zur rechten Zeit zu essen. Das haben Sie ja in den vorangegangenen Kapiteln gelernt. Aber manchmal möchten Sie vielleicht den Kaloriengehalt eines neuen Nahrungsmittels herausfinden oder eigene Rezepte zusammenstellen. Oder Sie möchten wissen, ob ein bestimmtes Nahrungsmittel dem Ideal von vielen Ballaststoffen (inklusive angemessener Kohlenhydrate), etwas Fett und genügend Proteinen entspricht. Dann können Sie in der Nahrungsmitteltabelle, die Sie im Anhang des Buches finden, nachsehen. Dort ist auch erklärt, wie Sie die Tabelle benutzen können.

Die Sucht nach bestimmten Genüssen besiegen

Viele Frauen, die über die Sucht nach bestimmten Nahrungsmitteln klagen, nennen Schokolade als Hauptproblem. Also werde ich jetzt ein bißchen über Schokolade reden. Meine Hinweise gelten dabei für alle typischen »Sucht«-Nahrungsmittel. Sie sind also auch für jene Frauen interessant, die eine Gier nach klebrigen Kuchen, Keksen, Chips oder irgend etwas anderem verspüren. Die Hinweise treffen auf all das zu, auf das Ihr Körper sehr gut verzichten kann, aber nach dem Sie ein offensichtlich nicht zu besiegendes Bedürfnis haben. Daran denken Sie bitte, wenn ich Schokolade sage.

Heißhunger auf Schokolade: Plötzlich denkt man an Schokolade, obwohl keine in der Nähe ist, und man möchte unbedingt welche haben. Die Ursache dafür bildet Ihr Blutzuckerspiegel, der in diesem Moment zu niedrig ist. Es handelt sich um ein physisches Verlangen, und es entsteht, weil Sie den Ernährungsplan der *Zyklusdiät* nicht richtig befolgt haben. Ihr Blutzuckerspiegel sackt nicht so weit ab, dass Sie Verlangen nach etwas Süßem verspüren, wenn Sie regelmäßig essen und dabei auch strikt die beiden Misch-Snacks zwischen den Mahlzeiten zu sich nehmen. Entscheidend ist natürlich auch die Zusammensetzung der Mahlzeiten, also viele Nahrungsmittel mit geringem Glykämischen Index, mit vielen Ballaststoffen sowie Proteinen und Fett in der richtigen Menge.

Abhilfe: Werden Sie von dem Verlangen nach Süßigkeiten gepackt und kommen die Ermahnungen »Aber Sie sollten doch …« zu spät, dann essen Sie wenigstens einen Misch-Snack. Der wird Sie auch befriedigen, und Sie vermeiden den Teufelskreis, den Ihnen der Zuckerhappen beschert: Blutzucker steil rauf, Blutzucker im Keller: Heißhunger – und das Ganze wieder vorne.

Genuss ohne Reue: Das Teuflische bei Schokolade ist ja, dass man ihr nicht ausweichen kann. Es gibt wohl kaum einen schokoladenfreien Haushalt. Das muss nicht Ihre Schuld sein, vielleicht hat man Ihnen welche geschenkt. Tja, und dann greift man doch mal zu. Und sobald Sie angefangen haben, etwas davon zu essen, können Sie nicht mehr aufhören. Das geht fast jedem so, denn Schokolade fühlt sich toll im Mund an, sie rutscht leicht und schnell die Kehle hinunter und ist einfach eine schöne orale Erfahrung.

Passiert Ihnen das nur zu Weihnachten, an Geburtstagen und Ostern, dann würde ich mir an Ihrer Stelle keine Gedanken darüber machen. Selbst wenn Sie ein ganzes Pfund Pralinen verdrücken, beschwert Sie das höchstens mit einem halben Pfund Fett. Wenn Sie danach ein paar Tage brav dem Ernährungsplan der Phase eins folgen, wird das Gleichgewicht schnell wiederhergestellt sein.

Sie müssen also nicht für den Rest Ihres Lebens völlig auf jegliche süße Sünde verzichten. Aber interessanterweise werden Sie wahrscheinlich bemerken, dass Sie gar keinen Appetit mehr auf Schokolade haben, wenn Sie erst einmal einige Wochen (beispielsweise) ohne Schokolade verbracht haben. Selbst wenn Sie dann versuchen, die ganze Packung Schokolade aufzuessen, werden Sie es nicht schaffen. Die *Zyklusdiät* hat Ihre Geschmacksknospen umgeschult!

Nicht schuldig fühlen: Das ist das Wichtigste bei der ganzen Schoko-Sache. Haben Sie bloß kein schlechtes Gewissen, nur weil Sie Schokolade mögen oder daran denken. Sagen Sie sich, dass Sie ab und zu ein Stück essen können, wenn Sie möchten. Sagen Sie nie: »Nie wieder.«

Die einzige Einschränkung: Essen Sie keine Schokolade, wenn Sie hungrig sind. Essen Sie das Objekt Ihrer Begierde nur nach einer Mahlzeit oder einem Misch-Snack.

Alkohol

Frauen trinken heutzutage mehr Alkohol als jemals zuvor. Falls Sie mehr als zwei Flaschen Wein pro Woche (oder andere Alkoholika in entsprechender Menge) trinken, wird es Ihnen natürlich schwerer fallen, Ihr Gewicht zu halten, da Sie zusätzliche Kalorien aufnehmen, die Sie gar nicht bemerken. Alkohol enthält wie Zucker wenig bis gar keine Nährstoffe. Und obwohl Rotwein vielleicht vor Herzerkrankungen schützt, gibt es wenig bis gar keine Argumente, warum Sie mehr Alkohol als ein bis zwei Glas Wein zu Ihrer Hauptmahlzeit trinken sollten.

Das eine gegen das andere tauschen: Trinken Sie Alkohol, möchten aber trotzdem nicht zunehmen, müssen Sie ähnliche Arten von Nahrungsmitteln in Ihrer Ernährung deutlich reduzieren. Dazu gehören die zuckerbasierten Lebensmittel wie beispielsweise Süßigkeiten, Zucker oder Getränke mit Glukose. Diese haben ebenfalls außer Kalorien wenig oder gar keinen Nährwert. Und Sie müssen außerdem besonders darauf achten, möglichst viele Nährstoffe mit Ihren Mahlzeiten aufzunehmen.

Denken Sie doch mal darüber nach: Für viele Menschen ist Alkohol ein Genuss. Um Ihres Körpers willen sollten Sie jedoch nicht zu viel davon genießen. Es gibt andere Wege, sich zu entspannen: Training, Musik, ein heißes Bad und ein Buch, Sex, ein guter Videofilm.

Wollen Sie mit Hilfe des Alkohols Ihre Hemmungen verlieren (ein häufiger Grund, warum manche Alkohol trinken), dann sollten Sie sich die Zeit nehmen und einmal darüber nachdenken, warum Sie das nötig haben. Überlegen Sie, ob Sie Ihre Lebensweise, Ihre Freunde oder was auch immer ändern können, damit Sie sich nicht länger falschen Mut antrinken müssen. Und denken Sie auch daran, dass ein gewisses Maß an Selbstkontrolle in einigen Situationen sehr hilfreich sein kann!

Training und Figur erhalten

Haben Sie das sechste Kapitel gelesen und das im siebten Kapitel beschriebene Trainingsprogramm absolviert, muss ich Ihnen nicht mehr sagen, dass Ihr Körper durch Bewegung und Aktivität aufblüht. Demzufolge sollten Sie also mit dem Training nicht aufhören, nur weil Sie die gewünschte Figur, das angestrebte Gewicht und den guten Fitness-Level erreicht haben.

Es dauert nur etwa drei Monate, bis Ihr fitter und straffer Körper wieder wabbelig und gar nicht fit ist. Um den erreichten Level zu erhalten, brauchen Sie nur etwa zwei Stunden pro Woche. Die gönnen Sie sich doch?

Was Sie tun müssen

- Integrieren Sie drei Ausdauertrainings pro Woche in Ihr Alltagsleben – möglichst je 30 Minuten lang. 20 Minuten reichen zur Not auch.
- Je anstrengender Sie dieses Training gestalten, desto mehr werden Sie davon auch in der kurzen Zeit profitieren. 20 Minuten Joggen oder bergauf mit dem Fahrrad fahren bringt mehr als 20 Minuten leichtes Gehen.
- Versuchen Sie außerdem, mindestens zwei Kraft-, Straffungs- und Dehnungs-Übungsrunden pro Woche unterzubringen (gleichmäßig verteilt).

  Das kann das Programm aus dem siebten Kapitel auf einer fortgeschrittenen Stufe sein. Sie können aber auch etwas anderes tun, zum Beispiel einen Kurs oder ein Fitnessstudio besuchen – die Auswahl bleibt ganz Ihnen überlassen.
- Unternehmen Sie selbst etwas gegen Langeweile beim Training. Gestalten Sie Ihre Übungen interessant, und motivieren Sie sich selbst, indem Sie an den Nutzen denken, den Sie Ihrem Körper bereiten. Schreiben Sie die Vorteile auf ein Blatt Papier, und hängen Sie es gut sichtbar irgendwo hin.
- Planen Sie Ihre Trainingszeiten am Anfang der Woche, und schreiben Sie diese Termine als verbindlich in Ihren Kalender.
- Bringen Sie eine Freundin dazu, mit Ihnen zu trainieren – das verringert die Möglichkeit, dass Sie in letzter Minute kneifen.
- Nutzen Sie die Liste der Aktivitäten auf Seite 193f., um neue Sportarten und Aktivitäten auszuprobieren, die Sie auf Trab halten.

Goldene Regel: Fast jeder erreicht einen Punkt, an dem er nicht mehr fitter werden kann, denn dafür müßte man viel mehr Zeit investieren. Und das können nur wenige. Sind Sie an diesem Punkt angelangt, sollten Sie mit der Fitness und der Figur zufrieden sein, die Sie erreicht haben. Oder Sie müssen einen Weg finden, das Training noch härter zu gestalten. Aber auch dann wird es einen Punkt geben, an dem das nicht mehr geht. Das macht aber nichts. Tatsache ist, dass Sie Ihrem Körper etwas Gutes getan haben, indem Sie ihn so fit wie möglich gemacht haben. Nun gilt es, ihn so zu erhalten.

Zusätzliches Training

Zusätzliche Übungen, die Sie bisher gemacht haben, können Sie ohne weiteres fortsetzen. Zweimal pro Woche ist ideal, und zwar zusammen mit dem Kraft-, Straffungs- und Dehnungsprogramm.

Hören Sie mit den zusätzlichen Übungen auf, könnte Ihr ursprüngliches Problem wieder auftauchen. Das muss aber nicht unbedingt eintreten. Möglicherweise reicht das Grundprogramm aus, um dieses Problem in Schach zu halten. Aber eigentlich ist es nicht das Risiko wert, das herauszufinden.

Training und Gewicht halten

Wenn Sie bisher Probleme hatten, Ihr Gewicht zu halten, obwohl Sie eigentlich nicht viel essen, kann ich gar nicht genug betonen, wie wichtig das Training für Sie ist.

Das Training hilft Ihnen auf drei Arten, Ihr neues Gewicht ein Leben lang zu halten:

- Ausdauertraining verbrennt die Kalorien, die den Kraftstoff liefern, den Ihr Körper zur Arbeit braucht.
- Kraftübungen bilden oder erhalten Muskelmasse, die vom Stoffwechsel her aktiver als alles andere im Körper arbeitet. Mit anderen Worten: Je mehr schlankes Gewebe (Muskeln) Ihr Körper zur Verfügung hat, desto mehr Kalorien wird er verbrennen.

- Körperliches Training in Kombination mit der richtigen Ernährung wird Ihnen helfen, Ihren Appetit zu kontrollieren. Falls Sie das nicht glauben, probieren Sie es einfach aus: Sobald Sie das nächste Mal Hunger bekommen, gehen Sie 15 Minuten oder machen Sie leichte Gymnastik. Danach wird Ihr Bedürfnis, etwas zu essen, verschwunden sein.

Die *Zyklusdiät* während der Schwangerschaft

Während einer Schwangerschaft müssen Sie um Ihrer selbst willen und um des Babys willen gesund essen und genügend essen, und Sie müssen fit bleiben.

Die *Zyklusdiät* bietet jedem die Möglichkeit, genau das zu tun – aber während der Schwangerschaft sind die Ernährungs- und Fitness-Bedürfnisse etwas anders gelagert als zu anderen Zeiten im Leben. In diesem Abschnitt sind die Veränderungen beschrieben, die Sie an dem Grundprogramm vornehmen sollten, um sich während dieser wichtigen Monate so gut wie möglich zu fühlen.

Schwangerschaft und Gewicht

Ihre Einstellung gegenüber Ihrem Gewicht während der Schwangerschaft wird wahrscheinlich zu einer der beiden folgenden Kategorien gehören:

1. Sie werden alles tun, damit Sie so wenig wie möglich zunehmen. Sie werden sich sehr anstrengen, um schon Wochen nach der Geburt wieder die Figur zu erreichen, die Sie vor der Schwangerschaft hatten.
2. Sie betrachten die Schwangerschaft als eine Zeit, in der Sie jedem Verlangen nachgeben und für zwei essen dürfen. Sie beruhigen sich mit dem Gedanken, dass eine Gewichtszunahme um 10–20 Kilo natürlich und nicht ungesund ist.

Die natürlichste und vernünftigste Sichtweise liegt irgendwo zwischen diesen beiden Extremen. Aber wieviel Sie während der Schwangerschaft essen sollten, hängt zu einem großen Teil davon ab, welche Figur und welches Gewicht Sie vor der Schwangerschaft hatten.

Wenn Sie zu Beginn der Schwangerschaft Übergewicht haben

Das Unvernünftigste, das Sie jetzt tun können, ist eine Crash-Diät einzulegen. Für das werdende Leben in Ihrem Bauch ist das sogar sehr gefährlich, ganz besonders während der ersten paar Monate. Essen Sie während der Schwangerschaft nicht genug, kann Ihr Baby bei der Geburt Untergewicht haben. Das erhöht nicht nur das Sterberisiko, sondern vor allem auch das Risiko für Infektionen oder andere Krankheiten.

Fachleute empfehlen übergewichtigen Frauen, ihre Kalorienaufnahme nur leicht anzupassen. Mit gebührender Vorsicht und richtiger Ernährung angewandt, führt dieser Rat dazu, dass solche Frauen bis zum Ende der Schwangerschaft weniger zunehmen als normalgewichtige oder dünne.

Frauen mit starkem Übergewicht (mehr als 20 Kilogramm Übergewicht zu Beginn der Schwangerschaft) sollten so wenig wie möglich zunehmen.

Wichtig: Sprechen Sie unbedingt mit Ihrem Arzt oder Ihrer Ärztin über Ihr Gewichtsproblem und Ihren Wunsch, nur eine bestimmte Gewichtszunahme anzustreben. Da Sie ja regelmäßig die Vorsorgetermine wahrnehmen, können Sie Ihren Plan unter ärztlicher Aufsicht verwirklichen. Das funktioniert aber nur, wenn Sie offen und ehrlich Ihrem Arzt oder Ihrer Ärztin gegenüber sind.

Mit dem BMI testen

Man kann auch den Body-Mass-Index (BMI) benutzen, um festzustellen, ob man während der Schwangerschaft weniger Gewicht zunehmen sollte als der Durchschnitt. (Wenn Sie Ihren BMI vergessen haben, lesen Sie auf Seite 15ff. im ersten Kapitel nach.)

BMI zu Beginn der Schwangerschaft zwischen 26 und 29: Sie gehören zu den leicht bis mittel Übergewichtigen. Die Gewichtszunahme-Empfehlung lautet: Zunahme zwischen 7 und 11 Kilogramm. Je näher der BMI an 29 liegt, desto mehr sollten Sie nach nur 7 Kilogramm Gewichtszunahme streben.

BMI zu Beginn der Schwangerschaft bei 30 oder darüber: Sie gehören zu den stark Übergewichtigen und die Gewichtszunahme-Empfehlung lautet: 6 Kilogramm, aber nicht weniger und unter strenger ärztlicher Aufsicht.

Die richtige Menge

Am besten erreichen Sie die geringere Gewichtszunahme, indem Sie den vorangegangenen Hinweisen zur Gewichtserhaltung folgen. Darin wird vorgeschlagen, dass Sie etwa 1940 Kalorien pro Tag entsprechend den Prinzipien der *Zyklusdiät* zu sich nehmen. Das ist für die ersten sechs Monate der Schwangerschaft eine ausreichende Energiezufuhr (Kalorien).

In den letzten drei Monaten sollten Sie die Kalorienmenge etwas erhöhen, und zwar um etwa 200 Kalorien pro Tag. Das erreichen Sie entweder durch größere Portionen oder einen zusätzlichen, gesunden Snack mit 200 Kalorien wie beispielsweise einen Misch-Snack.

Wenn Ihr Frauenarzt der Meinung ist, dass Sie zu schnell oder zu langsam zunehmen, können Sie die Mengen, die Sie essen, entsprechend anpassen.

Sie sollten auch die besonderen Anforderungen an die Ernährung in der Schwangerschaft beachten, die später in diesem Kapitel vorgestellt werden.

Wenn Sie übergewichtig und schwanger sind, sollten Sie Ihre Gewichtszunahme kontrollieren und nicht Kilo um Kilo zunehmen. Genauso wie zu wenig Kalorien schlecht für Sie und das Baby sind, ist auch eine starke Gewichtszunahme (oder ein starkes Übergewicht bei Schwangerschaftsbeginn) ähnlich risikoreich. Eine hohe Gewichtszunahme geht meist mit Komplikationen in der Schwangerschaft sowie länger dauernden Wehen einher. Außerdem ist es wahrscheinlich, dass Sie auch nach der Geburt des Babys übergewichtig bleiben.

Wenn Sie zu Beginn der Schwangerschaft kein Übergewicht haben

BMI zwischen 20 und 25 (durchschnittliches Gewicht): Sie sollten zwischen 11,5 und 16 Kilogramm zunehmen.

In Großbritannien beispielsweise wird offiziell empfohlen, dass schwangere Frauen mit Durchschnittsgewicht erst während der letzten drei Monate der Schwangerschaft ihre Nahrungszufuhr um 200 Kalorien pro Tag erhöhen sollen, um obengenannte Gewichtszunahme zu erreichen. Dünne Frauen (BMI unter 20) müssen wahrscheinlich mehr essen, um die für sie empfohlenen 12,5 bis 18 Kilogramm zuzunehmen.

Anmerkungen: Ein Grund dafür, dass nur eine so geringe zusätzliche Nahrungsaufnahme notwendig ist, um während der Schwangerschaft die notwendige Gewichtszunahme zu erreichen, ist wohl, dass Schwangere weniger Energie verbrauchen (sie bewegen sich langsam, sitzen und ruhen sich längere Zeit aus).

Wie auch immer, Sie müssen während Ihrer Schwangerschaft auf keinen Fall für zwei essen. Auch in dieser Situation ist es hilfreich, auf Ihren Körper zu hören und seine Signale zu verstehen. Wenn Sie wirklich Hunger haben, essen Sie etwas. Essen Sie nach dem Prinzip der *Zyklusdiät*, können Sie sicher sein, dass Sie Ihr Baby und sich selbst gesund ernähren. Allerdings müssen Sie die nachfolgend beschriebenen besonderen Anforderungen an die Ernährung in der Schwangerschaft beachten, um sicherzustellen, dass Sie genügend Vitamine und Mineralstoffe zu sich nehmen, die Sie während der Schwangerschaft brauchen.

BMI zwischen 20 und 25: Sie sollten während der ersten sechs Monate der Schwangerschaft die Hinweise zum Gewichtserhalt befolgen, die am Anfang dieses Kapitels beschrieben sind. Während der letzten drei Monate sollten Sie zusätzlich pro Tag 200 Kalorien in Form guter, gesunder Nahrungsmittel zu sich nehmen. Nehmen Sie langsamer zu als üblich, essen Sie etwas mehr. Nehmen Sie zu schnell zu, essen Sie etwas weniger.

Tipp: Wenden Sie sich an Ihren Frauenarzt oder einen Ernährungsfachmann für Schwangere, wenn Sie weitere Fragen zu Ihrer Ernährung haben.

Besondere Anforderungen an die Ernährung während der Schwangerschaft

Alle schwangeren Frauen sollten darauf achten, dass sie von Anfang an eine angemessene Menge verschiedener Vitamine und Mineralstoffe zu sich nehmen. Die folgende Liste führt die Nährstoffe auf, die Sie während der Schwangerschaft unbedingt brauchen und einige Beispiele für die besten Lieferanten dieser Nährstoffe. Wählen Sie im Rahmen der *Zyklusdiät* besonders viel von diesen Nahrungsmitteln aus.

Folsäure
Gute Lieferanten: Bierhefe, dunkelgrünes Gemüse, Hefe-Extrakt, Hülsenfrüchte, Nüsse, Weizenkeime. (Verschreibt Ihnen Ihr Frauenarzt ein Folsäure-Präparat, sollten Sie das auch zuverlässig nach Vorschrift nehmen.)

Vitamin-B-Gruppe
Gute Lieferanten: Wie Folsäure und zusätzlich Vollkornprodukte (beispielsweise brauner Reis, Pasta aus Vollkornmehl), Eier, Fisch und Käse.

Vitamin C
Gute Lieferanten: Frisches Obst, Blattsalate und Gemüse (alles kühl und dunkel lagern und so frisch wie möglich verzehren), vor allem Apfelsinen, Brokkoli, Erdbeeren, Johannisbeeren, Kohl, Pampelmusen, rote Paprika, Petersilie, Rosenkohl, Spinat.

Vitamin D
Hauptlieferanten: Eier und öliger Fisch. Oder Sonnenbestrahlung, wobei Vitamin D vom Körper gebildet wird. (Vorsicht: Keine langen Sonnenbäder!) Bei Bedarf kann Ihr Arzt ein Ergänzungspräparat verschreiben.

Kalzium
Gute Lieferanten: Fettarme Milchprodukte wie Magermilch und Joghurt, sowie blättriges grünes Gemüse, Fisch, Eier, Hülsenfrüchte, Dicke Bohnen und getrocknete Aprikosen.

Sie brauchen viel Kalzium, um den Knochenaufbau des Babys zu unterstützen. Es scheint so, als ob die eigene Knochendichte während der ersten drei Monate der Schwangerschaft leicht abnimmt, um ein Kalzium-Reservoir zu bilden. Außerdem nimmt der Körper mehr Kalzium aus den Nahrungsmitteln auf, die Sie essen. Theoretisch brauchen Sie also nicht mehr Kalzium als vor der Schwangerschaft, aber ich würde kein Risiko eingehen und halte die Empfehlung aus den USA, 500 Milligramm Kalzium zusätzlich zu nehmen, für sinnvoll.

Eisen
Gute Lieferanten: getrocknete Aprikosen und Birnen, blättriges grünes Gemüse, Bulgur, Eigelb, sehr mageres rotes Fleisch, Hafer, Hülsenfrüchte, Körner, Nüsse, Tofu, Vollkornmehl, Weizenkeime.

Wenn Sie schon vor der Schwangerschaft eine Tendenz zur Anämie hatten und Eisentabletten verschrieben bekommen haben (die manchmal Verstopfung verursachen), dann sollten Sie dafür sorgen, dass Sie auch über Ihre Ernährung möglichst viel Eisen aufnehmen.

Was Ihnen schadet

Wenn Sie schwanger sind, sollten Sie ganz besonders darauf achten, möglichst nichts zu sich zu nehmen, was dem Baby oder Ihnen in irgendeiner Form schadet. Hier einige Beispiele schädlicher Lebens- beziehungsweise Nahrungsmittel:

Alkohol: Ratsam ist, schon vor der Empfängnis und während der Schwangerschaft gar keinen Alkohol zu trinken. Wenn Sie noch Alkohol trinken, beschränken Sie sich auf ein gelegentliches Glas Weißwein. Starker Alkoholkonsum ist, wie auch Rauchen, ein Grund für ein geringes Geburtsgewicht und verschiedene Anomalien des Babys.

Leber und Lebererzeugnisse: Diese enthalten eine sehr hohe Menge Vitamin A (Retinol), das in hohen Dosen giftig für das Ungeborene ist.

Vitamin-A-Ergänzungspräparate: Wenn Sie schwanger werden möchten, empfiehlt es sich, keine Vitamin-A-Ergänzungspräparate oder Fischölkapseln einzunehmen. Während der Schwangerschaft sollten Sie Ergänzungspräparate nur nach Rücksprache mit Ihrem Arzt einnehmen!

Zusammenfassung

Ernähren Sie sich abwechslungsreich mit viel vitamin- und mineralstoffhaltigen Nahrungsmitteln (außer Leber). Essen Sie genug, um die für Sie optimale Menge an Gewicht zuzunehmen.

Das System der *Zyklusdiät* enthält alle gesunden Nahrungsmittel, die sich für die Ernährung während der Schwangerschaft eignen. Sie können den Hinweisen zum Gewichtserhalt folgen, sofern Sie dabei die gerade beschriebenen besonderen Richtlinien beachten.

Essen nach der Geburt

Sie können mit der Ernährung zum Gewichtserhalt entsprechend der *Zyklusdiät* beginnen. Möchten Sie abnehmen, richten Sie sich nach dem Ernährungsplan der Phase drei, ergänzt um 250 ml Magermilch pro Tag. Wenn Sie stillen und/oder mehr als ein Pfund Gewicht pro Woche verlieren, müssen Sie mehr essen. Vergrößern Sie die Portionen, bis die Gewichtsabnahme nicht mehr so stark ist.

Übrigens braucht Ihr Körper für das Stillen 500 Kalorien Energie pro Tag. Es ist also eine gute Methode, zu Ihrer Figur vor der Schwangerschaft zurückzugelangen, ohne Kalorien einsparen zu müssen.

Training während der Schwangerschaft

Wie sehr Sie während der Schwangerschaft trainieren, hängt vor allem davon ab, wieviel Sport Sie vor der Schwangerschaft getrieben haben. Sind Sie zum Zeitpunkt der Schwangerschaft bereits an das Trainingsprogramm der *Zyklusdiät* mit seinen Kraft- und Straffungsübungen, Dehnungsübungen und Ausdauertraining gut gewöhnt, dann werden Sie höchstwahrscheinlich auch in der Lage sein, das Training zumindest in den ersten Monaten fortzusetzen.

Haben Sie vor der Schwangerschaft keinen Sport getrieben, ist es nicht gut, jetzt damit anzufangen.

Auf jeden Fall sollten Sie sich immer mit Ihrem Arzt beraten und ihm erzählen, welche Übungen Sie machen. Beachten Sie generell folgende Richtlinien:

- Trainieren Sie regelmäßig, aber nur kurze Zeit.
- Trainieren Sie nicht, wenn es heiß ist.
- Trainieren Sie auf einem angenehmen Niveau, das heißt bis zu Stufe 6 auf der Skala der Anstrengungen von Seite 171.
- Trainieren Sie nicht, wenn Sie sich krank oder müde fühlen.

- Wenn Sie bereits eine Fehlgeburt hatten oder die Wahrscheinlichkeit dafür besteht, trainieren Sie nicht in den ersten Schwangerschaftsmonaten.
- Trainieren Sie nicht, wenn Sie Blutungen haben.
- Trainieren Sie nicht, wenn Sie chronisch krank sind (beispielsweise Herzerkrankung oder Diabetes).
- Achten Sie auf die Signale Ihres Körpers. Wenn Ihnen eine Bewegung oder eine Übung auch nur im Ansatz unangenehm erscheint, lassen Sie diese weg.
- Tragen Sie nicht zu schwer.
- Vermeiden Sie anstrengendes Ausdauertraining (wie Joggen, fortgeschrittene Aerobic-Kurse), das zu langfristigen Gelenkproblemen führen kann (siehe Hinweise zum Hormon Relaxin im folgenden Abschnitt »Dehnungsübungen«).

Spezielle Hinweise und Tips

Wenn Ihr Bauch dicker wird, werden Sie alle Übungen aufgeben müssen, bei denen Sie auf dem Bauch liegen müssen. Viele Frauen können in den letzten Monaten auch nicht flach auf dem Rücken liegen. Machen Sie keinesfalls Übungen, bei denen Sie sich unwohl fühlen.

Übung für den Bauch: Es scheint ein Widerspruch zu sein, in diesem Zustand Übungen zur Bauchstraffung zu empfehlen. Sie können aber Ihre belasteten Bauchmuskeln durchaus etwas in Form halten, indem Sie sich auf alle viere hinknien, den Rücken rund machen und dabei sanft, aber bestimmt Ihren Unterleib nach oben Richtung Wirbelsäule ziehen.

Dehnungsübungen: Es wird Ihnen gut tun, während der Schwangerschaft die Beine, Arme, Schultern und den Brustkorb zu dehnen. Machen Sie aber keine Dehnungsübungen für den oberen, mittleren und unteren Rücken. Wenn man schwanger ist, produziert der Körper ein Hormon, das Relaxin, das Ihr Becken in Vorbereitung auf die Schwangerschaft weicher macht. Es schwächt aber auch andere Gelenke Ihres Körpers, zum Beispiel die Wirbelsäule. Zusätzliche Dehnungsübungen können diesen Effekt noch verstärken und zu Rückenschmerzen und einer langfristigen Schwächung des Rückens führen. Konzentrieren Sie sich statt dessen darauf, den Rücken zu kräftigen, was Ihre Haltung während der Schwangerschaft unterstützt und Ihnen hilft, das Baby zu tragen, vor allem in den letzten Wochen.

Richtig atmen: Das Erlernen der richtigen Atemtechnik ist eine wichtige Übung für die Entbindung. Die richtige Atmung hilft Ihnen auch, während der Schwangerschaft zu entspannen. Nehmen Sie an Kursen für Atmung und Schwangerschaftsgymnastik teil.

Training nach der Geburt: Sie können langsam wieder zu Ihrem Trainingsprogramm zurückkehren, das Sie vor der Schwangerschaft gemacht haben. Falls Sie neu anfangen zu trainieren, ist dies eine sehr motivierende Zeit. Schon einige Tage nach der Geburt können Sie mit vorsichtig ausgeführten Übungen etwas gegen den wabbeligen Bauch unternehmen. Und ein täglicher Spaziergang wird Ihnen gut tun.

Zusammenfassung

Wenn Sie sich so fit halten, wie Ihre Schwangerschaft es gestattet, dann werden Sie wahrscheinlich eine leichtere und angenehmere Schwangerschaft erleben, als wenn Sie gar nichts tun. Die erhöhte Widerstandsfähigkeit, Muskelkraft und Energie, die Sie durch das Trainingsprogramm der *Zyklusdiät* gewonnen haben oder täglich dazugewinnen, werden Ihrem Körper durch diese für ihn sehr anstrengende Zeit helfen. Es wird Ihnen auch helfen, Schwangerschaftsproblemen wie Krampfadern, Rückenschmerzen und Beinkrämpfen vorzubeugen.

Die *Zyklusdiät* in der Menopause und danach

Wenn Ihre Wechseljahre beginnen – meistens im Alter zwischen 45 und 55 –, werden Ihre Perioden immer unregelmäßiger, bis sie nach einem oder zwei Jahren ganz aufhören. Und die Menge des wichtigsten weiblichen Hormons Östrogen fällt im Körper beträchtlich ab.

Die Forschung hat gezeigt, dass etwa 60 Prozent der Frauen keine oder nur sehr schwache Symptome der Menopause verspüren (wie beispielsweise Hitzewallungen oder Kopfschmerzen). Demzufolge werden sehr viele Frauen ganz normal durch diese ein oder zwei Jahre kommen. Auch danach wird sich für sie nichts ändern.

Doch unabhängig davon kann eine kluge Einstellung gegenüber Nährstoffen, Gewichtskontrolle und Training während und nach der Menopause die Lebensqualität in dieser Zeit sehr positiv beeinflussen. In diesem Abschnitt werden entsprechende Anpassungen vorgeschlagen, die Sie vornehmen können, wenn Sie kurz vor oder in der Menopause sind.

Gewichtskontrolle in der Menopause

Im Alter von ungefähr 25 Jahren verringert sich langsam die Geschwindigkeit, mit der unser Körper Kalorien verbrennt (Stoffwechselrate). Wir brauchen für alle 5 Jahre, die wir älter als 25 sind, etwa 50 Kalorien weniger pro Tag. Bis Sie also beispielsweise 50 sind, müssen Sie etwa 200 Kalorien weniger pro Tag zu sich nehmen als mit 30, um das gleiche Gewicht zu halten.

Das erklärt sich größtenteils durch die mit zunehmendem Alter einsetzende natürliche Abnahme an magerem Gewebe in unserem Körper. Unser mageres Gewebe (Muskeln) ist vom Stoffwechsel her aktiver als alle andere Körpermaterie. Außerdem werden wir immer weniger aktiv, je älter wir werden, und Aktivität verbrennt Kalorien.

Während und nach der Menopause lagert sich alles überschüssige Fett an Bauch und Taille an. Das kommt wahrscheinlich daher, dass unser Körper nach der Menopause mehr von dem männlichen Hormon Testosteron enthält. (Die zentrale Fettanlagerung [Apfel-Typ] ist eher typisch männlich als weiblich.)

Vorteile einer altersgemäßen Gewichtszunahme: Die Gewichtszunahme mit fortschreitendem Alter hat tatsächlich auch gute Seiten. Meiner Meinung nach ist es gesünder, bis zu 6 Kilogramm mehr zu wiegen als in jungen Jahren, wenn man damals schlank war. Denn je dünner Sie sind, desto größer ist das Risiko, eine Osteoporose zu entwickeln, eine Krankheit, die Ihre Knochendichte reduziert. Sie führt in späteren Jahren zu Problemen am Skelett, zu Haltungsschäden und Knochenbrüchen.

Außerdem haben Frauen, die in den Jahren der Menopause mehr Körperfett haben, auch mehr Östrogen. Das hilft dabei, Osteoporose vorzubeugen oder zu minimieren. Und es kann fast genauso auf den Körper wirken wie eine Hormonkur.

Vernünftiges Gewicht: Dickere Frauen haben stärkere Knochen! Und da Osteoporose eines der Altersleiden ist, unter dem die meisten Frauen in mehr oder weniger großem Ausmaß leiden, ist es jetzt sinnvoller denn je, ein vernünftiges Gewicht anzustreben. Vernünftig heißt das ans Alter angepaßte Gewicht, nicht ein möglichst (zu) geringes Gewicht!

Richtig abnehmen: Das bedeutet noch lange nicht, dass Sie dick sein sollen oder müssen. Möchten Sie abnehmen, können Sie die gesamte *Zyklusdiät* machen und jeweils anhand der Hinweise auf Seite 36ff. entscheiden, in welcher Phase Sie sich gerade befinden.

- Versuchen Sie, mindestens die Hälfte der Zeit Phase zwei zu folgen und den einen oder anderen Tag mit Phase eins einzuschieben.
- Sparen Sie sich die Phase drei für Tage auf, an denen Sie das Gefühl haben, ein bisschen mehr essen zu müssen.

- Wenn Sie abnehmen möchten, ist es wichtig, dass Sie Sport treiben, um Kalorien zu verbrennen.

Auf diese Weise dürften Sie stetig an Gewicht verlieren. Erwarten Sie aber keine schnelle Gewichtsabnahme. Sie können sogar 250 g bis 500 g pro Woche verlieren, was 12 bis 24 Kilogramm pro Jahr entspricht – und das ist doch nicht schlecht!

Tipp: Wer nicht abnehmen möchte oder eine Gewichtsabnahme nicht nötig hat, befolgt einfach die Hinweise zum Gewichtserhalt vom Anfang dieses Kapitels.

Besondere Anforderungen an die Ernährung in der Menopause

Ganz gleich, ob Sie abnehmen möchten oder nicht, auf jeden Fall sollten Sie einige Richtlinien für Ihre Ernährung beachten:

Verstärkter Kalziumbedarf: Es ist während des ganzen Lebens wichtig, genügend Kalzium zu sich zu nehmen, um starke Knochen aufzubauen. Bis zum Alter von 35 Jahren nimmt Ihre Knochendichte noch zu, so dass die Kalziumzufuhr in diesen Aufbaujahren sehr wichtig ist. Danach beginnt die Knochendichte sehr langsam abzunehmen (etwa ein halbes bis ein Prozent pro Jahr), bis man 50 ist.

Zwischen 50 und 60 (also die Jahre der Menopause und einige Jahre danach) beschleunigt sich der Knochenabbau bei Frauen, und man verliert durchschnittlich bis zu 5 Prozent Knochenmasse pro Jahr.

Vorbeugemaßnahme: Eine Möglichkeit, diesen Knochenschwund zu verlangsamen, ist die Aufnahme von mehr Kalzium. Sinnvoll sind mindestens 1500 Milligramm pro Tag, entweder aus der Nahrung oder durch Kalzium-Ergänzungspräparate, denn während der Menopause absorbiert der Körper nicht mehr so leicht.

Kalzium aus der Nahrung: Glücklicherweise sind viele der kalziumreichsten Nahrungsmittel auch solche, die viele andere wertvolle Nährstoffe wie Vitamine und Mineralstoffe, Ballaststoffe und Proteine enthalten und somit gut in das Konzept der *Zyklusdiät* passen. In der nachfolgenden Liste sind die besten Kalziumlieferanten aufgeführt.

Gute Kalziumlieferanten

Nahrungsmittel	mg pro 100 g	Nahrungsmittel	mg pro 100 g
Aprikosen, getrocknet	92	Lachs	93
Brokkoli	100	Limabohnen	85
Camembert	380	Mandeln	250
Cheddar	800	Melasse	684
Chinakohl	154	Milch aller Art	120
Dicke Bohnen	104	Muscheln	200
Edamer	740	Müsli	120
Eigelb	130	Paranüsse	180
Feigen, getrocknet	280	Parmesan	1200
Feta	380	Rhabarber	100
Gemüsebohnen	180	Sardellen	300
Grünkohl	86	Sardinen (mit Gräten)	550
Joghurt	180	Seetang/Meeresalgen	1000
Johannisbeeren	95	Sojabohnen	225
Kichererbsen	140	Spinat	93
Kidneybohnen	140	Tofu	530
Kohl	250	Weichkäse	98
Krabben	150	Wirsingkohl	75

Weitere Ernährungsfaktoren, die den Knochenschwund beeinflussen: Sie sollten darauf achten, dass Sie keine zu großen Mengen Protein oder Salz zu sich nehmen, da beides die Kalziumaufnahme verhindern kann. Es ist auch aus anderen gesundheitlichen Gründen ratsam, die Salzaufnahme gering zu halten; die *Zyklusdiät* tut dies, und liefert außerdem vernünftige Mengen Protein.

Genußmittel einschränken: Sie sollten den Alkoholkonsum einschränken, da übermäßiger Alkoholgenuß zum Knochenschwund beiträgt. Außerdem fördert die Einschränkung Ihr allgemeines Wohlbefinden.

Wie bereits geschildert, trägt ein geringes Körpergewicht zur Osteoporose bei. Auch Rauchen ist mit schnellem Knochenschwund in Verbindung zu bringen. Und schließlich steht auch Koffein (vorhanden in Tee, Kaffee, Cola und Schokolade) im Verdacht, den Knochenschwund zu begünstigen, aber das ist noch nicht bewiesen.

Verstärkter Bedarf an Ballaststoffen: 40 Prozent der Frauen mittleren Alters leiden unter einer Divertikulose (Reizdarm) und 25 Prozent der Menschen über 50 haben Hämorrhoiden. Diese beiden Leiden können gelindert werden, wenn man den Ballaststoffanteil in der Ernährung erhöht und somit den Verdauungstrakt und die Därme fit hält.

Die besten Ballaststofflieferanten: Alle Hülsenfrüchte und Linsen, frische und getrocknete Früchte, Gemüse, Vollkorn-Frühstücksflocken.

Alle diese Nahrungsmittel sind Bestandteil der *Zyklusdiät.* Aber die Auswahl bleibt natürlich Ihnen überlassen. Sie müssen nur darauf achten, dass Sie eine möglichst abwechslungsreiche Mischung und genügend große Portionen zu sich nehmen.

Training in der Menopause

Sport ist während des ganzen Lebens wichtig, wie Sie im sechsten Kapitel erfahren haben. Die Menopause macht da keine Ausnahme.

Wie Forschungen ergeben haben, zeigt sich bereits nach wenigen Tagen eine messbare Abnahme an Kalzium im Körper, wenn man überhaupt keine Bewegung hat (also beispielsweise krank im Bett liegt). Und wenn man nur wenige Wochen ans Bett gefesselt ist, läßt sich bereits eine messbare Abnahme in der Knochendichte verzeichnen.

Im Gegensatz dazu kann regelmäßiges (aber nicht exzessives) Belastungstraining (beispielsweise Gehen) die Knochendichte erhöhen. Selbst wenn Sie in der Menopause oder darüber hinaus sind, kann ein regelmäßiges Belastungstraining die Knochenschwundrate verlangsamen und auch Knochenbrüchen vorbeugen, da die Muskelstraffung verbessert wird. Im Kampf gegen Osteoporose ist Sport also Pflicht!

Hier noch ein paar andere Gründe, warum Sie auch während der Menopause und danach von regelmäßigem Training profitieren werden:

- Training verbrennt Kalorien und hilft Ihnen somit, Ihr Gewicht auch zu einer Zeit unter Kontrolle zu halten, in der viele Frauen zunehmen.
- Training hilft gegen Verstopfung, ein Leiden, das viele Frauen in dieser Zeit entwickeln.
- Durch das Training fühlen Sie sich auch in einer Zeit gut, in der einige Frauen ein Bedauern verspüren, dass ihre fruchtbaren Jahre vorbeigehen.
- Durch das Training bleiben Ihre Muskeln straff und behalten ihre Form. Unterforderte Muskeln verlieren in einem Jahrzehnt bis zu 2 Kilogramm an Volumen und Kraft.

Welche Sportart?

Sie können dem Trainingsprogramm im siebten Kapitel folgen, da es für alle Altersgruppen und Fitness-Grade gemacht ist. Aber bedenken Sie folgendes:

- Wenn Sie an Sport nicht gewöhnt sind, fangen Sie langsam an. Versuchen Sie es, aber überanstrengen Sie sich nicht. Muskeln, Sehnen, Bänder usw., die jahrelang nicht benutzt wurden, sind anfälliger für Verletzungen.
- Vergleichen Sie sich nicht mit anderen Leuten. Ältere Menschen können recht schnell fit werden. Das Weitermachen lohnt sich also auf jeden Fall.

Belastungstraining: Vergessen Sie nicht, Belastungstraining für Ihre Knochen zu machen.

Zu den Belastungs-Ausdauersportarten für den Unterkörper gehören: Gehen, Tennis, Golf, Basketball, Aerobic, Stepping.

Für den Oberkörper: Rudern und Tennis.

Und in vielen der Übungen im Kraft- und Straffungsprogramm im siebten Kapitel werden Sie mit einem Teil Ihres eigenen Körpergewichts belastet (beispielsweise die Liegestütze), so dass auch diese Übungen zum Aufbau der Knochendichte dienen.

Denken Sie immer daran: Der Grundsatz der *Zyklusdiät* führt zur richtigen Einstellung Ihrem Körper gegenüber. Tun Sie Ihrem Körper ein Leben lang Gutes. Mit der richtigen Ernährung, dem richtigen Training und der richtigen Einstellung können Sie und Ihr Körper in jedem Alter und in allen Umständen glücklich zusammenleben. Versäumen Sie das nicht!

Verinnerlichen Sie die Zyklusdiät ein Leben lang!

9

Zwei Fallbeispiele

Fall Eins

Jenny Simmons, 44 Jahre alt, arbeitet in der Touristikbranche und hat einen Sohn im Teenageralter. Vor der *Zyklusdiät* sagte Jenny: »Ich habe kein großes Übergewicht, aber ich leide unter dem alten Problem der Gewichtszunahme an Oberschenkeln und Bauch im mittleren Alter. Ich passe in die meisten meiner Sachen in Größe 38 nicht mehr hinein. Außerdem bin ich nicht sehr fit. Ich bin zwar Mitglied in einem Sportstudio, gehe aber selten hin. Ich würde gern fit werden, eine bessere Figur bekommen und wieder in meine Kleider passen, ohne viel Gewicht am Oberkörper zu verlieren.«

Innerhalb von 12 Wochen hatte Jenny dann genau das geschafft – mit der *Zyklusdiät*. Und das, obwohl sie mittendrin einen langandauernden grippalen Infekt hatte. Durch die Empfehlung der *Zyklusdiät*, sich mit ihrem Körper anzufreunden, statt gegen ihn zu arbeiten, begann Jenny das Training zu genießen und schaffte es auch bald, ihre ungesunden Ernährungsgewohnheiten zum größten Teil aufzugeben, wie beispielsweise das Essen von Keksen und Kuchen am Büroschreibtisch. »Ich habe überhaupt nicht gehungert und habe mir auch ab und zu etwas gegönnt. Jetzt esse ich etwas, wenn ich Hunger habe. Und das Training hat sich bezahlt gemacht. Ich war gerade zum ersten Mal in meinem Leben beim Skilaufen und konnte die Berge hochsteigen, ohne außer Atem zu geraten oder zu schnaufen. Auch meine Glieder taten mir nicht weh.«

Fall eins: Jenny Simmons

Vorher: Gewicht: 68 kg; Maße: 86 – 71 – 96,5 cm

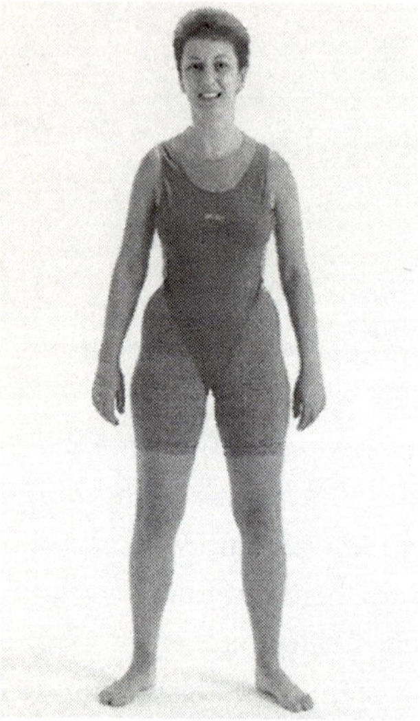

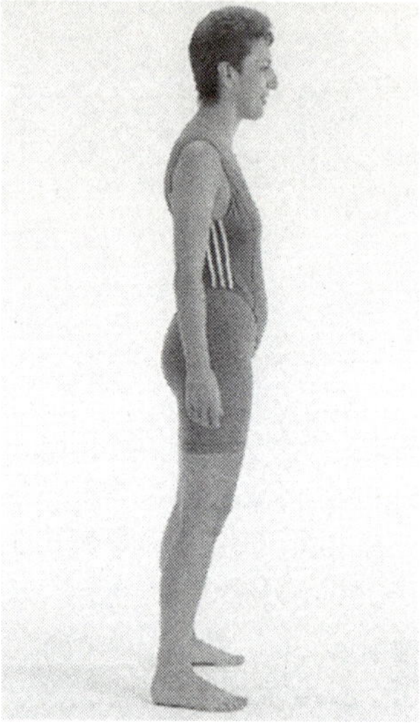

Nach drei Monaten: Gewicht: 61 kg, Maße: 86 – 69,5 – 94 cm

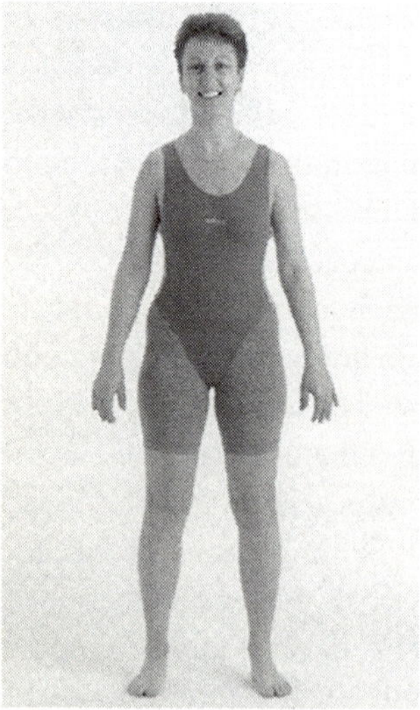

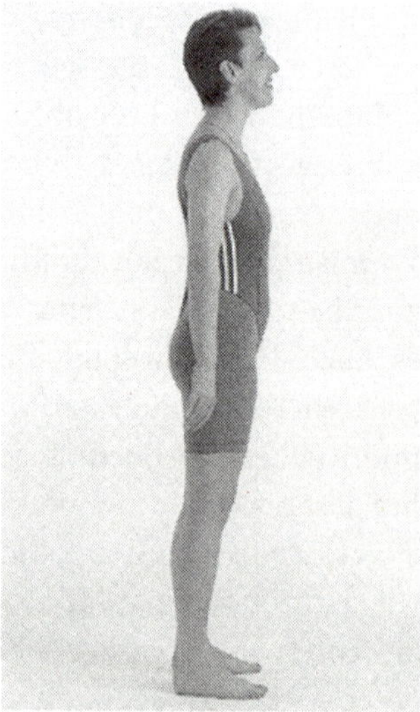

»Jetzt habe ich meine Essgewohnheiten endlich unter Kontrolle.«

Jennys Hüften und Oberschenkel sind deutlich fester und dünner geworden. »Ich bin jetzt zufrieden mit meiner Figur und will nicht weiter abnehmen. Mit hat die *Zyklusdiät* Spaß gemacht – es war genau das, was ich brauchte.«

Fall Zwei

Gemeindeschwester Jane Lucy ist 33 Jahre alt und hat zwei Kinder im Vorschulalter. Bevor sie die *Zyklusdiät* ausprobiert hatte, sagte sie: »Bei meinem ausgefüllten Leben finde ich es sehr schwierig, eine Diät einzuhalten, und obwohl ich Sport treiben möchte, fehlt mir die Zeit und die Ausdauer. Bitte helfen Sie mir – ich wünsche mir sehnlichst, nicht für immer eine »dicke Mutti« zu sein.«

Drei Monate später hatte Jane sieben Kilogramm abgenommen und 27 Zentimeter bei ihren Maßen verloren – mit der *Zyklusdiät*. Und das, obwohl Jane sich gerade zu Anfang des Programms hatte sterilisieren lassen. Deshalb durfte sie eine Zeitlang keinen Sport treiben. Außerdem musste sie noch einige persönliche Probleme durchstehen.

»Mir gefällt das Programm der *Zyklusdiät* sehr gut«, sagte sie. »Sie paßt sich meinen Stimmungen an und ist ideal, um die schlimmsten Fallen einer normalen Diät zu vermeiden, nämlich Hunger und Schuldgefühle. Ich fand es sehr gut, dass ich etwas essen konnte, wenn ich wollte. Das war wirklich das Beste. Da ich mich gesünder ernährt habe, nahm ich trotzdem ab. Sogar das Training hat mir Spaß gemacht. Im Winter habe ich meinen Heimtrainer benutzt und bin Seil gesprungen. Ich habe das ganze Programm genossen und kann es jedem nur empfehlen.«

Fall zwei: Jane Lucy

Vorher: Gewicht: 67 kg, Maße: 101 – 89 – 101 cm

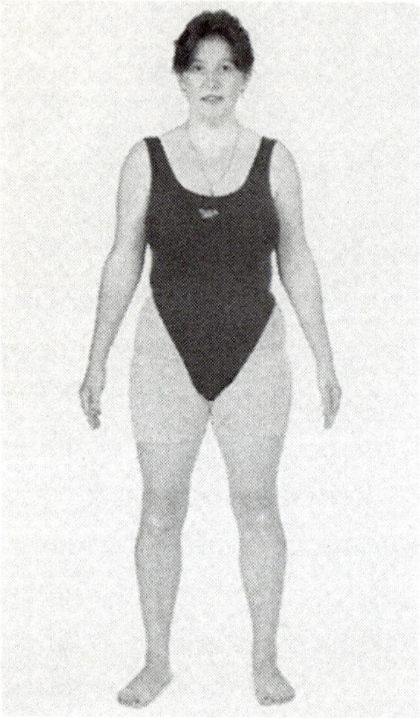
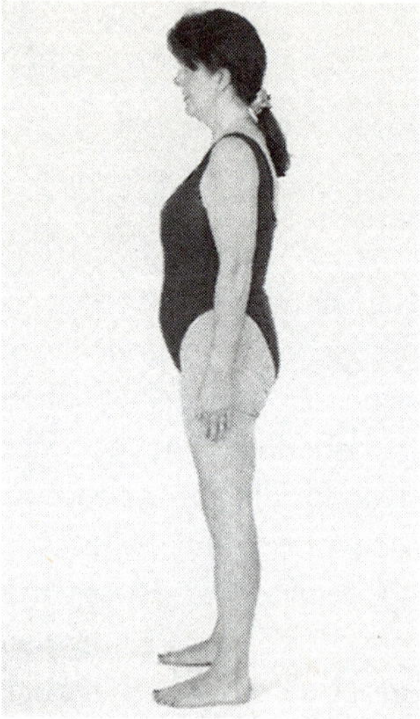

Nach drei Monaten: Gewicht: 60 kg, Maße: 91,5 – 76 – 96,5 cm

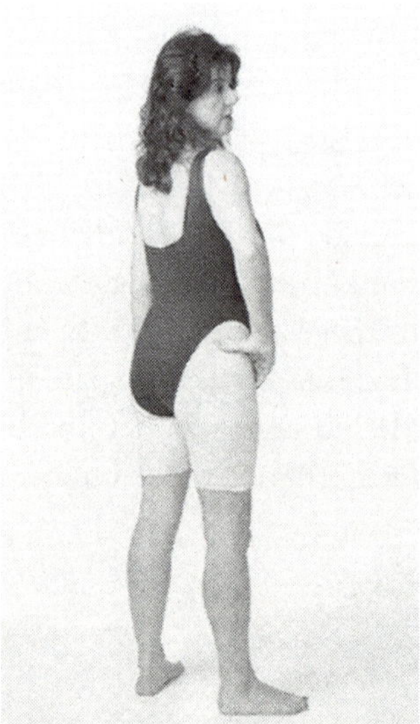

»Das ist das ideale Programm für jede Frau.«

Anhang

Kleine Nährwert-Tabelle

Benutzen Sie die folgende Tabelle, um eine ausgewogene Ernährung auszuarbeiten, bei der Sie Ihr Gewicht halten können. Dazu hier noch ein paar Tips.

Eine gesunde Ernährung, bei der Sie auch schlank bleiben, enthält:

- wenig Fett (30 % oder weniger, möglichst wenig gesättigte Fette),
- viel Kohlenhydrate (etwa 55 %, vorzugsweise komplexe Kohlenhydrate),
- genügend Proteine (bis zu 15 %).

Sie können in der Tabelle auf einen Blick sehen, zu welchen Anteilen diese Nährstoffe in den einzelnen Nahrungsmitteln enthalten sind. Wenn Sie sehen, dass beispielsweise Cheddar-Käse fast 75 % Fett und praktisch keine Kohlenhydrate enthält, werden Sie dieses Nahrungsmittel nur begrenzt einsetzen.

Bitte bei der Auswahl beachten

Alle aufgeführten Nahrungsmittel, die einen hohen Anteil an gesättigten Fetten aufweisen, sind mit einem Sternchen gekennzeichnet.

Nicht alle kohlenhydratreichen Nahrungsmittel sind ideal. Kuchen, Kekse, Nachspeisen, Süßigkeiten können eine Menge Kohlenhydrate enthalten. Dabei handelt es sich allerdings überwiegend um einfache und nicht um die gewünschten komplexen Kohlenhydrate. Diesen Nahrungsmitteln wurde viel Zucker zugesetzt, und das ist nicht die Art von Kohlenhydraten, die Sie brauchen.

Gut für Sie

Mahlzeiten und Snacks sollten aus vielen Zutaten mit niedrigem Glykämischen Index (GI) bestehen, um den Heißhunger im Zaum zu halten. Nahrungsmittel mit einem geringen GI sind gekennzeichnet.

Erläuterung der Abkürzungen und Kennzeichnungen

> nachgestellt	= Nahrungsmittel mit einem geringen Glykämischen Index
*	= enthält viel gesättigte Fette
i. S.	= nur in Spuren enthalten
k. A.	= es liegen keine genauen Analysen vor

	% Fett	% Kohlenhydrate	% Proteine	Kalorien pro angegebene Menge	Gramm Fett pro angegebene Menge
BROT und BRÖTCHEN *pro 25 g, wenn nicht anders angegeben*					
Baguette	1,2	83,3	15,5	62,5	i. S.
Hafermehlkuchen*, 1 Stück	37	53,5	9,5	45	1,8
Malzbrot	12	74,5	13,5	62	0,82
Pita-Brot, braun, 1 Brot	7	72	21	160	0,5
Pita-Brot, weiß, 1 Brot	4	82,5	13,5	175	0,8
Reismehlkuchen, 1 Stück	7	85,5	7,5	24	0,2
Salzcracker*, 1 Stück	33	58	9	40	1,5
Vollkornbrot	11	73	16	54	0,67
Vollkornbrot, 1 mitteldicke Scheibe von einem großen Brot	11	73	16	75	0,9
Vollkornbrötchen	11	73	16	120	1,5
Weißbrot	6,5	80	13,5	58	0,5
Weizenbrot, dunkel	9	75	16	56	0,55
Weizenkeimbrot	8,5	74,5	17	57	0,55
Weizenschrotbrot mit Malz und Kleie	7,5	79,5	13	60	0,5
FRÜHSTÜCKSFLOCKEN *pro 25 g, wenn nicht anders angegeben*					
All-Bran	18,5	59	22,5	68	1,5
Branflakes	5,5	76	12,5	80	0,5
Cornflakes	4	86,5	9,5	92	0,4
Hafergrütze, 100 ml mit Wasser angemacht	18	70	12	44	0,9
Hafergrütze, Rohzustand	22	63,5	14,5	94	2,25
Müsli (ohne Zuckerzusatz)	19	71	10	82	1,7
Special K	6	75,5	18,5	97	0,6
Weetabix, 1 Stück	9	77,5	13,5	65	0,65
Weizenpoppies	3,5	79	17,5	81	0,3
GEBÄCK (KUCHEN, KEKSE u. ä.) *pro Stück oder Scheibe, wenn nicht anders angegeben*					
Croissant*, 65 g	54	38,5	7,5	280	16,5
Doughnut*, mit Marmelade gefüllt	41	52,5	6,5	~ 260	12
Filo*, 25 g (dünner, fettarmer, griechischer Strudelteig)	9,5	78	12,5	67	0,7
Früchtekuchen*, 50 g	30	66	4	~ 165	5,5

	% Fett	% Kohlenhydrate	% Proteine	Kalorien pro angegebene Menge	Gramm Fett pro angegebene Menge
Hefegebäck*	3,5	83	13,5	100	0,5
Käsekuchen*, 50 g	75	21	4	210	17,5
Mürbekekse*, länglich	46,5	48,5	5	75	3,8
Mürbeteiggebäck*, 25 g	55	40	5	113	7
Obsttörtchen*, 1 Stück	35	61	4	150	5,8
Obsttorte*, 100 g	38	57,5	4,5	180	7,6
Pfeffernuss*	30	65	5	45	1,5
Plunder*, 25 g	64,5	31,5	4	106	7,6
Quiche*, 100 g	65	20	15	390	28
Schokoladenkuchen*, 50 g	53	42	5	~ 230	13,6
Schwarzwälderkirschtorte*, 100 g	53	42	5	310	18,2
Süße Kekse*	38,5	56	5,5	35	1,5
Vollkornplätzchen mit Schokolade, klein	44	50,5	5,5	85	4,1
PIZZA					
Pizza* mit Käse und Tomaten, 100 g	44	40	16	235	11,5
SÜSSSPEISEN					
Vanille-Eiscreme*, 50 g	35,5	55,5	9	83	3,3
Vanillesauce, fertig gekauft, 100 ml	34	53	13	120	4,5
DRESSINGS, SAUCEN & EINGELEGTES *pro Eßlöffel (20 ml), wenn nicht anders angegeben*					
French Dressing	100	i. S.	i. S.	130	14,5
Gurken, süßsauer	2	96	2	26	i. S.
Mayonnaise*	99	i. S.	1	143	15,75
Mayonnaise, kalorienreduzierte*	89	10	1	57	5,5
Mayonnaisenartige Fertigsauce	28	66	6	15	0,5
Salatsauce	79	18	3	62	5,5
Salatsauce, kalorienreduziert	66,5	31	2,5	26	2
Sojasauce	6	71	23	11	i. S.
Tomatenketchup	1	91	8	20	i. S.
Würzsauce für Hamburger	i. S.	98	2	21	i. S.
ALKOHOLISCHE GETRÄNKE					
Bier, 275 ml	i. S.	96,5	3,5	90	i. S.
Portwein, 25 ml	0	100	i. S.	40	0
Rotwein, ca. 140 ml	0	99	1	100	0

	% Fett	% Kohlenhydrate	% Proteine	Kalorien pro angegebene Menge	Gramm Fett pro angegebene Menge
Schnaps, pro Standardglas	0	100	0	50	0
Sherry, 25 ml	0	100	i. S.	30	0
Weißwein, halbtrocken, ca. 140 ml	0	100	0	100	0
Weißwein, lieblich, ca. 140 ml	0	99	1,01	40	0
Weißwein, trocken, ca. 140 ml	0	100	0	90	0
WARME GETRÄNKE					
Tee	0	i. S.	i. S.	i. S.	0
Kaffee, 1 Teelöffel (5 g)	0	41	59	2,5	0
Heißer Kakao*, 200 ml	10	69	12	112	2,4
Kakao, 1 Beutel kalorienreduzierter Instantkakao	24	56	20	40	1
COLA- UND LIMONADEN-GETRÄNKE					
Cola, 1 Dose (330 ml)	0	100	0	135	0
Orangenlimonade,. 1 Glas (200 ml)	0	100	0	60	0
Zitronenlimonade, 1 Glas (200 ml)	0	100	0	50	0
FRUCHTSÄFTE *(1 Glas, 125 ml)*					
Ananassaft	0	97	3	55	0
Apfelsaft	0	97	3	50	0
Apfelsinensaft >	0	95	5	50	0
Gemüsesaft, gemischt	0	85	15	25	0
Grapefruitsaft	0	96	4	50	0
Tomatensaft	0	83	17	25	0
Traubensaft	0	97	3	75	0
Zitrusfrüchtesaft, gemischt	0	96	4	50	0
EIER *pro Ei*					
Größe 2*	67	i. S.	33	90	6,8
Größe 3*	67	i. S.	33	80	6
Größe 4*	67	i. S.	33	75	5,5
Größe 3*, gebraten, Fett abgetropft	78	i. S.	22	120	10,5
Rührei, 1 Ei Größe 3* mit 7 g fettreduziertem Brotaufstrich und 25 ml Magermilch	64	4	32	115	9

	% Fett	% Kohlenhydrate	% Proteine	Kalorien pro angegebene Menge	Gramm Fett pro angegebene Menge
FETT und ÖLE *pro 25 g, wenn nicht anders angegeben*					
Butter*	100,0	i. S.	i. S.	185,0	20,5
Margarine*	100,0	i. S.	i. S.	132,0	20,25
Öl, alle Arten	100,0	0,0	i. S.	225,0	25,0
Sonnenblumen-Margarine	100,0	i. S.	i. S.	182,0	20,25
FISCH und MEERESFRÜCHTE *pro 100 g, wenn nicht anders angegeben*					
Fischstäbchen, 1 Stück	38	34	28	50	2
Forelle (225 g)	30	0	70	200	6,75
Heringsfilet	71	0	29	234	18,5
Jacobsmuscheln ohne Schale	12	i. S.	89	105	1,4
Krabben, geschält	15	0	85	107	1,8
Krebsfleisch aus der Dose	10	0	90	81	0,9
Krebsfleisch, frisch	37	0	63	127	5,2
Lachsfilet, frisch	59	0	41	197	13
Muscheln ohne Schale	20,5	i. S.	79,5	87	2
Räucherheringsfilet, gegrillt	50	0	50	205	11,4
Räucherlachs	28,5	0	71,5	142	4,5
Sardinen in Tomatensauce	38,5	2	59,5	126	5,4
Scampi, tiefgekühlt	50	34	16	316	17,6
Schollenfilet	18	0	82	93	1,9
Sprotten, tiefgekühlt	81	4	15	525	47,5
Thunfisch in Öl, abgetropft	47	0	53	210	11
Thunfisch in Wasser, abgetropft	3	0	97	114	0,35
tiefgekühlter Fisch in leichtem Teig, gebacken oder gegrillt, 1 Portion	51,5	28,5	20	203	11,6
Tintenfisch	15	i. S.	85	82	1,4
Weißfisch, Filet vom Kabeljau, Seelachs, Schellfisch oder Seeteufel	8	0	92	76	0,7
FRÜCHTE *pro Stück, wenn nicht anders angegeben*					
Ananas, 1 Scheibe	i. S.	95	5	25	i. S.
Apfel >	i. S.	97	3	45	i. S.
Apfelsine >	i. S.	92	8	50	i. S.

	% Fett	% Kohlenhydrate	% Proteine	Kalorien pro angegebene Menge	Gramm Fett pro angegebene Menge
Aprikose, frisch >	i. S.	93	7	10	i. S.
Aprikosen, getrocknet 25 g	i. S.	89,5	10,5	45	i. S.
Backpflaume, 1 Stück	i. S.	94	6	10	i. S.
Banane, groß	3,5	91	5,5	100	0,4
Banane, klein	3,5	91	5,5	60	0,2
Banane, mittelgroß	3,5	91	5,5	80	0,3
Birne, mittelgroß	i. S.	98	2	50	i. S.
Brombeeren, 25 g	i. S.	83,01	7	7	i. S.
Dattel, frisch oder getrocknet, 1 Stück	i. S.	96,5	3,5	15	i. S.
Datteln, entkernt, 25 g	i. S.	96,5	3,5	62	i. S.
Erdbeeren, 25 g	i. S.	90	10	6	i. S.
Feige, frisch	i. S.	87	13,	10	i. S.
Feige, getrocknet	i. S.	93	7	53	i. S.
Grapefruit >, eine Hälfte	i. S.	90	10	20	i. S.
Himbeeren, 25 g	i. S.	84	16	6	i. S.
Johannisbeeren, Schwarze, 25 g	i. S.	88	12	7	i. S.
Kirschen >, 25 g	i. S.	95	5	10	i. S.
Kiwi	6,0	86	8	25	i. S.
Kochapfel, 25 g	i. S.	97	3	40	i. S.
Korinthen, 25 g	i. S.	97	3	60	i. S.
Limone	i. S.	80	20	10	i. S.
Mandarine/Satsuma	i. S.	91	9	20	i. S.
Mango	i. S.	97	3	100	i. S.
Melone, gelbfleischig, 200 g	i. S.	90	10	25	i. S.
Nektarine	i. S.	93	7	50	i. S.
Pfirsich >	i. S.	92	8	50	i. S.
Pflaume >, frisch, 1 Stück	i. S.	94	6	20	i. S.
Rhabarber, 1 große Stange (100 g)	i. S.	62,5	37,5	6	i. S.
Rosinen, 25 g	i. S.	98	2	61	i. S.
Stachelbeeren, 25 g	i. S.	75	25	4	i. S.
Sultaninen, 25 g	i. S.	97	3	62	i. S.
Weintrauben, 25 g	i. S.	96	4	16	i. S.
Zitrone	i. S.	80	20	15	i. S.

	% Fett	% Kohlenhydrate	% Proteine	Kalorien pro angegebene Menge	Gramm Fett pro angegebene Menge
GETREIDEPRODUKTE *pro 25 g, wenn nicht anders angegeben*					
Buchweizen >	4	87	9	91	0,4
Bulgur > (Trockengewicht)	4,5	83	12,5	88	0,4
Couscous > (Trockengewicht)	4,5	83	12,5	88	0,4
Gerstengraupen (Trockengewicht)	4	87	9	90	0,4
Mehl, weißes	3	86	11	87	0,3
Nudeln aller Formen, Vollkorn (Trockengewicht)	6	k. A.	k. A.	85	0,6
Nudeln aller Formen, weiß (Trockengewicht)	3	83	14	95	0,25
Nudeln, Vollkorn, gekocht	8,5	72,5	18	32	0,3
Nudeln, weiß, gekocht	3	83	14	29	i. S.
Perlgraupen >	2,5	86,5	11	87	0,25
Reis, braun (Trockengewicht)	7	85	6	90	0,7
Reis, braun, gekocht	7	86	7	30	0,45
Reis, weiß (Trockengewicht)	2,5	90	7,5	90	0,25
Reis, weiß, gekocht	2	90	8	30,	i. S.
Spaghetti in Tomatensauce aus der Dose, 215 g	10,5	77,5	12	127	1,5
Vollkornmehl	6	77,5	16,5	80	0,5
FLEISCH, WURSTWAREN und GEFLÜGEL *pro 25 g, wenn nicht anders angegeben*					
Beefsteak*, mager, gebraten	32	0	68	42	1,5
Cocktailwürstchen vom Rind, gebraten, 1 Stück	59	21,5	19,5	70	4,5
Cocktailwürstchen vom Schwein, gebraten, 1 Stück	70	13,5	16,5	75	5,8
Cocktailwürstchen, fettarm, gebraten, 1 Stück	43	23	34	50	2,4
Corned Beef*	50	0	50	54	3
Entenbrustfilet	46	0	54	47	2,4
Entenfleisch, gebraten, und Haut	77	0	23	85	7,2
Frühstücksfleisch*	77,5	6,5	16	78	6,7
Frühstücksspeck*, durchwachsen, gebraten	77	0	23	105	9

	% Fett	% Kohlenhydrate	% Proteine	Kalorien pro angegebene Menge	Gramm Fett pro angegebene Menge
Frühstücksspeck*, mager, gebraten	58	0	42	73	4,7
Hähnchenbrust, 200 g, gebraten, mit Haut	60	0	40	225	15
Hähnchenbrust, 200 g, gebraten, ohne Haut	42	0	58	150	7
Hähnchenfilet, ohne Haut, roh	30	0	70	30	1
Hähnchenfleisch, gebraten	33	0	67	37	1,3
Hamburger*, 50 g (1 Stück) tiefgekühlt, gebraten	64	5	31	120	8,5
Kalbsfilet, roh	22	0	78	27	0,6
Kaninchen (ohne Knochen)	29	0	71	31	1
Lammkeule*, sehr mager, gebraten	38	0	62	48	2
Lammkotelett*	50	0	50	120	6,8
Lammleber	52	3	45	45	2,5
Lammnieren	27	0	73	22	0,67
Lammschulter*	75	0	25	80	6,5
Leberwurst*	78	5,5	16,5	77	6,7
Putenfleisch, dunkel, ohne Haut	28	0	72	28	0,9
Putenfleisch, hell, ohne Haut	9,5	0	90,5	26	0,27
Rehfilet	29	0	71	49	1,6
Rinderbraten*, mager	25	0	75	40	1,1
Rinderhack, mageres*	35	0	65	47	1,8
Salami	83	1	16	122	11,3
Schinken*, besonders mager	37,5	0	62,5	30	1,25
Schweinefilet*, roh	43	0	57	37	1,75
Schweinefleisch*, mager, gebraten	34	0	66	46	1,7
Zunge*	70	0	30	53	4
MILCH UND MILCHPRODUKTE *pro 25 g, wenn nicht anders angegeben*					
Crème fraîche*, fettarm	79	k. A.	k. A.	42,5	3,75
Frischkäse, fettarm	4,0	22	74	12	i. S.
Frischkäse mit Diätfrüchten, 100 g	2	39,5	58,5	43	i. S.
Frischkäse, 8 % Fett >	64	9	27	28	2
Fruchtjoghurt (Diät), 125 g	2	54	44	51	i. S.
Joghurt >, fettarmer	13	48	38	13	i. S.

	% Fett	% Kohlenhydrate	% Proteine	Kalorien pro angegebene Menge	Gramm Fett pro angegebene Menge
Joghurt, griechischer, passiert	61			33	2,5
Kaffeesahne*	90	5,5	4,5	53	5,3
Magermilch >	2	57	41	8	i. S.
Milch, fettarm >	31,5	39	29,5	11,5	0,4
Schlagsahne*	97	1,5	1,5	112	12
Sojamilch >	45	k. A.	k. A.	14	0,7
Sprühsahne*	87	10	3	16	1,5
Trockenmilch, fettarm, 1 Eßlöffel	3	56	41	18	i. S.
Vollmilch >	52,5	27	20,5	16	1
Vollmilchjoghurt >	52	25	23	17	1
KÄSE *pro 25 g, wenn nicht anders angegeben*					
Blauschimmelkäse*	74	i. S.	26	89	7,3
Brie oder Camembert*	69,5	i. S.	30,5	75	5,8
Cheddar*	74,5	i. S.	25,5	101	8,3
Cheddar-Art, halbfett*	50,5	i. S.	49,5	62	3,5
Edamer*	68	i. S.	32	76	5,7
Hüttenkäse, fettarm*	18	i. S.	82	20	0,4
Hüttenkäse, normal*	37,5	5,5	57	24	1
Mozzarella*	68	3	29	62	4,75
Rahmkäse, vollfett*	97	i. S.	3	110	12
Stilton*	78	i. S.	22	115	10
Streichkäse*	73	1	26	71	5,7
Weichkäse, fettarm*	57	7,5	35,5	33	2,1
HÜLSENFRÜCHTE *pro 25 g*					
Baked Beans in Tomatensauce >	6	61	33	16	0,1
Gemüsebohnen, gekocht oder aus der Dose >	5	67	28	23	0,1
Kichererbsen, gekocht oder aus der Dose >	18	60	22	40	0,8
Kidneybohnen, gekocht oder aus der Dose >	4,5	59,5	36	25	0,1
Limabohnen, gekocht oder aus der Dose >	2,5	67,5	30	23	i. S.

	% Fett	% Kohlenhydrate	% Proteine	Kalorien pro angegebene Menge	Gramm Fett pro angegebene Menge
Linsen >, gekocht	4,5	64,5	31	25	0,1
Linsen, Trockengewicht >	3	65,5	31,5	76	0,25
SUPPEN *pro Portion von 300 g*					
Gemüsesuppe	14,5	72,5	13	110	1,8
Hühnercremesuppe*	59	29	12	175	11,5
Linsensuppe >	2,5	72,5	25	115	0,3
Minestrone	29,5	55	15,5	90	2,9
Tomatencremesuppe*	45	46	9	173	8,7
BROTAUFSTRICH *pro 25 g, wenn nicht anders angegeben*					
Konfitüre	0	99	1	65	0
Leberpastete*	67,5	1,5	31	80	6
Marmelade	0	100	i. S.	65	0
Erdnussbutter	77,5	8	14,5	156	13,4
NÜSSE und SALZGEBÄCK *pro 25 g geschälte Nüsse*					
Mandeln	85	3	12	141	13,3
Paranüsse	89,5	2,5	8	155	15,3
Maronen	14	81	5	42	0,67
Haselnüsse	85	7	8	95	9
Erdnüsse, frisch und geröstet	77,5	5,5	17	142	12,2
Walnüsse	89	3	8	131	9
Chips, normal	60,5	34,5	5	133	9
Chips, fettarm	56	36,5	7,5	105	6,5
ZUCKER und SÜSSIGKEITEN *pro 25 g, wenn nicht anders angegeben*					
Honig	0	99,5	0,5	72	0
Karamellbonbons (Sahne)	36	62	2	107	4,3
Schokolade*, Milch- oder Zartbitter	51,5	42	6,5	132	7,5
Sirup	0	100	0	75	0
Zucker	0	100	0	98	0
Zucker, 1 Teelöffel	0	100	0	20	0

	% Fett	% Kohlenhydrate	% Proteine	Kalorien pro angegebene Menge	Gramm Fett pro angegebene Menge
GEMÜSE *pro 25 g, wenn nicht anders angegeben*					
Artischocke, 1 Stück, eßbarer Teil	1	70	29	15	i. S.
Aubergine	i. S.	80	20	3,5	i. S.
Avocado >, 65 g (mittelgroße Hälfte)	89	3	8	145	14,4
Blumenkohl >	i. S.	42	58	3	i. S.
Bohnen >, Dicke	10,5	55,5	34	12	0,1
Bohnen >, Grüne	i. S.	59	41	10	i. S.
Bohnensprossen	i. S.	29	71	7	i. S.
Brokkoli >	i. S.	31	69	4,5	i. S.
Brunnenkresse	i. S.	17	83	3	i. S.
Chicorée	i. S.	62	38	2	i. S.
Chinakohl	i. S.	50	50	3	i. S.
Eierkürbis	i. S.	87	13	4	i. S.
Erbsen >, geschält, frisch oder tiefgekühlt	7	55	38	13	0,1
Grünkohl >	i. S.	50	50	6	i. S.
Gurke	9	67	24	2	i. S.
Karotten	i. S.	88	12	6	i. S.
Kartoffelpüree als Fertiggericht	9,5	79	11,5	16	0,2
Kartoffeln, gebacken (225 g)	1	89,5	9,5	190	0,2
Kartoffeln, gebraten, 1 Portion	27,5	65	7,5	80	2,4
Kartoffeln, gekocht	1	92	7	20	i. S.
Kartoffelpüree, selbst gemacht	38	57	5	30	1,25
Kohlrabi	22	62	16	4	i. S.
Kopfsalat	30	37,5	32,5	3	0,1
Kresse, 1 Schachtel	i. S.	34	64	5	i. S.
Lauch >	i. S.	72	28	8	i. S.
Lauchzwiebel, 1 Stück	i. S.	91	9	3	i. S.
Maiskolben, 1 Stück	17	70	13	80	1,5
Maiskörner	15	69,5	15,5	30	0,5
Paprika >, in anderen Farben	11	77	12	8	0,1
Paprika >, grün	22,5	53,5	24	4	0,1

	% Fett	% Kohlenhydrate	% Proteine	Kalorien pro angegebene Menge	Gramm Fett pro angegebene Menge
Pastinaken	i. S.	86,5	13,5	12	i. S.
Pilze >	41,5	k. A.	55	3	0,1
Pommes frites aus dem Backofen	32	62,5	5,5	49	1,75
Pommes frites normaler Größe aus der Friteuse, 25 g	41,5	55	3,5	65	3
Radieschen	i. S.	70	30	4	i. S.
Rosenkohl >	i. S.	36	62	4,5	i. S.
Rote Beete	i. S.	84	16	11	i. S.
Rotkohl >	i. S.	66	34	5	i. S.
Sellerie	i. S.	61	39	2	i. S.
Spargel, 1 Stange (50 g)	i. S.	24	75,5	4,5	i. S.
Spinat >	14,5	17,5	68	7	0,1
Stangenbohnen >	7,0	53	40	5	i. S.
Steckrüben	i. S.	77	13	5	i. S.
Süßkartoffeln	6,5	88,5	5	21	0,15
Tomate, 1 Stück	i. S.	75	25	7	i. S.
Tomaten aus der Dose	1,0	62,5	36,5	3	i. S.
Weißkohl >	i. S.	65	35	5	i. S.
Zucchini >	3,5	67,5	29	5	0,1
Zwiebel >	i. S.	85	15	6	i. S.
VEGETARISCHE PRODUKTE					
Fleischersatz aus Pflanzeneiweiß, zubereitet >, 25 g	2,5	39	58,5	17	i. S.
Nussbraten, 100 g	41	41	18	210	9,5
Quorn, 25 g	34	8	58	21	0,8
Tofu >, 25 g	53	3	44	17	1
VegeBurger o. ä., 50 g	45	22,5	32,5	81	4

Temperatur- und Schleimtabelle

Monat _______________ bis _______________

DATUM																
UHRZEIT																
ZYKLUSTAG	1	2	3	4	5	6	7	8	9	10	11	12	13	14	15	16
BLUTUNG																
Temperatur: 37,5																
37,4																
37,3																
37,2																
37,1																
37,0																
36,9																
36,8																
36,7																
36,6																
36,5																
36,4																
36,3																
36,2																
36,1																
36,0																
EISPRUNG spürbar? Druck? Schmerz?																
SCHLEIM z.B.: feucht, weiß, klar, klebrig, milchig, spinnbar, wenig, viel																
BEMERKUNGEN Reise, Stress, Ungewöhnliches, wenig Schlaf, Alkohol, Krankheit, Medikamente, PMS, Stimmung, Ablauf der Regel ...																

Zahl der Tage in diesem Zyklus: _______________

kürzester früherer Zyklus: _______________

17	18	19	20	21	22	23	24	25	26	27	28	29	30	31	32	33	34	35	36	37

Register

Pressestimmen

»Ein toller, neuer, vernünftiger Ratgeber, der all die Probleme anspricht, mit denen Frauen beim Abnehmen zu kämpfen haben.«

Caroline Hogg, Redakteurin der Zeitschrift »woman«

»Die *Zyklusdiät* hat mich völlig überzeugt, denn die Leserinnen unserer Zeitschrift klagen oft darüber, dass alle ihre Anstrengungen, eine Diät durchzuhalten, von einem unvorhersehbaren Auf und Ab ihres Appetits zunichte gemacht werden. Judith Wills erklärt, warum das so ist.«

Claire Crowther, Herausgeberin der Zeitschrift »Slimmer«

»Gesunder Menschenverstand für die moderne Frau.«

»The Express«

Vom Autor des Bestsellers »Endlich Nichtraucher!«
ALLEN CARR
Endlich Wunschgewicht!
Der einfache Weg, mit Gewichtsproblemen Schluß zu machen
Mosaik bei GOLDMANN